SIEGFRIED GUKERLE

ENDLICH GLÜCKLICH
YOU!
THE BEST OF

Diese Welt braucht so dringend Mutige,
die ihrem Herzen folgen und dabei etwas wagen,
das andere Menschen im Herzen erreicht.
Ich wünsche Siegfried Gukerle, dass sein Projekt
unzählige Herzen erreicht und berührt.

Alles Liebe
Eva-Maria Zurhorst

SIEGFRIED GUKERLE

ENDLICH GLÜCKLICH

YOU!

The Best of

PIERRE FRANCKH

RUEDIGER DAHLKE

CLEMENS KUBY

SAFI NIDIAYE

KURT TEPPERWEIN

EVA-MARIA UND WOLFRAM ZURHORST

MICHAELA MERTEN

NATASCHA LANDURIS

DR. HANNES WALTER MEDINGER

KLAUS MÜCKE

ANDREW BLAKE

DR. ANONYMUS

UWE ALBRECHT

YOU! Life Productions GmbH

ORIGINALAUSGABE
COPYRIGHT© 2010 YOU! LIFE PRODUCTIONS GMBH
ALLE RECHTE VORBEHALTEN.

ISBN: 978-3-939238-00-3
1. AUFLAGE 2010

KONZEPTION, UMSCHLAG- UND INNENGESTALTUNG
GRAFIKEN IM INNENTEIL
LAYOUT UND SATZ:
FU COMMUNICATIONS

DRUCK UND BINDUNG:
GGP MEDIA GMBH, PÖSSNECK

LEKTORAT:
STEPHANIE KARGE, DIE KORRIGIERER

FOTO SIEGFRIED GUKERLE:
WITOLD.DYBOWSKI.PHOTOGRAPHY

YOU!LIFE PRODUCTIONS GMBH, MÜNCHEN
www.you-the-best-of.de

Inhalt

**DIE WEGE ZUM GLÜCK
SIND SO INDIVIDUELL
UND EINZIGARTIG
WIE JEDER VON UNS SELBST.**

SIEGFRIED GUKERLE

Vorwort

„DAS GLÜCK KOMMT ZU DEN GLÜCKLICHEN.“

(CONNOR MAYFIELD)

Liebe Leserin, lieber Leser,

jeder von uns möchte glücklich leben. Doch gibt es dafür ein Geheimrezept, das nur Auserwählten vorbehalten ist? Nein, es ist viel einfacher, denn wir tragen das Glück schon in uns. Jeder kann glücklich sein. Jetzt. Heute. Morgen. Ich freue mich sehr, dass Sie sich für dieses Buch entschieden haben und weiß, dass es Sie Ihrem Glück näher bringen kann. YOU! ist mehr als ein Ratgeber. Lassen Sie das Buch zu Ihrem Begleiter durchs Leben werden, der Sie wie ein guter Freund dort abholt, wo Sie gerade auf Ihrem Weg sind und der mit Ihnen durch alle Höhen und Tiefen geht. Die Wege zum Glück sind so individuell und einzigartig wie wir selbst, deshalb bietet dieses Buch ein breites und vielfältiges Spektrum. In einzigartiger, völlig neuer Form nehmen dafür 14 renommierte Experten aus den Bereichen Spiritualität, Lebensberatung, Psychologie, Philosophie und Wissenschaft erstmals Stellung zu den 7 essenziellen Themen des Lebens.

Mein Leben führte mich durch eine Reihe gewaltiger Veränderungen, geschäftlicher Erfolg, Reichtum, geschäftlicher Niedergang, Bankrott – während dieses sehr abenteuerlichen Auf und Abs, finanziell wie privat, erfuhr ich meine tiefste Lebenskrise. Doch zu meiner Überraschung machte ich in dieser schwierigen Zeit, die voller Leiden, Verzweiflung und Verlust war, sehr wertvolle und beglückende Lebenserfahrungen. Diese Erfahrungen und die Anwendung vieler Erkenntnisse und Weisheiten, die dieses Buch enthält, haben mein Leben stark positiv beeinflusst und mich zu neuem Glück geführt. All das schenkte mir die Inspiration zu YOU! und ist in YOU! enthalten.

Es ist meine Herzensangelegenheit geworden, mein Glück und meine Freude mit vielen Menschen zu teilen und ihnen dieses Wissen zugänglich zu machen. Dies geschieht durch YOU! in leicht verständlicher und kompakter Form – kurze Episoden aus meinem Leben mit persönlichen Erfahrungen begleiten Sie durch die einzelnen Kapitel und stimmen Sie auf die Themen ein, die dann von den Experten aus verschiedensten Perspektiven betrachtet werden, um Ihnen möglichst vielfältige, neue Wege zu Ihrem persönlichen Glück aufzuzeigen. Experimentieren Sie selbst, finden Sie heraus, was Sie anspricht und was sich gut für Sie anfühlt.

Ich empfehle Ihnen, dieses Buch nicht nur mit dem Verstand, sondern auch mit dem Herzen zu lesen. Sie können dabei gerne Kapitel überspringen und selbst entscheiden, in welcher Reihenfolge Sie die Kapitel lesen. Die praktischen Übungen im Buch und die Meditationen auf der beigefügten CD werden für Sie ebenfalls sehr hilfreich sein. Nehmen Sie sich ein paar Minuten am Tag Zeit für sich selbst. Mit der regelmäßigen Anwendung der Übungen werden Freude und Genuss in Ihr Leben kommen, es positiv verändern und Sie Ihrem Glück und Ihrer Erfüllung immer näher kommen.

Lassen Sie sich überraschen und freuen Sie sich auf Ihre Entdeckungsreise, finden Sie Klarheit über sich selbst und Ihr Leben. Entdecken Sie Ihre verloren gegangenen, tiefsten Wünsche und Träume. Trauen Sie sich, wieder an deren Verwirklichung zu glauben und lernen Sie Wege kennen, sie wahr werden zu lassen. Die Entstehung von YOU! war mein Traum. Er wurde Realität trotz der denkbar ungünstigsten Umstände. Lassen auch Sie Ihre Träume wahr werden. Dafür wünsche ich Ihnen von ganzem Herzen viel Glück.

Herzlich Ihr

Siegfried Gukerle

EIN TRAUM IST UNERLÄSSLICH,
WENN MAN DIE ZUKUNFT GESTALTEN WILL.

VICTOR HUGO

I

WÜNSCHE
&
TRÄUME

Neben der Liebe, als größter Macht und stärkstem Antrieb, spielen Wünsche, Träume, Sehnsüchte und Visionen eine wesentliche Rolle in unserem Leben. Alles, was auf der Erde von Menschen geschaffen oder erfunden wurde, begann mit einer Idee, einer Vision oder dem Traum eines Einzelnen oder einer Gruppe von Menschen. Ich spreche hier bewusst von einem Traum und nicht nur von Gedanken, denn das ist für mich ein großer Unterschied. Intuitiv können wir einen Gedanken haben und auch dieser kann bereits eine Wirkung haben, aber erst wenn aus dem Gedanken ein Traum oder eine Vision wird, gewinnt er an Stärke und Kraft. Je mehr wir uns darauf einlassen, umso mehr entsteht in unserem Inneren ein Bild, das vielleicht am Anfang noch unscharf und verschwommen ist. Umso mehr wir aber dieses Bild zulassen, umso detaillierter wird es und umso klarer sehen wir die Realisation. Diese „Traumbilder" werden in unserer Vorstellung so klar, dass sie Gefühle verursachen und das heißt, dass unser Herz ins Spiel kommt. Aus meiner Erfahrung ist genau dies das Geheimnis bei der Erfüllung von Träumen, Visionen und Wünschen. Obwohl wir als Erwachsene meist von unserem Verstand und unserem Kopf gesteuert durch das Leben gehen, hat das Herz ein Vielfaches mehr an Energie. Die moderne Wissenschaft hat das sogar bereits durch Messungen bestätigt. Das elektrische Energiefeld des Herzens ist 100-mal stärker als das des Gehirns und das magnetische Feld des Herzens ist sogar 5000-mal stärker als das des Gehirns.

Doch eigentlich brauchen wir keinen wissenschaftlichen Beweis dafür. Denn unser Leben selbst ist der beste Beweis. Die schönsten Dinge im Leben, die uns wirklich und auch dauerhaft Freude, Spaß und Glück bereiten, haben meistens wenig mit dem Kopf zu tun und können auch nicht mit dem Verstand herbeigeführt werden. Liebe, Lachen und Freude entspringen dem Herzen und sind nicht steuerbar, sondern uns einfach nur geschenkt. Ich durfte schon sehr früh meine positiven Erfahrungen mit dem Wünschen machen. Damals war ich

16 Jahre alt und lebte als eines von vier Scheidungskindern mit meiner Mutter in recht bescheidenen Verhältnissen in einem 450-Seelen-Dorf in Nordhessen. Ich hatte zu dieser Zeit noch keine lebensphilosophischen Bücher gelesen und auch keinen weisen Lebenslehrer kennengelernt, der mich die wesentlichen Dinge des Lebens lehrte. Heute weiß ich allerdings, dass ich intuitiv in meiner naiven Jugendlichkeit bezüglich der Erfüllung meiner Träume alles richtig gemacht hatte. Obwohl ich durchaus kein Einzelgänger war, sondern die Gesellschaft liebte und ein typisches Teenieleben mit Partys und Vergnügungen führte, zog ich mich immer wieder in mein 8-qm-Kellerzimmer zurück und begab mich dort in Tagträume. Stundenlang hörte ich dann meine Lieblingssongs, meist war es „Nights on Broadway" von den Bee Gees, und erträumte mir mein ganzes Leben bis ins kleinste Detail, an Orten und in Landschaften, an denen ich noch nie gewesen war und die ich nur aus Filmen oder Werbeprospekten kannte.

So fuhr ich auf der Küstenstraße an der Côte d`Azur mit einem Cabriolet, spürte den frischen Fahrtwind und blickte auf das offene Meer hinaus. Ich bereiste die große weite Welt, begegnete Menschen verschiedenster Nationalität und war von den schönsten und begehrenswertesten Frauen umgeben. Außerdem stellte ich mir vor, dass ich Unternehmer werden würde und mit 35 Jahren schließlich Millionär. Danach würde ich ein Haus in der Toskana haben und für eine gewisse Zeit aus dem Geschäftsleben aussteigen und mit lieben Freunden ohne Zwänge in den Tag hineinleben und über mich, das Leben, das Universum und den Sinn des Lebens philosophieren.

Ich erlebte und fühlte alles dies, als ob sich meine Träume schon erfüllt hätten. Und dabei waren es nicht nur meine Gedanken, die mich beflügelten, sondern mein intensives Erleben, Spüren und Hineinfühlen, das so „real" war, dass mich selbst die höchsten Glücksgefühle bis hin zur Gänsehaut überkamen.

Hätte ich damals jemandem von diesen Träumen erzählt, hätte ich wohl zur Antwort bekommen: „Du Träumer", „Wie soll das denn gehen", „Bleib mal auf dem Boden und sei realistisch" und all die üblichen „Mut machenden" Aussagen der so nüchternen, allwissenden und erwachsenen Mitmenschen. So behielt ich meine Wunschträume für mich und kam im Laufe der Jahre mit positivem, nach vorne gerichtetem „Erträumen" meinen Visionen Schritt für Schritt näher, bis schließlich all meine Jugendträume wahr wurden und mein Leben so schön und phantastisch, wie ich es mir immer erträumt hatte. Begonnen hatte alles, als ich mit 22 Jahren zum BWL-Studium nach München ging – mein erster Schritt in die große weite Welt. Während des Studiums jobbte ich als Kulissenschieber im Gärtnerplatztheater, bohrte unter dem Mikroskop Millionen von Löcher in Computerchip-Platinen, bediente als Barmann in einer Bowlingbahn und als Kellner in der Disco des Holiday Inn Hotels.

Harry Schmidt, der charismatische General Manager des Hotels, den ich sehr schätzte und der für mich eine Inspiration war, arrangierte für mich ein halbjähriges Management-Trainingsprogramm im Holiday Inn auf Aruba in der Karibik. Interessanterweise hatte Südamerika in meinen jugendlichen Träumen schon immer eine große Rolle gespielt, und nun war ich plötzlich 1985 – zwar noch nicht in Südamerika – aber doch schon ziemlich nah. Nach Abschluss meines Praktikums hatte ich schließlich noch sechs Wochen Zeit bis zum Beginn des nächsten Semesters und mein Traum war ja noch immer Südamerika.

Also wollte ich nach Brasilien, aber zu meiner Enttäuschung musste ich feststellen, dass ein Flug von Aruba stolze 1.500 DM kostete und somit für mich unbezahlbar war. Nur eine halbe Flugstunde von Aruba entfernt lag aber Venezuela und das Ticket dorthin kostete nur $ 100,-. Ich flog also ohne große Erwartungen nach Venezuela. Und erlebte dort eine abenteuerliche und phantastische Zeit, in einem wunderschönen, für mich damals exotischen und sehr abwechslungsreichen Land mit faszinierenden Menschen und Landschaften. Zudem war das Leben so unvorstellbar billig, dass selbst ich als armer Student lebte wie Gott in Frankreich. Nun erzählten mir die Venezolaner ganz stolz von ihrer Karibikinsel Margarita, von der ich zuvor noch nie gehört hatte. Anfangs konnte ich gar nicht glauben, dass es überhaupt eine Karibikinsel gab, die in Deutschland völlig unbekannt war und dann auch noch mit einem so extrem günstigen Preisniveau, wo die Karibik in den Achtzigern doch sonst für deutsche Touristen fast unerschwinglich war.

Zurück in München fand ich diese Entdeckung so begeisternd, dass ich meine Diplomarbeit über das touristische Potenzial der Isla Margarita schreiben wollte. Doch schnell wurde mir klar, dass bei dem Potenzial der Insel irgendwann ein großer Reiseveranstalter die Idee zu deren Vermarktung aufgreifen würde und ich dann auch noch den Weg bereitet hätte. Ergo beschloss ich, Reiseveranstalter zu werden, meine Voraussetzungen dafür waren ja „extrem günstig" – ich wohnte mit drei Jungs in einer Wohngemeinschaft, sprach kein Spanisch, musste noch zwei Semester studieren, und hatte auf der Bank noch nicht einmal einen Überziehungskredit von 100 DM, und außerdem als Student außer zu Kommilitonen weder geschäftliche Kontakte noch unternehmerische Erfahrung.

Wieder einmal war ich an einem Punkt, an dem die meisten Menschen sagen würden: „Wie bitte soll das denn gehen?" Trotzdem war ich so sehr von meiner Vision begeistert und lebte und liebte diesen Traum, dass mir der Glaube daran eine enorme Überzeugungskraft verlieh und eine so positive Energie, sodass alle Beteiligten bewusst oder zumindest unterbewusst mir ihre Unterstützung auf meinem Weg zusicherten. Entscheidend bei der Realisierung meiner Pläne war allein das Gefühl, das ich ausstrahlte, und nicht klare Fakten, die nur rein verstandesmäßig zu erfassen gewesen wären. Ich erinnerte mich noch immer an meinen Jugendtraum, Millionär zu werden, aber meine Erwartungen an dieses Geschäft in puncto Geldverdienen waren relativ bescheiden. Damals glaubte ich, dass es nur ein guter „Übergangsjob" werden würde, da ich eigentlich ins Hotel-Business wollte. Ich verwirklichte diesen Traum also, weil ich die Vision liebte und tat es dementsprechend mit viel Freude und Engagement. Heute weiß ich, dass sich Erfolg von selbst einstellt, wenn man etwas von Herzen und mit voller Begeisterung tut, denn wenn ich etwas mit gutem Gefühl und mit Freude tue, mache ich es gut.

So wurde ich Europas erster Reiseveranstalter für die Karibikinsel Margarita, betrieb dort drei Hotels und hatte ein Restaurant, eine In-Disco sowie eine Immobilienfirma in München. Ich bereiste die halbe Welt, lebte in einem schönen Haus direkt am Englischen Garten, kaufte mir ein Traumhaus in der Toskana und alle meine Traumautos aus meinen Träumen. Auf dem geschäftlichen Höhepunkt lernte ich meine große Liebe, Dani, kennen, mit der ich all diese schönen Dinge und Erlebnisse teilen konnte. Wir machten viele phantastische Reisen zu den schönsten Plätzen und konnten uns alles leisten, was wir wollten. Wir waren gesund, hatten gute Freunde und unzählige Bekannte. So ging es viele schöne Jahre. Allerdings hatte ich selbst während meiner größten Erfolge immer wieder Momente, in denen mich die Angst überkam, alles wieder zu verlieren.

Das blieb nicht ohne Wirkung und ich habe erfahren müssen, wie negative Gefühle und Emotionen unser Leben beeinflussen können und sich darin manifestieren. Angst ist gleich nach der Liebe eine der stärksten Energien – vor allem, weil wir uns sehr leicht von ihr einladen lassen. So kam es, dass Dani und ich uns trennten und ich nach zwölf erfolgreichen Jahren auch mein ganzes Vermögen, meine Immobilien, das Haus in der Toskana, meinen geschäftlichen Erfolg und all die damit verbundene berufliche Anerkennung verlor. Wie hatte es dazu kommen können? Ich war damals 37 Jahre alt, in Bezug auf beruflichen Erfolg hatte ich alle meine Ziele erreicht. Finanziell war ich so abgesichert, dass ich auf hohem Niveau bis ins hohe Alter hätte leben können. Und genau das war der Zeitpunkt, an dem ich die Entscheidung traf, einen anderen Jugendtraum zu erfüllen, nämlich aus allen Geschäften auszusteigen. Ich wollte den Sinn des Lebens erforschen, den wahren Weg zu mir gehen und mich finden. Mein Bild, das ich damals hatte, war ungefähr folgendes: Sigi fährt mal eben im Armani-Anzug mit dem Rolls-Royce ins Kloster nach Tibet zur Selbstfindung. Nun, mein Wunsch der Selbstfindung wurde mir erfüllt, allerdings sah die Erfüllung ganz anders aus, als ich es mir vorgestellt habe. Ich hatte inzwischen fast alle Geschäfte eingestellt oder verkauft und mir noch eine Wohnung in Miami zugelegt, als ein Bekannter mich fragte, ob ich Interesse hätte, in ein sehr Erfolg versprechendes Projekt in Los Angeles zu investieren und es aufzubauen.

Ich sagte ihm, dass ich eigentlich gerade dabei wäre „auszusteigen". Dennoch entschied ich mich, seine Geschäftspartnerin zu treffen, um mir ein Bild zu machen. Entgegen aller Planung zog ich dann schließlich nach L.A., investierte einen größeren Betrag und baute das Unternehmen auf. Kurz vor Markteinführung jedoch wurde ich von dieser Geschäftspartnerin um meine Investition betrogen. Ich war wirklich frustriert, nicht nur des finanziellen Verlustes wegen, sondern weil ich nicht verstehen konnte, wie ein Mensch, dem ich nur Gutes getan hatte, mich betrügen konnte.

Ich hatte dieser Frau das Unternehmen aufgebaut, sie seelisch unterstützt und reich beschenkt – und dann das! Trotzdem gab ich ihr nicht die alleinige Schuld, denn immerhin war es ja auch meine Entscheidung gewesen, mit ihr das Geschäft zu machen, allerdings bedeutete dieser Verlust den Anfang meines geschäftlichen und finanziellen Niedergangs. Um es kurz zu machen: Ich kehrte nach München zurück, investierte sehr viel Geld in zwei weitere verlustreiche Geschäfte und verborgte auch noch größere Summen, sodass ich innerhalb sehr kurzer Zeit nicht nur mein gesamtes Vermögen verlor, sondern plötzlich auch noch Schulden hatte. Ich konnte irgendwann meine Miete und meine Krankenversicherung nicht mehr zahlen und wusste nicht, wie ich meinen Lebensunterhalt bestreiten sollte. Zudem stand ich auch noch ständig unter dem Druck, Geld zur Begleichung von Verbindlichkeiten aufzutreiben, um nicht in den Bankrott zu geraten. Das Gefühl, Schulden zu haben und diese nicht begleichen zu können, war für mich neu und unerträglich – eine Horrorvision, denn ich wollte andere nicht enttäuschen. Täglich hatte ich Angst, den Briefkasten zu öffnen oder davor, dass der Gerichtsvollzieher an meiner Tür klingelt. Ich begann an allem zu zweifeln; an mir, am Leben, an der Gerechtigkeit und am „lieben Gott". Unter diesem extremen finanziellen Druck und Erfolgszwang wurde mir die Angst zum vorherrschenden Gefühl. Und umso mehr ich mich auf sie und die damit verbundenen düsteren Befürchtungen und Zukunftsszenarien einließ, desto mehr zog ich auch genau diese Lebensumstände in mein Leben. Meine Situation war äußerst schwierig und wurde von Tag zu Tag noch schlimmer.

Ohne Partnerin an meiner Seite musste ich alles ganz allein durchstehen und dann auch noch meinen geliebten Hund, Paco, einschläfern lassen. Ich kam zum ersten Mal in meinem Leben ins Krankenhaus und hatte das bewusste und positive Träumen aus meinen Jugendtagen völlig verloren – wie so viele von uns Erwachsenen. Ich dachte noch nicht einmal mehr daran, dass es funktioniert, obwohl ich es vorher erfahren hatte. Plötzlich drehte sich in meinem Leben alles nur noch um die Angst. Nur mein Grundoptimismus, den ich mit auf diese Welt gebracht habe, und mein Glaube daran, dass ich es wieder schaffen würde, die Situation zu ändern, erhielten mich am Leben. Glücklicherweise konnte ich trotz aller Sorgen immer sehr gut schlafen und hatte die Gabe, sehr gut von meinen Problemen abschalten zu können. Wenn ich zum Beispiel abends ausging, gelang es mir, meine Situation gänzlich auszublenden, ohne mir oder anderen etwas vorzuspielen. Ich konnte den Moment unbeschwert genießen, wobei ich zugeben muss, dass manchmal auch der ein oder andere Vodka Lemon hilfreich war. Obwohl ich aus meiner Situation damals keinen Hehl gemacht hatte, bekam ich sehr viel positive Reflexion von meinen Mitmenschen, im Besonderen von Frauen. Trotz einiger Enttäuschungen unter meinen Bekannten und Freunden hielten die wirklichen Freunde glücklicherweise zu mir – eine sehr schöne Erfahrung, da es jetzt nur noch um mich selbst ging und nicht um die mich begleitenden positiven Lebensumstände, wie Erfolg und materielle Dinge.

Allerdings machte ich in dieser schwierigen Lebenskrise neben dieser und vielen anderen Erfahrungen noch eine weitere, ganz entscheidende: Ich wollte es unbedingt ganz schnell wieder schaffen, mein Leben positiv zu verändern und dort anzuknüpfen, wie ich vorher lebte. Also kämpfte ich gegen meine Lebensumstände an. Weder wollte ich sie anerkennen noch konnte ich sie annehmen.

Mein Kampf und mein Bemühen dauerten Jahre, ohne dass sich im materiellen, beruflichen Bereich wesentliche Veränderungen einstellten. Die Veränderung kam erst an dem Tag, vor dem ich so lange Panik hatte. Es war der Tag, an welchem die Umstände so unüberwindbar schienen, dass ich das Kämpfen einstellte und den „Offenbarungseid leistete". Hier war er nun, mein persönlicher Offenbarungseid und dennoch geschah damit zugleich ein neues Wunder: Kaum hatte sich der Gerichtsvollzieher verabschiedet, fiel eine so riesige Last von mir ab, dass ich mich völlig befreit fühlte, so, als ob ich gerade 1000 Kilo Ballast abgeworfen hätte und ein grauer Schleier von meinen Augen genommen worden wäre. Die nächsten Tage und Wochen überraschten mich sehr. Ich hatte kein Geld und noch keine konkrete berufliche Perspektive, aber ich fühlte mich ungemein frei und konnte mich selbst und die kleinen, aber so wichtigen Dinge im Leben wieder unbeschwert genießen. Viele Dinge, die wir gerne als selbstverständlich betrachten, die ich durch meine angstgetrübte Wahrnehmung nur noch in wenigen Momenten bemerken konnte, waren auf einmal wieder präsent. Ich wusste zwar schon – rein theoretisch – vor meiner Krise, dass Kampf noch nie etwas wirklich Schönes hervorgebracht hat und dass das Geheimnis im Annehmen und Loslassen liegt, allerdings hatte ich es nie anwenden können – denn es wirkt nämlich nur, wenn es wirklich echt ist. So lernte ich im Laufe der Zeit, dass die Welt ein Spiegel ist, der mir meine Beziehung zu ihr und meinem Leben reflektiert. Bin ich mit der Welt unzufrieden, wendet sie sich von mir ab. Kämpfe ich gegen sie, kämpft sie gegen mich. Höre ich auf zu kämpfen und nehme das Leben so an, wie es ist, werde ich frei und erhalte Unterstützung.

So begann ich, mich verstärkt mit Spiritualität, Esoterik und meinem Leben auf einer tieferen Ebene zu beschäftigen. Ich las viele Bücher und besuchte Workshops, Seminare und Coachings. Vor allem aber bemühte ich mich, die erlangten Kenntnisse im alltäglichen Leben umzusetzen. Dies führte dazu, dass ich immer öfter morgens mit einem Lächeln aufwachte und zufrieden und erfüllt zu Bett ging. Wenn ich mir allerdings viele meiner Mitmenschen betrachtete, sah ich fast ausnahmslos nur unglückliche Gesichter. Daher entstand in mir der tiefe Wunsch, meine Erkenntnisse und den Zugang zu dem wertvollen Wissen mit anderen zu teilen – die Idee zu YOU! war geboren. Ich begann wieder mit meinen Tagträumen und Visualisierungen, so wie in meinen Jugendtagen, und schließlich wurde im Laufe von einem Jahr aus der Idee ein detailliertes Projekt. Erneut kam ich dabei in eine Situation, in der es unmöglich schien, meine Idee zu realisieren; gerade aus dem Konkurs, kein Geld zum Investieren, keine Erfahrungen, kein Know-how und keine Kontakte in der Verlagsbranche – logisch, dass man mich fragte: „Wie soll das denn gehen?" und „Warum sollten die Bestsellerautoren überhaupt mitmachen?" Trotzdem halten Sie heute dieses Buch in der Hand. Und Sie werden sich sicher inzwischen denken können warum: Es begann mit einer Idee, die zum Wunschtraum wurde und diesen Traum lebte ich von Tag zu Tag immer mehr. Ich erarbeitete gedanklich ein umfassendes Konzept und visualisierte dann alle Schritte zur Umsetzung, jede einzelne Situation auf dem Weg dorthin, bis ins kleinste Detail. Ich tat dies so lange, bis ich die Situationen, wie zum Beispiel die Gespräche mit den Autoren und Investoren, gefühlsmäßig erlebte. Ich visualisierte diese Begegnungen und deren erfolgreichen Ausgang, bis es sich anfühlte, als fänden sie bereits statt – bis mich ein Gefühl der Freude und Dankbarkeit überkam. Und wieder merkte jeder, dem ich im Rahmen des Projekts begegnete, dass ich mit ganzem Herzen und voller Überzeugung dahinter stehe.

Und so erfuhr ich Unterstützung von allen Seiten, von vielen wunderbaren Menschen, die daran mitwirkten und mitwirken – alles ohne große Anstrengung. Nie zuvor in meinem Leben entwickelte sich ein Projekt so positiv und mit solch einer Leichtigkeit und Freude. Mittlerweile weiß ich, dass eines der größten Geheimnisse des Lebens das Erlernen der Kunst ist, die Realität und das Leben so anzunehmen, wie es in jedem Moment ist. Es ist sowieso, wie es ist, ob ich mich dagegen wehre oder nicht! Durch meinen Widerstand wird es höchstens noch schlimmer und anstrengender für mich. Kurt Tepperwein sagt dazu ganz treffend: „Ärgern macht alles nur noch ärger! – das Grundprinzip des Universums und der ganzen Schöpfung ist „geschehen lassen", denn in der Physik gilt das Prinzip des geringsten Aufwandes." In diesem Sinne wünsche ich Ihnen, dass meine Geschichte auch Sie inspirieren wird, Ihre Träume zu realisieren – auch wenn deren Realisierung „unmöglich" erscheint.

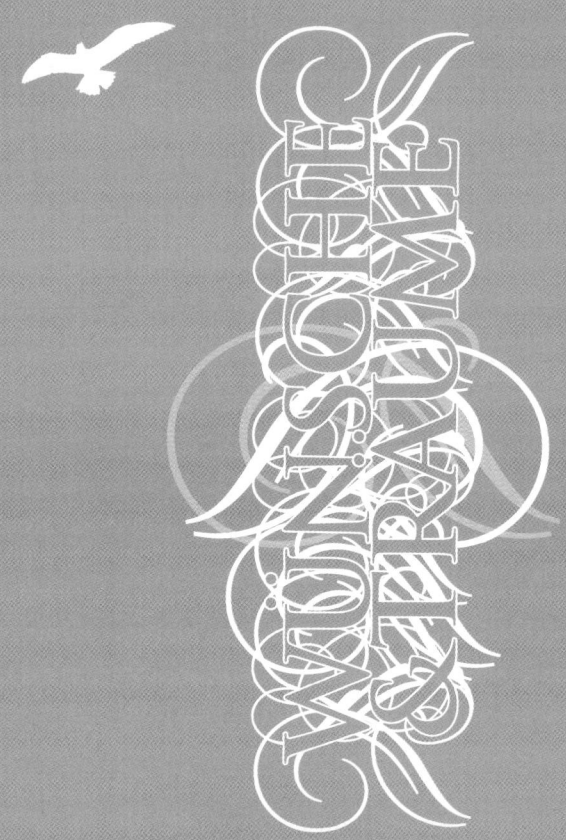

Das wahre Wünschen

SAFI NIDIAYE

Prentice Mulford sagte, Luftschlösser bauen sei das solideste Geschäft, das es gäbe. Es ist eigentlich so einfach. Wir müssen uns nur auf unsere Wünsche konzentrieren und schon erhalten wir das Gewünschte. Unser Geist hat Macht; und auf der geistigen Ebene hängt alles mit allem zusammen; letztendlich ist alles Teil einer einzigen Realität, daher ist es eigentlich ganz einfach. **Eigentlich.**

In Wirklichkeit ist es nicht einfach. Wer schafft es schon, sich tatsächlich auf einen Wunsch zu konzentrieren? Im Allgemeinen fällt es uns viel leichter, uns auf das zu konzentrieren, was uns nicht gefällt, als darauf, wie wir die Dinge haben möchten. Und wenn wir uns dann doch mal auf einen Wunsch konzentrieren, dann kommen uns alle möglichen Stimmen in die Quere... „Vergiss es, das bekommst Du doch nicht".

Unmöglich. So was darf man nicht wünschen, das wäre ungerecht den anderen gegenüber, die es nicht haben. Dafür muss man sich schämen. Und schon lassen wir unseren Wunsch fallen oder schnippeln an ihm herum, bis nicht viel mehr davon übrig bleibt als ein fauler Kompromiss. **Negative Emotionen haben einen bestimmten Sog, eine Schwerkraft. Es ist leichter, in Frustration, Traurigkeit, Wut oder Ohnmacht zu schwelgen als seine Sehnsucht hochzuhalten.** Anders ist es, wenn wir unsere Emotionen bewusst wahrnehmen und ihnen unser Herz öffnen. Anstatt beispielsweise in unserer Frustration zu schwelgen, fühlen wir sie ganz bewusst, mit Körper und Atem, mit allen Fasern, in dem Bewusstsein, dass es ein Gefühl ist, das wir wahrnehmen, und nicht eine Tatsache. Dann können wir erleben, wie dieses Gefühl unser Herz berührt, wie unser Herz sich ihm öffnet in einer Regung von Verständnis, Erbarmen, Mitgefühl oder Achtung.

Wenn eine Sehnsucht sich nicht erfüllt, löst dies die unterschiedlichsten Gefühle in uns aus. Wenn wir uns mit diesen Gefühlen identifizieren (anstatt sie bewusst als Gefühle wahrzunehmen), so kann es geschehen, dass wir uns so sehr in der Negativität verlieren, dass die Sehnsucht und das Positive, nach dem wir uns sehnen, völlig aus unserem Blickfeld geraten. Unser Zuhause ist dann die Aussichtslosigkeit, die Resignation oder die Bitterkeit. Auf der anderen Seite kann es auch geschehen, dass wir uns mit Positivem Denken und Visualisieren beschäftigen und dann diese negativen Gefühle einfach übergehen oder wegzureden versuchen.

Dies kann zu einer tiefen Spaltung führen, bei der Aussichtslosigkeit, Bitterkeit, Resignation zu einem unterdrückten Teil unserer Persönlichkeit werden und uns beherrschen, ohne dass wir es bemerken. Wenn wir aufwachen und Gefühle einfach als Gefühle wahrnehmen, so müssen wir sie weder unterdrücken noch verändern und uns auch nicht von ihnen beherrschen lassen. Wir haben die Möglichkeit, sie bewusst zu fühlen und ihnen unser Herz zu öffnen. Auf diese Weise hören wir auf, uns mit ihnen zu identifizieren und sie hören auf, uns zu beherrschen.

Wenn wir auf diese Weise unser Herz aufmachen für unseren Groll und unsere Hoffnungslosigkeit, Resignation oder Bitterkeit, so wird schließlich der Weg frei für Sehnsucht und Imagination. Die Gegenstimmen sind gehört und befriedet und nichts hindert uns mehr daran, in aller Ruhe und Konzentration unser Luftschloss zu bauen.

Stelle es Dir genau vor. Mit allen Details. Übersieh keines, sonst bekommst Du vielleicht etwas geliefert, das Dir doch nicht ganz gefällt. So lehren es die meisten Wunsch-Erfüllungs-Schulen. Und in diesem Punkt haben sie recht: Wenn Du schon mit Visualisation arbeitest, dann sei besser genau. Sonst bereust Du vielleicht später, Dir das jemals gewünscht zu haben. Ich habe das selbst erlebt.

Nachdem ich jedoch gelernt hatte, bewusste und neutrale Wahrnehmung einzuschalten und sich aus dieser Entdeckung meine Methode der **„körperzentrierten Herzensarbeit"** (die ich im Weiteren im Ansatz skizziere und die ich in einigen Büchern detailliert dargestellt habe) entwickelt hatte, bin ich auf eine andere Art gekommen, mit Wunsch und Sehnsucht umzugehen und zur Erfüllung zu gelangen. Auf eine gründlichere. Tiefere. Befriedigendere. Und einfachere.

Ich habe herausgefunden, dass es beim Wünschen eigentlich um ganz etwas anderes geht, als man denkt. Wir denken, wir wünschen uns einen bestimmten Lebensumstand, ein Objekt, ein Ding, einen Menschen. Wenn wir aber genau hinschauen, werden wir merken, dass wir uns nicht nach dem äußeren Objekt sehnen, sondern nach dem Gefühl, das das Erreichen dieses Objektes in uns auslöst. Dieses Gefühl verwechseln wir jedoch unbewusst mit einer Tatsache, und diese Tatsache halten wir für mehr oder weniger erreichbar oder unerreichbar für uns. Zum Beispiel Freiheit. Wir denken, wir sehnen uns nach Freiheit als Tatsache und stellen uns darunter etwas Bestimmtes vor. Der eine stellt sich unter Freiheit die Abwesenheit von bindenden Beziehungen vor, von einschränkenden politischen oder familiären Umständen, der andere die

Möglichkeit, nach Lust und Laune herumzureisen, für den Dritten bedeutet Freiheit, sich voll und ganz ausdrücken zu können, zum Beispiel durch Tanz oder Gesang. Freiheit scheint eine Tatsache, eine bestimmte Anordnung von Umständen zu sein. In Wirklichkeit ist es ein Gefühl.

Es ist denkbar, dass ein Yogi sich in einer Gefängniszelle völlig frei fühlen würde, während jemand, der sich frei bewegen kann, sich dennoch unfrei fühlen kann. So ist alles, wonach wir uns sehnen, in seiner Essenz, seinem wahren Wesen ein Gefühl. Nicht dieser bestimmte Mensch, nicht jene Anordnung von Umständen, nicht dieses Objekt ist es, nach dem wir uns sehnen, sondern das Gefühl, das wir uns davon versprechen, das Gefühl, das in uns geweckt wird, wenn wir uns vorstellen, das Ersehnte erreicht zu haben.

In Wirklichkeit ist dieses Gefühl genau in dem Moment, da wir uns das vorstellen, bereits in uns geweckt worden und somit vorhanden. Wir brauchen diese Vorstellung nicht auch noch verwirklicht zu sehen, um dieses Gefühl in uns wahrzunehmen: Es ist ja schon da.

Die Imagination hat es in uns hervorgerufen. Nun müssen wir nur noch unsere Aufmerksamkeit darauf richten und es bewusst wahrnehmen. Fühlen. Mit unserem Atem, unserem Körper, mit allen Fasern fühlen. Auf diese Weise lernen wir es kennen und entdecken es als das, was es ist: ein Gefühl. Etwas, das bereits in uns vorhanden war und nun entdeckt wurde. Unabhängig von äußeren Umständen.

Wenn wir üben, dieses Gefühl wahrzunehmen, ihm Raum und Aufmerksamkeit zu schenken, wächst es zu einer inneren Realität heran, die unser Herz erfüllt und aus ihm heraus strahlt, und wir werden erleben, wie dies nach und nach unsere äußere Realität verändert und die Dinge in unser Leben treten,

* Ausführliche Anleitung zu den Schritten dieses Weges sowie Erzählungen und Beispiele dazu finden Sie in: Safi Nidiaye, Der entscheidende Schritt.

nach denen wir uns so sehr gesehnt hatten. Nur dass wir sie nun nicht mehr so sehr brauchen. Denn das, wonach wir uns eigentlich gesehnt hatten, besitzen wir ja schon. **Das Gefühl.**

Wie Sie Wohlstand manifestieren

KURT TEPPERWEIN

WIE MAN SICH „MAGNETISCH" MACHT FÜR DEN NATÜRLICHEN WOHLSTAND

Fülle ist ein Grundprinzip der Schöpfung. Wenn diese natürliche Fülle in Ihrem Leben nicht oder nicht voll in Erscheinung tritt, muss es ein Hindernis geben. Ein Mangelbewusstsein oder ein anderes „Wohlstandsverhinderungs-Programm". Sobald das erkannt und aufgelöst wird, ist die natürliche Fülle nicht mehr aufzuhalten. Zum Mangelbewusstsein gehören Glaubenssätze wie:

„Man kann nun mal nicht alles im Leben haben."
„Es kommt nun mal nicht immer so, wie man es gern hätte."
„Es läuft nicht immer so, wie man sich das wünscht."
„Geld macht auch nicht glücklich." Und so weiter.
Diese Glaubenssätze sollten Sie sich bewusst machen und in solche umwandeln, die Ihren Wohlstand mehren.
Wie denken Sie über Geld und Wohlstand? Über die natürliche Fülle?

Viele haben die natürliche Fülle im negativen Bereich bereits verwirklicht, haben eine Fülle an Problemen, Schwierigkeiten, Ärger, Übergewicht, Krankheiten und so weiter. Es geht also darum, unerwünschte Fülle zu erkennen und aufzulösen und erwünschte Fülle zu schaffen. Vielleicht liegt es in Ihrer Absicht, diese Dinge zu erleben. Dann sollten Sie prüfen, ob Sie das nicht beenden wollen, ob Ihre Absicht damit erfüllt ist und ob Sie wirklich bereit sind, in die Erfahrung der natürlichen Fülle einzutreten. Wenn ja, und wenn Sie alle Verhinderungs-Programme erkannt und aufgelöst haben, brauchen Sie nur neu zu „wählen"! Leben heißt „wählen" und alles ist möglich, was Sie denken, sich vorstellen und glauben können.

Hier die wichtigsten „Wohlstands-Verhinderer":
Meine Überzeugungen:
Ich fühle mich nicht wert, die natürliche Fülle zu erleben.
Ich glaube, das ist aber nicht leicht.
Geld ist auch nicht alles im Leben.
Es gibt Wichtigeres als Geld.
Ich will niemandem etwas wegnehmen.
Ich bin nun mal kein Gewinner.

Die Identifikation mit dem begrenzten und begrenzenden „Ich". Lösung: „Zu Bewusstsein" kommen. Sich als Schöpfer erkennen und die Fülle bewusst zulassen.

Die Aufmerksamkeit ist vorwiegend auf Mangel gerichtet.
Das Geld reicht einfach nicht. Ich komme mit meinem Geld nicht aus.
Ich bin zufrieden, wenn ich nur mein Auskommen habe.

Negatives Denken ist eine Krankheit und kann vollkommen geheilt werden. Das klappt eh nicht. Ich kann es mir nicht vorstellen / kann es nicht glauben. **Ich folge nicht meiner Berufung. Ich habe ein negatives Selbstbild.**
Ich bin noch nicht „unwiderstehlich sympathisch".
Ich treffe noch falsche Entscheidungen. Habe falsche Gewohnheiten.
Ich kann nicht sparen, habe am Ende des Geldes noch zu viel Monat.

Ich mache nichts zu Ende, habe zu viele Ideen/Zweifel.
Ich trau mich nicht, fange gar nicht erst an.
Ich weiß nicht, was ich eigentlich will.

Wie man sich für eine gewünschte Erfahrung „magnetisch" macht. Zum Beispiel für Gesundheit, Erfolg, Wohlstand, eine harmonische Beziehung, Glück! Ihren „Schicksalsauswahlempfänger" bewusst ausrichten.

In die Schöpfungsvollmacht gehen.
Bewusst sein – Von der Identifikation zur wahren Identität.
Ich lasse alle verhindernden Überzeugungen und Identifikationen los
oder wandle sie um in hilfreiche Überzeugungen, denn:
„Einem jeden geschieht nach seinem Glauben."

Zielklarheit schaffen.
Wer nicht weiß, was er will, ist überall falsch.
Dem „erwünschten" Endzustand eine klare Form geben.
Ich muss es denken, mir vorstellen und glauben können.
Es muss mir ganz natürlich und zu mir gehörig vorkommen.
Es sollte sich gut anfühlen.

Die Aufmerksamkeit auf den gewünschten Endzustand gerichtet halten. Die Aufmerksamkeit lenkt die Schöpfungskraft und verwirklicht, worauf sie gerichtet ist. Indem ich meine Aufmerksamkeit auf das richte und gerichtet halte, was sein soll, bleibt mein „Auswahlempfänger" darauf eingestellt und zieht es magisch an.

Meine „energetische Signatur" ständig optimieren.
Meinen „Dauerauftrag an das Leben" bewußt ändern.

Die „Handy-Nummer" des erwünschten Endzustandes „wählen", indem ich „vom Ziel aus" Erfüllung erlebe. Meine Gedanken, Gefühle, Überzeugungen auf die vollzogene Erfüllung ausrichten. – „Herträumen" und nicht „Wegträumen". Damit ändert sich die Richtung Ihres „Magneten", richtet ihn aus auf die erwünschte Erfüllung. Damit rufen Sie das „entsprechende Programm" auf dem „Bildschirm Ihrer erlebten Realität" in Erscheinung. Nehmen Sie den erwünschten Endzustand geistig „in Besitz". Und machen Sie ihn sich so „zu eigen".

Damit wird es Teil meiner „energetischen Signatur" und damit ein „Dauerauftrag an das Leben" und damit muss es als meine „erlebte Realität" „in Erscheinung" treten. Ich mache mich „unwiderstehlich magnetisch", indem ich die Erfüllung segne und dafür danke und mit Dankbarkeit an die Erfüllung denke und sie fühle, wann immer ich daran denke.

Schöpferische Imagination „vom Ziel aus" schafft die Form und die gewünschte Erfüllung und richtet Ihren „Magneten" aus auf das gewünschte Ergebnis – „Die Blitztechnik des Umkreisens". Es ist Ihre „Anweisung an das Leben". Wandeln Sie jeden Wunsch um in eine Absicht. Eine Absicht schließt die Möglichkeit der Nichterfüllung aus. Sich mit der „Energie der Gewissheit der Erfüllung" erfüllen.

Die erlebte und die gefühlte Dankbarkeit zeigt an, dass es kausal bereits geschehen ist und in Kürze auf der Ebene der Realität in Erscheinung tritt. Indem ich den erwünschten Endzustand als erfüllt „erlebe" und ihn damit geistig „in Besitz nehme", mache ich ihn mir „zu eigen", ist er Teil meiner Realität geworden, und das Leben muss ihn als meine erlebte Realität „in Erscheinung" treten lassen – und das tut es dann auch, immer und bei jedem und in jedem Fall. Geschieht es nicht, habe ich ein verhinderndes Programm oder eine blockierende Überzeugung übersehen und beginne noch einmal bei Schritt eins! Bis ich in jedem einzelnen Fall erfolgreich bin! Denn das Leben macht keine Fehler – wir schon!!!

Bewusst eintreten in den, der es geschafft hat, der am Ziel ist.
Erst gewinnen, dann beginnen.
Atmen, denken, fühlen als der, der es erreicht hat.
Der bereits in der Erfüllung lebt.
Sicher „verankern" durch die „Macht der Wiederholung".
Und damit die „Energie der Gewissheit der Erfüllung" stärken.

LEBEN HEISST „WÄHLEN" WIE MAN WIRKSAM „WÄHLT"

Wie Sie einen erwünschten Zustand, ein Ereignis, eine Situation, einen Umstand oder eine Begegnung „geistig anwählen" und damit „in Erscheinung rufen". Erkennen: Ich bin ein Schöpfer und alles ist möglich. Ich muss wissen, dass ich die Wahl habe. Die meisten Menschen wissen nicht, dass sie die Wahl haben und weil sie das nicht wissen, „wählen" sie nicht, und weil sie nicht wählen, geschieht es nicht, und weil es nicht geschieht, glauben sie, es geht nicht. Aber die Realität ist jederzeit bereit, jede gewünschte Form anzunehmen.

Das Leben wartet nur auf Ihre „Anweisungen". Sie sollten wissen, was sie wollen und glauben, dass Sie es können. Die richtige Entscheidung „treffen". Einen Wunsch zur Absicht wandeln. Eine Absicht schließt die Möglichkeit der Nichterfüllung aus und erzeugt die Energie der „Gewissheit der Erfüllung". Die Aufmerksamkeit abziehen von Mangel und gerichtet halten auf den erwünschten Endzustand. Schöpferische Imagination vom Ziel aus ist eine starke „Wahl". Den erwünschten Endzustand vorstellen, mich in der Erfüllung erleben und ihn damit geistig „in Besitz nehmen", ihn mir „zu eigen" machen, bis mich

Freude und Dankbarkeit erfüllen, als „Auftragsbestätigung des Lebens", dass mein Auftrag angenommen, bereits in Arbeit ist und in Kürze geliefert wird. In der „Energie der Erfüllung" bleiben, bis es als erlebte Realität „in Erscheinung tritt." Mein Selbstbild ist eine starke „Wahl"!

Mich „magnetisch" machen, für den erwünschten Endzustand, indem ich meine „energetische Signatur" ständig optimiere und erlebe, dass es bereits geschehen ist. Meine Gedanken, Gefühle, Überzeugungen und Handlungen darauf abstimmen. Die stärkste „Wahl" ist mein Sosein, denn damit wähle ich ständig „entsprechende" Ereignisse, Umstände und „Zufälle" und halte alles, was dem nicht entspricht, zuverlässig fern, auch wenn ich es mir sehr wünsche oder es ganz dringend brauche.

Das Universum nimmt an, dass wir das wünschen, worauf wir unsere Aufmerksamkeit vorwiegend richten und liefert uns ständig die dementsprechenden Lebensumstände. Indem ich bewusst „wähle", ändert sich mein ganzes Leben entsprechend und zwar im gleichen Augenblick! Und alles „geschieht" vollkommen mühelos. Wenn es nicht mühelos geschieht, zeigt das nur, dass es anders leichter ginge.

Das Segnen ist eine andere starke „Wahl", denn alles, was ich ehrlichen Herzens segne, ist im gleichen Augenblick gesegnet und beginnt sofort, sich segensreich zu verändern. Ich kann ein liebevolles und segensreiches Leben „wählen", indem ich das täglich ehrlichen Herzens segne und erlebe eine segensreiche Zukunft. Mein Glaube ist eine starke „Wahl", denn: „Einem jeden geschieht nach seinem Glauben." Was ich glaube, bestimmt das, was ich erlebe. Alles ist möglich dem, der glaubt!!! Wie Sie einen erwünschten Zustand, ein Ereignis, eine Situation, einen Umstand oder eine Begegnung „geistig anwählen" und damit „in Erscheinung rufen".

Alles im Universum hat seine ganz besondere Schwingung. Es ist wie eine Handynummer. Jeder, der diese Nummer kennt, kann Sie jederzeit erreichen. So haben nicht nur Menschen, sondern auch Dinge, Ereignisse und Situationen ihre spezielle Schwingung, ihre „Nummer". Sobald Sie diese Schwingung in sich erzeugen, machen sie sich „magnetisch" dafür. Sie gehen damit „in Resonanz" und lassen es so in Ihrem Leben als Ihre erlebe Realität „in Erscheinung" treten. Sie können so alles „anwählen" und geistig „in Besitz nehmen".

Jeder Mensch ist ein Energiefeld mit einer ganz individuellen Schwingung. Mit dieser persönlichen „energetischen Signatur" ziehen Sie ganz automatisch „entsprechende" Ereignisse in Ihr Leben und halten andere, diesem nicht entsprechende Ereignisse zuverlässig fern, auch wenn Sie sie gern hätten oder ganz dringend brauchen. Ihr Leben ändert sich im gleichen Augenblick, in dem Sie diese „energetische Signatur" verändern, weil Sie damit andere Ereignisse „anwählen". Sie können damit beginnen, Ihre Laune zu „wählen", unabhängig von den Umständen. Der nächste Schritt könnte sein, ganz bewusst „sympathisch" zu sein. Das geschieht, indem Sie Ihre Aufmerksamkeit darauf richten, was Ihnen am anderen ehrlichen Herzens sympathisch ist und schon entsteht eine „energetische Brücke der Sympathie" und der andere beginnt, auch Sie sympathisch zu finden.

Diese veränderte „energetische Signatur" führt zu einem entsprechenden Charisma, einer Aura des Erfolgs und des Wohlwollens und macht Sie zu einer „gewinnenden Erfolgs-Persönlichkeit", der der Erfolg scheinbar mühelos in den Schoß fällt, macht Sie geradezu „magnetisch" für den Erfolg, der so „unvermeidbar" wird. Sie können sich für jedes Ereignis „magnetisch" machen, indem Sie es geistig „in Besitz nehmen". Das geschieht, indem Sie sich am Ziel erleben, das heißt so lange erleben, es erreicht zu haben, bis Sie ein starkes Gefühl der Freude und Dankbarkeit erfüllt. Das ist die „Auftragsbestätigung des Lebens", dass der Auftrag angenommen, bereits in Arbeit ist und in Kürze geliefert wird. Wichtig ist, dass Sie das auch glauben können, denn: „Einem jeden geschieht nach seinem Glauben." Wenn Sie dann nicht mehr „abbestellen", ist der Erfolg nicht mehr aufzuhalten und Sie ziehen zuverlässig in Ihr Leben, was Sie so „bestellt" haben und zwar vollkommen mühelos.

Das gilt für alle Bereiche Ihres Lebens. Für Gesundheit ebenso wie für Erfolg, Wohlstand, Anerkennung, aber auch für eine harmonische Beziehung oder eine ganz besondere Chance. Sie können so auch Ereignisse energetisch ändern, bevor sie als Realität „in Erscheinung" treten. Entscheidend ist immer Ihr Sosein, Ihre „energetische Signatur", denn wenn eine gewählte Ursache nicht mit dem Sosein im Ein-Klang ist, verhindert das Sosein, auch nach dem „Gesetz der Resonanz", die Erfüllung.

Sie schaffen sich so die Welt, in der Sie leben möchten und die Umstände, die Sie sich wünschen. Das ganze Geheimnis besteht darin, die energetische Verbindung lange genug zu halten, bis das Werk vollbracht ist. Erlebte Dankbarkeit ist der schnellste Weg, um in die „Frequenz des Empfangens" zu kommen. Und das Segnen nicht vergessen, damit es sich segensreich in Ihrem Leben auswirkt.

Traumhaft schön: Das Leben – ein Traum oder Träume fürs Leben

KLAUS MÜCKE

Jede Erkenntnis, die absolut gesetzt wird, kann nicht wahr sein.
… und auch diese nicht! … und auch diese nicht!
Klaus Mücke

Alles, was dogmatisch gesagt beziehungsweise gehört wird,
ist falsch gesagt beziehungsweise gehört.
Klaus Mücke

Willst du ein glückliches Leben führen, verbinde es mit einem Ziel.
Albert Einstein

DAS TRAUMHAUS ODER – EIN WAHRES MÄRCHEN

Richard[1], ein sehr guter Freund von mir, der in sehr bescheidenen Verhältnissen aufwuchs, träumte schon als Kind davon, dass er gerne in einem eigenen Haus wohnen wollte. Doch lange Zeit in seinem Leben glaubte er nicht daran, dass dieser Traum jemals in Erfüllung gehen könnte; denn ein eigenes Haus – so dachte er – sei der Welt der Reichen vorbehalten und er erlebte sich – egal wie viel er verdiente – als arm. Eines Tages kam er auf die Idee, sich ganz konkret und plastisch das Haus vorzustellen, die Einrichtung, die Umgebung,

---

[1] Der Name wurde geändert.

die Form, die Innenausstattung und wie er mit seiner Familie in diesem Haus lebte. Jeden Tag – fast wie zufällig – dachte er an dieses Bild. Und tatsächlich – es dauerte nicht lange – fand er dieses Haus, das nicht nur erschwinglich war, sondern in Wirklichkeit sogar seine Traumvorstellung übertraf und seine Frau, die sonst immer sehr skeptisch war, stimmte auf den ersten Blick zu.

ERTRÄUMEN SIE SICH IHRE ZUKUNFT – EINE REISE IN DIE ZUKUNFT

Wenn Sie wollen, lade ich Sie zu einer Reise in Ihre Zukunft ein. Welcher Zeitraum in Ihrer Zukunft würde Sie am meisten interessieren? Würden Sie gerne wahrnehmen, was in drei Monaten passieren könnte oder wären entfernter liegende „Zukünfte" in zwei oder drei, vielleicht aber auch in fünf oder zehn Jahren attraktiver für Sie? Stellen Sie sich vor, Sie könnten schon jetzt Ihr zukünftiges Leben sehen, hören, fühlen, riechen und schmecken. Es mit all Ihren Sinnen erfassen und Ihre Zukunft sehr konkret körperlich wahrnehmen.

Und stellen Sie sich weiter vor, ab sofort, wo Sie diese Zeilen lesen, verläuft Ihr Leben, wie es besser nicht verlaufen kann. Ab sofort können Sie Ihr gesamtes Potenzial, das in Ihnen und in den Sie umgebenden Umweltbedingungen schlummert, entfalten. Was werden Sie in der von Ihnen gewählten und gewünschten Zukunft erleben?

Damit Ihnen Ihr unbewusstes, intuitives oder unwillkürlich erscheinendes Wissen, das Sie in der Regel körperlich spüren, bei dieser Phantasiereise helfen kann, ist es sehr hilfreich, wenn Sie sich an eine Situation aus Ihrem vergangenen Leben erinnern, in der Sie sich geliebt oder anerkannt fühlten, Sie mit sich zufrieden waren und liebevoll mit sich selbst umgegangen sind. Vielleicht erinnern Sie sich an einen Ort oder an eine Situation unter Menschen oder auch alleine, in dem beziehungsweise in der Sie von sich sagen konnten, Sie sind glücklich gewesen. Glücklich mit sich und der Welt. Sie müssen gar nichts bewusst für diese Vorstellung tun, sondern können sich überraschen lassen, was ganz wie von selbst an Erinnerungen an eine glückliche und erfüllende Zeit in Ihnen auftauchen wird.

Sie können dabei wahrnehmen, fühlen und empfinden, wie sich dieses Erleben, vielleicht des Aufgehobenseins, der Geborgenheit, der Zuversicht ganz wie von selbst einstellt, wenn Sie sich diese Situation wieder vorstellen, so als ob sie noch andauert und Ihr Leben bereichert.

Wenn Sie sich in Ihrem Wohlbefinden auf einer Skala von null (schlechtester Wert) bis zehn (bester Wert) mindestens bei acht erleben, dann ist das, wie wenn Sie das Eintrittstor in Ihre gewünschte Zukunft gerade durchschreiten. Vielleicht müssen Sie gar nichts Besonderes tun, um sich so zu fühlen, vielleicht hilft Ihnen aber auch die Erinnerung an glückliche und erfüllende Momente, die in Ihnen noch immer präsent sind; denn Sie wissen, dass die Liebe, die Sie in Ihrem Leben empfunden und erlebt haben, immer bleibt und Sie begleitet, wohin auch immer Sie gehen.

Durchschreiten Sie nun das Tor in die Zukunft. Lassen Sie sich überraschen, welche Bilder, Gedanken, Gefühle und Vorstellungen sich ganz wie von selbst einstellen. Sie können in die von Ihnen ersehnte Zukunft sehen, sie schon jetzt erleben. In welcher Situation befinden Sie sich? An welchem Ort? In welcher Zeit? Was können Sie wahrnehmen? Wie ist das Wetter? Die Landschaft? Welche anderen Menschen sind um Sie herum? Wie fühlt sich Ihr Organismus an? Welche Signale erhalten Sie von ihm? Welche Bedürfnisse und Gefühle melden sich – ganz wie von selbst? Was sagen Sie zu sich? Welche Bilder und Gedanken tauchen auf. Wo wohnen Sie? Welchen Beruf üben Sie aus? Sie müssen gar nichts tun, sich nicht anstrengen, noch nicht einmal muss jetzt irgendetwas an Gedanken oder Gefühlen wahrnehmbar sein. Wenn es nicht bewusst wahrgenommen werden kann, ist dieses Wissen in Ihnen und stellt sich Ihnen zur Verfügung, wenn Sie es brauchen.

Vielleicht können Sie einen Duft riechen, einen Lufthauch auf Ihrer Haut spüren, vielleicht hören Sie Töne, Geräusche oder eine bestimmte Musik, was auch immer. Sie brauchen gar nichts bewusst dafür tun, Bilder und Vorstellungen kommen und gehen und Sie können sich überraschen lassen, welche Zukunft Sie wahrnehmen. Wie Sie aussehen? Wie Sie gehen? Wie Sie atmen? Wie jung oder alt Sie sich fühlen? Wie groß, wie selbstbewusst Sie sich erleben?

Aus eigener Erfahrung weiß ich, dass es nicht viel braucht, um schon jetzt auf dem Weg in Ihre gewünschte, erträumte Zukunft zu sein. Vielleicht ist es nur ein Bild, die Vorstellung anderer Menschen, einer Landschaft oder eines Gebäudes, was Sie mit dieser Zukunft verbinden und Ihnen die Orientierung gibt, wie Sie in die von Ihnen gewünschte Zukunft kommen – ganz wie von selbst, ohne dass Sie bewusst etwas dafür tun müssen.

Die Bilder, die wir uns von unserer Zukunft machen, haben die Tendenz, sich zu erfüllen. Es gibt sicherlich keine Garantie, dass Sie sich der von Ihnen ersehnten Zukunft nähern, doch können Sie die Wahrscheinlichkeit erhöhen, wenn Sie sich von diesen erträumten Zukunftsbildern anziehen lassen.

Wenn Sie davon überzeugt sind, dass diese Zukunft für Sie möglich ist. Um Ihr Unbewusstes auf diese Zukunft hin zu orientieren, genügt es, ein bestimmtes Bild von ihr en passant abzurufen, während Sie frühstücken, im Auto sitzen oder aus dem Fenster sehen. Je konkreter Sie sich ein bestimmtes Bild von Ihrer Zukunft vorstellen, umso größer wirkt die Kraft, die Sie von diesem Bild erhalten. Es ist, als würde Ihr Unbewusstes sich ganz unwillkürlich auf diese Zukunft ausrichten und Sie schon jetzt Dinge tun lassen, die einen Schritt in diese Zukunft ermöglichen. Und so könnten Sie Ihr intuitives, unbewusstes Wissen fragen, was der erste Schritt sein könnte, um dieser Zukunft entgegenzugehen. Nur Sie können das wissen und nur Sie können diesen Schritt gehen. Und dann könnte es geschehen, dass Sie eines Tages aufwachen und feststellen, Sie sind in genau der Zukunft, die Sie sich ausgemalt und erträumt haben.

Ihre Skepsis als Unterstützer/in auf dem Weg

Vielleicht sind Sie skeptisch und können sich noch gar nicht vorstellen, dass Sie schon jetzt einer solchen ersehnten Zukunft entgegengehen. Unter der Skepsis liegt der Wunsch, doch dahin zu gelangen und alles dafür zu tun, dass das Unterfangen gelingen möge. Hilfreich ist es deswegen, Ihre Skepsis freundlich zu begrüßen und sie zu fragen, worauf Sie achten sollten. „Was brauchst Du denn", könnten Sie Ihre Skepsis fragen, „damit Du überzeugter davon wärst, dass wir es schaffen können?"

Und Sie können sich wieder überraschen lassen, welche Antwort Sie erhalten werden. Und wenn Sie jetzt noch keine Antwort erhalten, so gibt es doch das Wissen, dass diese Antwort schon längst in Ihnen steckt, vielleicht braucht es noch Zeit, bis Sie es wahrnehmen können. Vielleicht müssten die guten Gründe für Ihre Skepsis gewürdigt werden, damit Ihre Skepsis zu einem Helfer auf dem Weg zur gewünschten Zukunft wird. Vielleicht fallen Ihnen schon jetzt gute Argumente ein, dass für Sie diese Zukunft doch möglich ist und dass Sie über gute und stärkende Erfahrungen verfügen, über hilfreiche Kompetenzen und Fähigkeiten, die Sie auf Ihrem Weg unterstützen. Dann könnte sich bewahrheiten, was Arnold Retzer feststellte: „Die Zukunft kommt nicht auf einen zu, sondern man selbst geht der Zukunft entgegen."

Der Titel dieses Kapitels wurde angeregt durch ein Traum-Seminar von **GUNTHER SCHMIDT,** *dem Begründer des hypnosystemischen Ansatzes.*

Wünsche, Wunscherfüllung und Wunder – „Wunder gibt es immer wieder"

NATASCHA LANDURIS

Ein Wunder ist nicht der Moment, in dem Dein Wunsch in Erfüllung geht. Ein Wunder ist nicht der Moment, in dem Du an etwas glaubst und es dann tatsächlich eintritt. Das Wunder bist Du selbst. Das Wunder ist in Dir. Jeder Wunsch geht in Erfüllung, wenn Du Dir die Erlaubnis gibst, es geschehen zu lassen. Zuerst musst Du davon überzeugt sein, es voll und ganz verdient zu haben und vor allem sollte es sich ganz leicht anfühlen. Durch die Arbeit mit dem Unterbewusstsein ist jede Blockade lösbar, die Deinen Wunsch an seiner Erfüllung hindert.

Ein unerfüllter Wunsch weist darauf hin, dass etwas in Dir noch nicht bereit ist dafür. Entweder, weil Dein Unterbewusstsein überzeugt davon ist, dass Du die Erfüllung nicht aushalten würdest, vor allem wenn Du meinst, es nicht zu verdienen oder weil Du die Fülle nur im Materiellen suchst, wie zum Beispiel in einem neuen Auto oder einem gut gefüllten Bankkonto. Möglicherweise würde in Dir eine große Leere zurückbleiben, die zuerst „aufgefüllt" werden möchte.

In meiner Praxis erlebe ich täglich, dass die Erfüllung in erster Linie aus einer Erlösung entsteht. Was heißt das genau? Die meisten Menschen wünschen sich eine glückliche Partnerschaft, Gesundheit, Karriere, Erfolg etc. Warum klappt es bei den einen und bei den anderen nicht? Aus meiner Erfahrung mit Klienten stellte sich oft heraus, dass es an Verstrickungen im Familiensystem liegt. Wie zum Beispiel: „Meine Eltern waren nie glücklich miteinander, so kann ich doch auch nie eine glückliche Beziehung leben." „Meine Eltern waren immer arm, so steht es mir nicht zu, reich zu sein."

Es kann auch eine schmerzhafte Verstrickung mit Deinem Heimatland sein oder mit dem, was Du selbst durchgemacht hast an Schock oder Trauma. Diese verschiedenen Verstrickungen führen dazu, dass man das Gefühl hat, bestimmte Wünsche seien für einen unerreichbar. So als würden einem gewisse Dinge in diesem Leben nicht zustehen. All diese „Programmierungen" werden Realität. Diese Realität ist Gott sei Dank veränderbar! In meiner Praxis habe ich täglich mit diesen falschen Glaubensmustern zu tun. Hier ein Beispiel, warum manche Wünsche nicht in Erfüllung gehen.

Ein langjähriger Klient hatte eine Bekannte zu mir geschickt, weil er sich große Sorgen um sie machte. Diese Bekannte kam daraufhin völlig aufgelöst zu mir, weil ihr Mann sich vor drei Monaten ohne Vorwarnung, von einem Tag auf den anderen von ihr getrennt hatte. Er hatte eine sehr viel jüngere Frau kennengelernt und sich unsterblich in sie verliebt. Die Klientin und ihr Exmann hatten vier Kinder miteinander. Sie hatte sich so verloren und verlassen gefühlt. Sie war der Meinung, sich nie wieder verlieben zu können. Hinzu kamen noch große Existenzängste. Sie schlief nicht mehr, aß nicht mehr, hatte keine Lebensfreude mehr.

Sie hatte Angst, dass sie und die Kinder verhungern würden. Nichts machte ihr mehr Spaß, wirklich nichts. Nachdem wir ihre akuten Gefühle der Trennung und ihre Ängste kinesiologisch aufgelöst hatten, ging es ihr schon wesentlich besser. Jedoch konnte sie ihn nicht loslassen. Das Gefühl von Verstoßen- und

Verlassensein kam immer wieder zurück. Eine Freundin gab ihr den Tipp, ein Wunschseminar zu besuchen. Sie sagte, da würde man lernen, sich Dinge so zu wünschen, dass sie tatsächlich in Erfüllung gingen. Sie kaufte sich dazu sämtliche Wunschbücher, die auf dem Markt zu kriegen waren, und befolgte all die guten Ratschläge. Ich fragte sie bei ihrem nächsten Termin, was sie sich denn gewünscht hatte. Sie antwortete, es wäre eh nicht in Erfüllung gegangen. Ihr Wunsch war: Er solle zurückkommen! Auf einmal fiel ihr ein, dass ein Wunsch nach dem Seminar doch in Erfüllung gegangen war. Sie hatte sich mehr Unterhalt gewünscht, weil sie so nicht über die Runden kommen würde. Dies hatte sich sofort erfüllt. Per Gerichtsbeschluss musste ihr Exmann umgehend viel mehr Unterhalt bezahlen. Warum war der eine Wunsch in Erfüllung gegangen und der andere nicht?

Bei dem Geld war sie fest davon überzeugt, dass es ihr und den Kindern zustünde. Sie wollte unbedingt vermeiden, dass ihre Kinder einen Mangel erleiden. Sie stand dazu, ohne Wenn und Aber. „Wir haben es verdient, es steht uns zu!" Deshalb wurde es sozusagen richtig bestellt und erfüllt. Was war aber mit dem Wunsch, der Mann solle sich sofort von der anderen trennen, zu ihr zurückkommen und sie auf Knien um Verzeihung bitten. Es ist nach kosmischen Gesetzen nicht möglich, sich etwas zu wünschen, das einen anderen manipuliert beziehungsweise über ihn zu bestimmen. Es geht vielmehr darum, sein eigenes Handeln, seine eigenen Gefühle und die eigene Bestimmung ins Fließen zu bringen.

Ich schlug ihr vor, sich das nächste Mal eine erfüllte Partnerschaft zu wünschen mit dem Mann an ihrer Seite, der für sie bestimmt ist. Wenn sie sich aber dauernd (verständlicherweise) ihren Exmann zurückwünscht, dann ist der Platz neben ihr sozusagen immer besetzt. Sie sagte, sie wolle aber keinen anderen außer ihm. Die nachfolgenden kinesiologischen Sitzungen hatten die Ziele:

„Ich nehme die Trennung an." „Ich nehme meine Trauer an." „Ich bin sicher und geborgen." „Ich verzeihe mir." Wir machten auch eine Einzelaufstellung, in der sie ihrem Exmann gegenüberstand und ich sie die Sätze sagen ließ: „Ich danke Dir für alles, was Du mir gegeben hast. Ich achte Dich als meinen Exmann. Ich übernehme meinen Teil der Verantwortung für das Scheitern unserer Beziehung. Deine Verstrickung und Dein Scheitern lasse ich bei Dir." Das brachte sie aus der „Opferenergie" und aus ihrem Selbstmitleid heraus.

Ich habe die Erfahrung gemacht, dass es bei Trennungen sehr wichtig ist, seinen Teil der Verantwortung zu übernehmen und das, was war zu achten. In der Regel fühlt man sich danach nicht mehr so klein wie ein verlassenes Kind, sondern groß und erwachsen. Wenn man im Gegensatz dazu ständig mit dem Thema „Schuld" und „Unschuld" beschäftigt ist, bleibt sozusagen für den „Schuldigen" immer eine „Rechnung" offen. Der Schuldige schuldet dem Unschuldigen für all seine bösen Taten. So wartet derjenige, der sich unschuldig fühlt, dass der Schuldige seine Rechnung ausgleicht. Über diese Erwartung bleibt man negativ gebunden. Das macht das Loslassen bei Trennungen so schwer. Im Übrigen beginnen manche Beziehungen schon damit, dass zum Beispiel eine vom Vater verlassene Tochter unbewusst die offene Rechnung mit dem Vater einfach auf ihren Partner überträgt. Er soll die Schulden bezahlen. Bei meinem Vater war bis jetzt nichts zu holen.

Dieser „Schuldenberg" aus fehlender Liebe, Sicherheit und Anerkennung zwischen Vater und Tochter ist in all den Jahren oft so groß geworden, dass der völlig überforderte Bräutigam niemals in der Lage sein wird, ihn zu begleichen. Leider kommen über diese Erwartungshaltung nur noch mehr Schulden zusammen, da aus einem ursprünglich unschuldigen Bräutigam ein schuldiger gemacht wird. Vor lauter Überforderung zieht er sich immer mehr zurück. Meistens weiß derjenige selber nicht warum, weil dies auf einer ganz unbewussten Ebene geschieht. Er hat das Gefühl, egal was ich gebe, es ist nie genug. Deshalb ist es so wichtig, dass jeder seinen Teil der Verstrickung und damit der Verantwortung für das Scheitern der Beziehung übernimmt. So bleiben keine Rechnungen offen und man ist frei, endlich nach vorne zu schauen.

Nach zehn Tagen rief sie mich an, es ginge ihr schon wesentlich besser. Ihr Exmann hatte angerufen. Sie fühlte sich ruhig und gelassen. Sie konnte ohne Tränen zum ersten Mal ganz ruhig und normal mit ihm reden. Merkwürdigerweise war sie nicht einmal aufgeregt. Als er am Wochenende kam, um die Kinder abzuholen, konnte sie sogar mit ihm am Tisch einen Kaffee trinken. Im Gespräch fühlte sie zum ersten Mal, dass ein Teil in ihr den Druck nicht mehr empfindet, gefallen zu müssen, sich ihm ständig anpassen zu müssen, sich ihm unterzuordnen. Sie hatte mehr Energie für sich selbst, obwohl sie jetzt mit den Kindern viel alleine war.

Sie fühlte sogar eine Erleichterung, als die Familie das Haus verließ. In den letzten Wochen war für sie immer eine Welt zusammengebrochen, nachdem er die Kinder abgeholt hatte und sie allein zurückgeblieben war. Sie fing an, die Stille im Haus zu genießen, die freien Wochenenden ohne Kinder und Mann, das Gefühl, dass plötzlich alles in ihrem Leben offen ist. Alles könnte plötzlich möglich sein. Nichts ist mehr festgefahren und vorhersehbar. Sie war von einer Art Euphorie ergriffen und ist sogar mit einer Freundin tanzen gegangen. Bei den nächsten Sitzungen arbeiteten wir am Loslassen und an ihren falschen Glaubenssätzen, die in ihrem Unterbewusstsein programmiert waren, wie zum Beispiel:

„Es gibt keine erfüllten Partnerschaften.“
„Männern kann man nicht vertrauen.“
„Männer sind unberechenbar.“

„Ich bin eine wertlose Frau."

„Ich bin es nicht wert, geliebt zu sein."

„Ich bin alt und unattraktiv."

DIESE FALSCHEN PROGRAMMIERUNGEN WURDEN ERSETZT DURCH:

„Ich bin liebenswert."

„Ich lebe meine Weiblichkeit."

„Ich kenne den Unterschied zwischen meinem Vater und meinem Partner."

„Meine Mama liebt mich so, wie sie es kann."

„Meine Eltern haben mir genug gegeben, um etwas Gutes daraus zu machen."

„Ich bin offen für eine neue Beziehung."

„Ich finde den Partner, der zu mir gehört."

Diese „Umprogrammierungen" sind in der Tiefe nur über das Unterbewusstsein möglich. Sich das über das Bewusstsein einzureden, bewirkt wenig Veränderung. Bei einigen ihrer blockierten Ziele kam heraus, dass ihr Vater nie viel mit ihr anfangen konnte und nur Augen für ihre kleine Schwester hatte. Ihre traumatisierte Mutter war mit sechs Jahren alleine mit ihrer Mutter, also der Oma der Klientin, und ihrer Schwester auf der Flucht. Der Großvater war nicht aus dem Krieg wiedergekehrt, sodass ihre Großmutter die Mutter und die Tante der Klientin alleine durchbringen musste. Die kleine Schwester der Mutter ist mit nur drei Jahren auf der Flucht gestorben. So fühlte die Mutter der Klientin sich immer schuldig, noch am Leben zu sein. Die Großmutter warf ihr dies sogar in nervlich angespannten Situationen vor: „Wärst Du nur statt Deiner Schwester verreckt!" So war die Mutter der Klientin nicht in der

Lage, ihr Herz für ihre Tochter so zu öffnen, dass sich diese geliebt und geborgen gefühlt hätte. Sie fühlte sich oft genauso verlassen wie ihre Mutter und von ihrem Vater nie angenommen, weil er sich ihrer Schwester so viel näher und ähnlicher fühlte. All diese Themen kamen sowohl in ihren Beziehungen hoch wie auch ganz besonders während der Trennung. All diese „Schulden" wurden auf ihren Exmann übertragen. Sie hatte sich, wie als Kind, verlassen und alleine gefühlt und diese Trennung wollte ihr bewusst machen, dass etwas Altes gelöst werden möchte. Wer weiß, ob sie das sonst je angeschaut hätte. Nach Auflösung dieser Blockaden war meine Klientin endlich frei. Ihr nächster großer Wunsch war nun doch eine neue Partnerschaft. Würde es wohl dieses Mal in Erfüllung gehen?

Heute lebt sie mit ihrem neuen Mann, der selbst zwei Kinder mitgebracht hat, zu acht in einem wunderschönen Haus. Das Wunder ist nicht, dass dieser Traum in Erfüllung ging, sondern der Prozess, der dahin geführt hat. Der Weg dahin ist das wahre Wunder. Die lang ersehnte Erlösung war ihr wahrhaftiger Wunsch.

Ihr Volkstrauma (die Vertreibung ihres Volkes), ihr Familientrauma (die Flucht von Oma und Mutter, der Tod der Tante) und ihr persönliches Trauma (das Verlassensein, die Nicht-Erlaubnis, anzukommen, bleiben zu dürfen, glücklich zu sein) konnten im Hier und Jetzt aufgelöst werden. Jeder Wunsch ist erfüllbar! Jedes Ziel erreichbar! Jeder falsche Glaube ist umkehrbar! Jeder verloren gegangene Glaube ist auffindbar! Mach Dich auf Deinen Weg zu Deinem Glück! Du hast jetzt bereits begonnen, indem Du dieses Buch liest. Du hast es verdient.

Glaube und Erwartung verändern Materie – Aufbau und Funktion

DR. ANONYMUS

Menschen haben Gefühle und steuern damit ihre eigene Materie: Wie könnten wir ansonsten weinen. Aber die Naturwissenschaft schließt diesen Fakt aus ihrem Lehrgebäude kategorisch aus. Das Problem ist längstens bekannt ...

Erwin Schrödinger – Zitat aus: Was ist Leben, 1945: „Dem Weltbild fehlen alle Sinnesqualitäten, aus denen das Subjekt der Erkenntnis sich eigentlich zusammensetzt. Dem Modell fehlen Farben, Töne und Greifbarkeit. Ebenso und aus gleichem Grund mangelt es der Welt der Naturwissenschaft an allem, was eine Bedeutung in Bezug auf das bewusste, anschauende, wahrnehmende und fühlende Wesen hat." Werner Heisenberg – Zitat: „Das Argument, lebende Organismen seien nur mit den Gesetzen der Physik und Chemie zu erklären und es gäbe keine Vitalitätskraft, stimmt nicht mit der modernen Quantentheorie überein."

Intensive Gedanken steuern Funktionen meines Körpers. Jeder kann den Einfluss intensiver Vorstellung bei sich selber sofort testen. Man stelle sich vor, man beiße intensiv in eine große reife Zitrone. Jedes Mal wird sofort von der Mehrheit des Auditoriums bestätigt, dass ein vermehrter Speichelfluss einsetzt. Jeanne Achterberg, Professorin an der University of Texas in Dallas, und Direktorin am Health Science Center für Rehabilitationswissenschaft hatte während ihrer Krankenhaustätigkeit präzise ihre weiblichen und männlichen Patienten beobachtet: „Vorstellungen werden so bereitwillig in ihre physische Entsprechung umgesetzt, dass Tod aufgrund einer gefürchteten Diagnose, von einem glaubwürdigen Arzt gestellt, ebenso denkbar ist wie Tod durch Zauberfluch für einen Haitianer. Solche Fälle werden von Ärzten und Medizinern schon längst nicht mehr bezweifelt."

Frau Achterberg dokumentiert und schildert folgende Fälle: Eine Frau, bei der die Probeexzision (Gewebeentnahme für diagnostische Zwecke) des Brustgewebes den Verdacht auf Krebs bestätigt hatte, starb daraufhin innerhalb von Stunden – „Tod aufgrund zu lebhafter Vorstellungen." Diese Frau hatte ihre qualvoll dahinsiechende Mutter, die ebenfalls an Brustkrebs erkrankt war, jahrelang gepflegt und konnte sich intensiv ausmalen, was nun auf sie selbst zukam. Daraufhin stellte der Körper seine Funktionen ein.

Auch der gegenteilige Fall wird des Öfteren berichtet: Selbst in eigentlich hoffnungslosen Fällen verschwindet eine Geschwulst und wird Krebs geheilt, weil die betreffenden Patienten bestimmte Aussagen des Arztes so interpretierten, dass der Körper nun alles Schädliche abgestoßen habe und der Genesung nichts mehr im Wege stehe.

Frau Achterberg weiß: „Meine eigenen Patienten haben es mir immer wieder klargemacht: Der Arzt ist allmächtig, wenn es um das Erzeugen von inneren Bildern geht. Völlig unabhängig von medizinischen Eingriffen können sie über Tod oder Leben entscheiden, und es ist eigentlich überflüssig zu betonen, dass die Verantwortung dafür nicht leicht genommen werden darf. Und dennoch scheint das oft der Fall zu sein." Berühmt geworden ist folgender Fall, denn er vereinigt die guten und schlechten Gedanken, die sich in der Körperfunktion und Heilungstendenz wiederfinden: Der Krebs-Todeskandidat Mr. Wright bekam in einem Krankenhaus der USA auf seinen ausdrücklichen Wunsch hin im Test Krebiozen, ein neues „Wunderheilmittel", verabreicht. Innerhalb nur weniger Tage ging es ihm besser. Patienten, die parallel dazu das Mittel gespritzt bekamen, blieben, ohne auf dieses Medikament Hoffnung und Erwartungen zu setzen, ohne Zustandsänderung. Der Tumor von Mr. Wright war nur wenige Tage nach der Behandlung auf die Hälfte („wie Schnee auf einem heißen Ofen") zusammengeschrumpft. Eine so gründliche und schnelle Rückbildung wäre bei keiner noch so intensiven Behandlung möglich gewesen. Mr. Wright verließ das Krankenhaus praktisch geheilt und kehrte im eigenhändig gesteuerten Flugzeug nach Hause zurück.

Später erfuhr er jedoch aus einigen Nachrichtensendungen, dass Krebiozen ein höchst umstrittenes Medikament sei. Mr. Wrights Glaube daran kam ins Wanken, und nach zweimonatiger vollkommener Gesundheit verfiel er wieder in seinen ursprünglichen hoffnungslosen Zustand. Da die Ärzte annahmen, sie hätten nichts zu verlieren, verabreichten sie ihm eine „doppelte Dosis". So sagten sie ihm jedenfalls. Es handelte sich jedoch um klares, reines Wasser. Und wieder genas er. Seine zweite Heilung war noch viel dramatischer als die erste: Erneut schmolz der Tumor dahin. Der Patient konnte wiederum völlig gesund entlassen werden. Weitere zwei Monate später gab die American Medical Association bekannt, landesweite Tests hätten gezeigt, dass Krebiozen in der Krebsbehandlung ein wertloses Arzneimittel sei. Wenige Tage nach dieser Veröffentlichung erlag Mr. Wright seiner Krankheit.

Genau so passiert es täglich in Krankenhäusern und zu Hause.

Eine notwendige Heilatmosphäre ist immer eine Atmosphäre des Vertrauens, der Glaubwürdigkeit, der Kreativität, der produktiven Spannung. Hier spürt der Patient, dass etwas Machtvolles passieren wird. Der Basler Psychiater Walter Pöldinger zitierte eine Erkenntnis der modernen Psychotherapieforschung: „Der Erfolg einer Therapie ist in hohem Maße abhängig von der Intensität der zwischenmenschlichen Beziehungen von Therapeut und Patient. Die Emotionalität regiert: Nicht auf die Worte kommt es an, die gewechselt werden, sondern auf die Gefühle, die wachgerufen und ausgetauscht werden. Die Persönlichkeit des Therapeuten und die Persönlichkeit des Therapierten stehen im Vordergrund … Medizin ist nicht ganz von Magie zu trennen, von der sie einst ihren Ausgang genommen hat."

Der Glaube setzt sich zusammen aus dem Willen, eine bestimmte Situation genauer zu betrachten und aus einem diese Situation bewertenden Gefühl: Insgesamt entspricht er dem „Geben von Sinn und Bedeutung". Werden die Dinge positiv betrachtet, spricht man von Placebos, werden sie dagegen negativ bewertet, entstehen Nocebos. Die Bezeichnung Placebo ist uns inzwischen aus den Medien geläufig. Kaum jemand spricht aber über Nocebos, dennoch sind sie in unserem alltäglichen Leben jederzeit gegenwärtig.

Nocebos sind nach Ansicht von Experten genauso krankmachend wie Zigarettenrauch oder Bakterien. So zeigten Ergebnisse der berühmten Framington-Studie, dass diejenigen Frauen, die sich selbst für gefährdet hielten, unabhängig von den geläufigen Risikofaktoren fast viermal so häufig einen Infarkt erlitten. Allein der Glaube, man sei für Herzinfarkt anfällig, stellt also einen markanten Risikofaktor dar, genauso wie hoher Blutdruck oder Bewegungsarmut.

Hierfür gibt es viele Beispiele. Stellvertretend seien hier einige wenige beschrieben: Mehreren Asthmatikern versetzte man die Atemluft mit bestimmten allergischen Stoffen, so sagte man ihnen jedenfalls. In Wirklichkeit handelte es sich um beste Luft aus Salinen, die keinerlei Schädlichkeit aufwies. Nach der

Einatmung zeigte fast jeder Zweite dieser Gruppe typische Atmungsprobleme, 14 Personen bekamen sogar klinische Anfälle. Die Schwere der Anfälle ließ sich umgehend kupieren, sobald – in einem Anschlussversuch – die gleiche zugeführte Luft jetzt als therapeutisch wirksam, als heilsam deklariert wurde.

Auch Allergien konnten durch Injektion einer völlig reizlosen neutralen Kochsalzlösung in beliebiger Schwere ausgelöst werden, je nachdem, welche suggestive Beeinflussung durch den Versuchsleiter die Erwartung der betroffenen Person dirigierte. Bei psychogen vorgezeichneten Personen gelang sogar die Auslösung von epilepsieähnlichen Anfällen, wenn ihnen ein Hautpflaster mit „Medikamenten" auf die Haut geklebt wurde. Ohne jeden Wirkstoff im Pflaster erlitten 77 Prozent einen Anfall.

Ein Problem sind in dieser Hinsicht auch die jedem Medikament beigefügten Nebenwirkungslisten. Hautausschlag und vegetativ markante Symptome traten bei immerhin 20 Prozent der Probanden eines Versuchs auf, die annehmen mussten, sie hätten ein Medikament (Tranquilizer Mephenesin) eingenommen, das derartige Nebenwirkungen hat. Auch hier wirkte allein ein Nocebo-Effekt. Selbstverständlich bedeutet dies nicht, es gebe keine rein pharmakologisch ausgelösten Nebenwirkungen. Es besteht nur der begründete Verdacht, dass einige Patienten durch das Wissen um die Nebenwirkungen eine vergrößerte Sensibilität entwickeln. Sogar bei einer vermeintlichen Chemotherapie wurden 30 Prozent der Versuchspersonen Opfer des Nocebo-Effekts: Ihnen fielen die Haare auch dann aus, wenn sie keine Wirksubstanz erhalten hatten, aber glaubten, die Chemotherapie wäre an ihnen vorgenommen worden.

Larry Dossey vom Parkland Hospital in Dallas schreibt: „Man hat sich in der Medizin zu sehr auf den Körper konzentriert und alles Geistige ausgeklammert." Schon 1935 meinte er: „Künftiger Fortschritt in der Medizin wird nicht durch neue und verbesserte Krankenhäuser entstehen oder größere und effektivere Fabriken zur Herstellung von pharmazeutischen Produkten. Es hängt einzig und allein von der Imagination ab, von der Patientenbeobachtung, von der Meditation und Untersuchungen in der Stille des Labors. Und nicht zuletzt von einer Entschleierung der Organismus und Geist betreffenden Mysterien, die über die Erklärung der chemischen Strukturen hinausgeht."

Die Hinweise hierfür sind eindeutig: Die Psyche schaltet ganz normale physiologische und pathologische Vorgänge in unserem Körper an und ab. Die entsprechenden Funktionen des Körpers werden durch den Willen und durch das Gefühl zur Wirksamkeit freigegeben. Die Anlage zur Beeinflussung der Materie durch unser Bewusstsein wie die motorische Bewegung ist angeboren. Jedes Kleinkind lernt aber, das geistige Prinzip (den Willen) auf diese motorische Anlage zu projizieren. Der Wille (der Geist) steuert dann die Muskelbewegung, also die Materie. Dieses Prinzip gilt ebenso für vegetative Vorgänge wie Urinlassen, Sexualität, Wirkung von Drogen (der Wein im Urlaub schmeckt anders als der gleiche Wein zu Hause), ansteckende Übelkeit auf dem Schiff oder im Bus.

Wir brauchen uns allerdings nicht auf gesonderte Stressmomente einzulassen. Generell haben jeder Gedankengang und jede Gefühlswallung Auswirkungen auf Funktionen des Organismus. Messbar sind diese Wirkungen anhand des psychogalvanischen Reflexes der Haut, der auf der elektrischen Widerstandsabnahme der Schweißdrüsenmembranen beruht (oft verwechselt mit der Messung von Akupunkturpunkten). Für jeden sichtbar sind sie zum Beispiel an der Mimik. Viele Menschen bewegen als Folge ihrer Gedanken und Gefühle unbewusst verschiedene Muskelgruppen im Gesichtsbereich, was in definitives Lachen und andere spontane Reaktionen münden kann.

DIE BRENNENDE FRAGE IST NUN: WIE KANN MEINE BEWUSSTE PSYCHE – EIN GEISTIGES PHÄNOMEN – DIE MATERIE MEINES KÖRPERS BEEINFLUSSEN?

Das Ganze funktioniert nur, weil unsere Psyche, unser Geist, unser Bewusstsein Kräfte-Änderungen an Molekülen erzeugt, insbesondere an Enzymen. Enzyme sind große Molekülkonstruktionen. Jeder Baustein (Aminosäure) muss durch exakte Kraftbrücken-Konstellationen an einer ganz bestimmten Stelle gehalten werden. Wenn unsere Psyche also die Aktivität eines Enzyms verändert, dann verändert sie primär die Kräfte-Konstellation innerhalb dieses Enzyms. Sie verändert allerdings nicht nur ein einziges Enzym, das wäre nutzlos, sondern immer gleichzeitig Millionen weitere. Die Änderung der Enzymstruktur beruht auf Information und unsere Psyche und unser Bewusstsein ist jeweils eine solche Information.

Die Information entsteht durch das „Geben von Sinn und Bedeutung"; dies machen wir mit unserem Willen und einer Gefühlsentstehung bei Betrachtung einer Situation. Beispiel: Gehe ich durch das „Paradies" und gebe den schönen Düften und den schönen Farben dort nicht gebührend Sinn und Bedeutung, dann existiert das „Paradies" für mich überhaupt nicht. Durch Experimente im Bereich der Quantenphilosophie wird nun ein neues Tor aufgestoßen: Gedanken aus Vernunft und Gefühlen, entsprechend Aktivität des Bewusstseins und Unterbewusstseins, sind identisch mit Materie-Massen und physikalischen Energien. Gedanken können deshalb leicht Körpermaterie beeinflussen.

Und zwar nicht nur die Materie unseres Körpers, sondern – wie zahlreiche wissenschaftliche Arbeitsgruppen zeigen – auch die Materie außerhalb unseres Körpers. Wir wissen inzwischen: Die psychischen Phänomene wie Angst, Freude, Liebe und so weiter beeinflussen Materie und Menschen unabhängig von der Entfernung und unmittelbar. Wie kann man das erklären? Gefühle sind „angeboren", also irgendwo abgespeichert; sie sind demnach bereits vorhanden, bevor ein Lebewesen entstanden ist, steuern das Lebewesen aber in seinem Verhalten ein Leben lang. Wir sind in unseren Gefühlen untereinander gleicher als in jedem anderen Merkmal. Deshalb sind auch die unmittelbaren Folgen der Gefühle, die Emotionen, globale Resonanzgebilde zwecks nonverbaler Kommunikation.

Einstein-Zitat: „Ein menschliches Wesen ist ein Teil des Ganzen, das wir ‚Universum' nennen … Es erfährt sich selbst, seine Gedanken und Gefühle, als etwas von allem anderen Getrenntes – eine Art optische Täuschung seines Bewusstseins."

Wir wollen einige konsistente Hinweise (Beispiele) dafür geben, wie Emotionen und Bewusstsein über unseren Körper hinaus Energie-, Informations- und Krafttransfer bewirken: Paul Davies, Adelaide University: Elektronen-Spin ändert sich durch Erwartung und Vorstellung des Experimentators. Arbeitsgruppe Mandel, University Rochester: Gedachte „Welcher Weg Information" in Determinations-Experimenten outet Teilchen mit Kraftwirkung. Princeton University: Global Consciousness Project und PEAR: Globale Emotionen von Menschen beeinflussen die Elektronik von Zufallsgeneratoren und Monitoren.

Quantum Biology Research Labs, Institute of HeartMath, Boulder Creek, Kalifornien: DNA der Gene – auch außerhalb des Körpers – wird durch Emotionen verändert. Columbia University: Bittgebete haben positiven Einfluss auf den Erfolg von In-vitro-Fertilisation und Embryonentransfer; Ergebnisse einer Doppelblind-Studie. Zum einen geht es um den Spin von Quanten, hauptsächlich um den Spin der Elektronen. Nun muss man wissen: Spin- und

Bahnbewegung von Elektronen sind die Ursachen von Molekülbindungen und somit von Form, Struktur und Gestalt. Das heißt, Quanten-Spins erzeugen Information für Kraft- und Zeitoperationen an und zwischen den Massen. Alle Naturkräfte sind also Kombinationen aus Masse und Spin. Damit sind Spins die Architekten von funktionellen Molekülen und letztlich des kompletten Organismus.

WAS HAT DAS MIT BEWUSSTSEIN ZU TUN?

Bewusstsein kann im Experiment Spins beeinflussen und greift somit in die Ordnung (Form, Struktur und Gestalt) ein. Durch den Geist des Experimentators werden die Koordinaten von Spins festgelegt.

Paul Davies schreibt bereits 1990:
„Die unheimliche Sklaverei, die alle mit Spin ausgestatteten Teilchen dazu zwingt, den vom Experimentator festgelegten Winkel einzunehmen, erweckt den Eindruck, als ob der Geist die Materie beherrsche. […] Die Physiker haben seit Langem akzeptiert, dass der Spin eines Teilchens immer in die Richtung zeigt, die ein Experimentator zufällig als seine Referenzrichtung ausgewählt hat. […] Dies führt ein merkwürdiges subjektives Element in die physikalische Welt ein. […]

Der freie Wille eines Physikers dringt in die Mikrowelt ein . […] Der Spin eines Teilchens zeigt unvermeidlich in die Richtung, die durch die Messstrategie des Experimentators zustande gekommen ist. Offensichtlich ist die mikroskopische und die makroskopische Welt eng miteinander verknüpft. […] Die neue Physik stellt den Geist zurück in eine zentrale Stelle in der Natur. […] Wenn jemand ein Atom anschaut, dann springt das Atom auf eine charakteristische Weise, die keine gewöhnliche physikalische Wechselwirkung nachmachen kann." Das also ist vermutlich die Ursache, dass wir mit unserem Willen unsere Körpermuskulatur bewegen können, laufen, sprechen, gestikulieren und die Umwelt verändern können.

Die Arbeitsgruppe Mandel hat ebenfalls festgestellt, dass wir nur durch unsere Gedanken Quanten außerhalb unseres Körpers in die Realität bringen und dirigieren können. Durch überzeugende Experimente konnten die Forscher zeigen, dass Teilchen aus Wellenfunktionen entstehen, wenn das Wissen des Beobachters einen Weg dafür erkennt. Mandel sagt, die bloße „Drohung", dass man eine Information über den Weg erhalten könne, zwingt ein Photon, diesen Weg einzuschlagen. „Der Quantenzustand spiegelt nicht nur das wider, was wir über das System wissen, sondern was im Prinzip erfahrbar ist."

Und als ob das nicht schon mystisch genug wäre, ist es auch möglich, dieses Wissen wieder zu „löschen" und damit das Teilchen mit allen seinen potenziellen Wirkungen wieder verschwinden zu lassen. Glaube erschafft einen bestimmten Zustand; verlieren wir diesen Glauben wieder, zerfällt dieser Zustand ebenfalls. Das allerdings kommt uns bekannt vor, es ist unsere tägliche Erfahrung.

Eine einzelne Person hat nur geringe Kraftmöglichkeiten in der Außenwelt, die allerdings durch Bewusstseins-Training verstärkt werden können. Anders ist es, wenn viele Menschen gleichzeitig in einen bestimmten Bewusstseinszustand fallen oder wenn bei vielen Menschen starke Emotionen ausgelöst werden. Dies wurde im „Global Consciousness Project" festgestellt, einem wissenschaftlichen Experiment, an dem sich weltweit Forscher und Ingenieure beteiligen. Mithilfe einer in Princeton entwickelten Technologie werden durch Zufallsgeneratoren von einem weltweiten Netzwerk Daten gesammelt, die die Existenz eines „globalen Bewusstseins" belegen sollen.

Wenn die Menschen über die Medien beispielsweise von einem bewegenden Unglück erfahren (wie etwa den Angriffen auf das World Trade Center am 11. September 2001, dem Tsunami in Asien 2004 oder dem Tod von Prinzessin Diana), dann werden von unzähligen Seelen Gefühle freigesetzt. Genau in diesem Augenblick reagieren Elektronen in bestimmten Geräten, die weltweit verteilt sind, mit weitgehend einheitlicher Aussendung von elektromagnetischen Signalen: Aus einem vorherigen Rauschen wird ein ziemlich kohärentes Spannungs-Feld. Damit wiederholt sich das Ergebnis der Gruppe PEAR (Princeton Engineering Anomalous Research), wonach Personen Elektronen eines Bildschirms signifikant beeinflussen konnten. Dies gelang Frauen besser als Männern und emotional aufgewühlten Gruppen besser als „Coolen".

Dies erinnert an Aussagen von Brian Josephson, Nobelpreisträger für Physik 1972. Er hält die objektive Realität für ein Produkt der kollektiven Gedanken der Menschheit.

Dass unsere Gefühle nicht nur in uns, sondern auch außerhalb unseres Körpers massive Auswirkungen haben können, zeigten Versuchsergebnisse im Quantum Biology Research Lab und im Institute of HeartMath, beide in Boulder Creek, Kalifornien: Aufgezeichnet wurde, wie unsere Gefühle den Herzrhythmus verändern – dies ist natürlich schon längst bekannt. Aber bei ganz bestimmten Elektrokardiogramm-Mustern verändert sich dadurch die Konformation (räumliche Anordnung) der DNA bestimmter Gene, die sich in einem Reagenzglas in unserer Hand befinden. Die Beeinflussung durch liebevolle Gefühle war dreifach stärker als der Einfluss von thermischen und mechanischen Störungen auf die DNA.

Selbstverständlich kann keine direkte Kraftwirkung ausgehend von unserem Gehirn oder Herz auf Gegenstände stattfinden, da diese mit der Entfernung rapide abnimmt. Aber die Quantenphysik beschreibt ein Phänomen, das sich sozusagen als „Roter Faden" durch sämtliche Versuche zieht. Demnach sind Teilchen und sogar Atome, die ehemals einen engen Kontakt aufwiesen, auch nach ihrer Trennung weiterhin als Einheit anzusehen. Ist also eines der Teilchen inzwischen weit entfernt, etwa in den USA oder sogar in einer anderen Galaxie, dann reagiert dieses Teilchen instantan (augenblicklich) mit dem anderen Teilchen, das hier und von uns gerade in diesem Augenblick irgendwie beeinflusst wird.

Diesem sogenannten Entanglement (Verschränkungs)-Prozess sind allerdings enge Schranken gesetzt. Nur dann passiert die „spukhafte Fernwirkung" wie Einstein es nannte, wenn die Teilchen zwischendurch weitgehend ungestört sind. Dies mag bei kleinsten Teilchen möglich sein, mit größer werdenden Konglomeraten allerdings wird die Wahrscheinlichkeit der Störung immer größer. Deshalb klappt der Effekt nicht mit makroskopischen Objekten. Aber kleinste Teilchen an strategisch wichtigen Weichenstellungen sind immer Grundlage unserer Funktion, deshalb mag dieser Effekt dort auch eine weitreichende Rolle spielen.

Wenn man diese Ergebnisse alle zusammennimmt, dann ist leichter verständlich, wenn aus wissenschaftlichen Institutionen von Fernheilungen und Erfolgen von Bittgebeten berichtet wird. Inzwischen gibt es viele derartige Untersuchungen. Etwa die Hälfte davon kann positive Erfolge aufzeigen. Das Gebiet ist bis heute nicht beliebig manipulierbar und offensichtlich noch voller Fußangeln. Dennoch lohnt die weitere Forschung.

Die inzwischen sehr zahlreichen Ergebnisse zu diesem Thema auch aus China und Japan sind geradezu phantastisch: Unsere Gedanken verändern auf der Mikroebene der Moleküle unseren Aufbau und unsere Funktion und die anderer Organismen und letztlich auch die Mentalität unserer Erdenbürger. Die Medizin wird ihrer Aufgabe nicht gerecht, wenn die Vertreter dieser Disziplin die Psyche und den Geist nicht in ihre Handlungen einbeziehen. Man kann diese Handlungsweise inzwischen als unwissenschaftlich qualifizieren. Auch die beschriebene Autoritäten-Allmacht braucht Regeln zum Umgang, ansonsten werden effiziente Heilkanäle verschüttet und Krankheit, im schlimmsten Fall sogar dem Tod eventuell die Tür geöffnet, allein durch Mitteilung der Diagnose.

TAUSENDE VON KERZEN
KANN MAN AM LICHT
EINER KERZE ANZÜNDEN,
OHNE DASS IHR LICHT
SCHWÄCHER WIRD.
FREUDE NIMMT NICHT AB,
WENN SIE GETEILT WIRD.

BUDDHA

II

FREUDE, GLÜCK & HARMONIE

In diesem Augenblick, in dem ich diese Zeilen schreibe, erlebe ich Glück, weil ich das Projekt YOU! mit allem, was damit verbunden ist, von ganzem Herzen liebe. Es macht mich glücklich und ich arbeite sehr gerne dafür – auch wenn wir uns bereits in der Schlussphase befinden und es noch sehr viel zu tun gibt. Wir sind ein kleines, handverlesenes Team, und ich bin so sehr beschäftigt, dass ich erst jetzt dazu komme, meine letzten Beiträge für das Buch zu schreiben. Die Beiträge der Autoren liegen längst alle vor und das Buch befindet sich sogar schon im Layout. Ein vorausgegangener Moment des Glücks hat mich nun inspiriert, jetzt über das Kapitel „Glück" zu schreiben. Obwohl es heute nur ein trüber und kühler Herbsttag ist, mit wenigen kurzen Augenblicken, in denen die Sonne durch die Wolken scheint und obwohl ich letzte Nacht bis zwei Uhr morgens geschrieben habe, bin ich mit Vorfreude auf den Tag aufgewacht und habe eine zehnminütige Meditation gemacht, um die Stille und das Loslassen von meinen Gedanken zu genießen – insbesondere, weil es momentan sehr viel zu bedenken und zu erledigen gibt, und meine Tage mehr als ausgefüllt sind.

Danach fühlte ich mich gestärkt, ich frühstückte und erledigte Anrufe und E-Mails. Gegen Mittag habe ich dann meinem überquellenden Schreibtisch den Rücken gekehrt und bin mit meiner lieben Freundin ‚Jo' im Nymphenburger Schlosspark spazieren gewesen. Bei einem leckeren Mittagessen genoss ich ihre Anwesenheit und unser anregendes Gespräch und war für zwei Stunden nur bei mir, bei ihr und in einem perfekten, persönlichen Glücksmoment. Sicher hätte ich auch darauf verzichten und sagen können „geht leider nicht", „kann ich mir jetzt nicht erlauben", oder „das müssen wir ein anderes Mal machen", allerdings wäre ich dann nicht mit derselben Energie später wieder an die Arbeit gegangen. Ich habe mich stets bemüht, mir täglich etwas zu gönnen, das mir gut tut, und mir so oft als möglich glückliche Momente erschaffen – selbst oder erst recht, wenn es die Lebensumstände eigentlich nicht erlaubten.

In der Zeit meiner existenziellen Krise konnte ich meine katastrophale Situation nur überstehen, indem ich mir Glücksmomente trotz widrigster Umstände einfach selbst erschuf. So bin ich etwa in den Urlaub gefahren oder manchmal sogar mit dem letzten Geld in einem schönen Restaurant zum Essen gegangen oder habe mir einen eleganten Anzug gekauft, obwohl ich es mir eigentlich nicht hätte leisten können – doch das war zweitrangig, denn ich wusste, dass „kleine Belohnungen" und positive Gefühle entscheidend sind und es selbst in der schlimmsten Lage immer noch viele wunderschöne Dinge, Situationen und Menschen gibt, die man nur erkennen, sich bewusst machen, zulassen und annehmen muss.

Natürlich ist es auch mir in ganz besonders schwierigen Phasen hin und wieder passiert, dass ich mich mit anderen, scheinbar Bessergestellten verglich oder mich nach den Dingen sehnte, die ich früher einmal besaß und nicht mehr hatte. Obwohl ich mich in früheren Zeiten immer für andere gefreut und deren Erfolg als Inspiration empfunden hatte, getreu dem Motto: „Das gefällt mir, werde ich auch irgendwann haben oder erleben", tauchten plötzlich Gedanken auf, wie „Warum hat der das und ich nicht?" – was dazu führte, dass ich innerlich zu jammern anfing und mich nur noch schlechter fühlte. Also konzentrierte ich mich schnell wieder nur auf mich und auf die positiven Dinge an mir und in meinem Leben, und schon ging es mir besser – ohne dass sich irgendetwas im Außen ändern musste.

Mein Leben muss nicht wie in der Werbung sein oder den gesellschaftlichen Vorstellungen und Normen entsprechen, um wirklich glücklich zu sein. Ich brauchte nur ein bisschen Zeit und Ruhe für mich. In den Zeiten, in denen ich geschäftlich nicht erfolgreich war, erlebte ich den größten Luxus überhaupt, nämlich sehr viel Zeit zu haben. So stand ich morgens immer auf, wenn ich wach wurde und nicht wenn der Wecker klingelte. Da ich keine geschäftlichen

Termine hatte, konnte ich zum Beispiel meinen ganzen Tag so gestalten, wie ich wollte. Ich erlebte diese Freiheit als echtes Glück. Traf ich dann Bekannte, die gerade sehr mit ihrer beruflichen Karriere beschäftigt und erfolgreich waren, stellte ich oft fest, welchen Preis sie dafür zahlten. Sie waren nicht selten total gehetzt, unter Zeitdruck und hatten für sich selbst, ihre Partner oder Freunde wenig oder gar keine Zeit. Ich dagegen hatte zwar nicht gerade finanziellen Reichtum oder berufliche Anerkennung, verfügte aber dafür über einen anderen Reichtum, nämlich viel Zeit und große Freiheit.

In diesem Zusammenhang möchte ich noch auf eine andere wichtige, menschliche Eigenschaft hinweisen, die mir oft unnötigerweise das Leben erschwerte. Ich neigte oft dazu, eine Situation sofort zu beurteilen, ohne in dem Moment überhaupt zu wissen, wie die Situation für mich ausgehen würde und welche Bedeutung sie rückwirkend betrachtet für mich haben könnte. Mein Ego schrie natürlich immer gleich laut auf, wenn irgendetwas nicht so lief, wie es wollte oder es etwas nicht so bekam, was es sich vorgestellt hatte. Dabei hatte ich doch schon so oft die Erfahrung gemacht, dass die vermeintlich größte Katastrophe sich später als das größte Glück herausgestellt hat oder auch dass das vermeintliche Glück zu einer schmerzlichen Erfahrung oder Enttäuschung werden kann.

Als ich ab 1986 mit meinem Reiseunternehmen Colosal Tours als erster und somit einziger deutscher Reiseveranstalter die Karibikinsel Margarita anbot und dann bereits ein Jahr später das erste Konkurrenzunternehmen ebenfalls die Insel in ihr Programm aufnahm, beurteilte ich das als negativ und schlecht für das Geschäft. Noch negativer und als ein absolutes Unglück beurteilte ich die Situation, als zwei Jahre darauf die ersten großen deutschen Reiseveranstalter dazu kamen. Die Angst, gegen die Großen nicht bestehen zu können, brachte mich allerdings dazu, mir am beliebtesten und schönsten Strand der

Insel erst ein und dann drei Hotels exklusiv zu sichern, die ich später als Hotelmanagement- und Betriebsgesellschaft führte. Das Geschäft als Reiseveranstalter wurde dann tatsächlich immer kleiner, aber das Hotelgeschäft florierte immer mehr und meine ehemals gefürchteten Konkurrenten wurden zu meinen besten Kunden. Letztendlich wurde diese anfänglich als Unglück erscheinende Situation also zu einem großen Glück, denn das Geschäft mit den Hotels bedeutete wesentlich weniger Aufwand, weniger Risiko und mehr Gewinn.

Ich habe vor vielen Jahren in einem Buch eine wunderschöne Geschichte zu diesem Thema gelesen. Sie lautet ungefähr so: In einem kleinen Dorf in den Bergen lebte ein Bauer. Er hatte einen Sohn und ein Pferd. Eines Tages rannte das einzige Pferd weg. Alle Nachbarn bedauerten ihn und sagten: „Welch ein Pech, welch ein Unglück!" Der Bauer aber sagte nur achselzuckend: „Glück oder Unglück?" Am nächsten Tag kam das Pferd wieder zurück und mit ihm zehn Wildpferde. Auf einmal hatte der Bauer nun elf Pferde. Und die Nachbarn sagten: „Welch ein Glück!"

Der Bauer indes sagte wieder nur: „Glück oder Unglück?" Am nächsten Tag versuchte sein Sohn, auf einem der Wildpferde zu reiten. Er fiel vom Pferd und brach sich ein Bein. Die Nachbarn sagten: „Welch ein Pech, welch ein Unglück!" Doch der Bauer sagte nur: „Glück oder Unglück?" Am nächsten Tag kam die Armee in das Dorf, da sich das Land gerade im Krieg befand und alle jungen Männer als Soldaten eingezogen wurden. Den Sohn des Bauern jedoch nahm die Armee nicht mit, da er ein gebrochenes Bein hatte.

Nun, was meinen Sie – Glück oder Unglück? Kann man es wissen? Nein! Denn erst zu einem späteren Zeitpunkt wird es sich wirklich herausstellen. So lernte ich im Laufe der Zeit, die Situation erst einmal anzunehmen, wie sie gerade ist und sie nicht sofort zu beurteilen. Wenn ich dann eine vermeintlich schlechte Nachricht erhielt oder etwas passierte, was mich schockte, veränderte ich bewusst meine Reaktion darauf, indem ich erst mal tief durchatmete, die Situation so annahm, wie sie war und anschließend versuchte, sie aus der Position eines neutralen Beobachters zu beurteilen – und schon erfuhr ich Entspannung. Nicht selten kam mir dann sogar innerhalb von Minuten eine Idee zur Lösung der Situation oder ich konnte mir bewusst machen, was sie mir Positives brachte. Nachfolgend möchte ich ein paar praktische Anmerkungen machen, die mir in vielen Situationen sehr geholfen haben: Emotionen können sehr bei der Kontrolle von Gedanken helfen, da jeder Gedanke ein Gefühl verursacht. Achte ich auf mein Gefühl, indem ich mich frage, wie der Gedanke sich anfühlt, dann weiß ich, ob er gut oder schlecht für mich ist. Ich habe noch keinen besseren Ratgeber für Entscheidungen als mein Gefühl entdeckt. Aber ich musste und muss noch immer daran arbeiten, mehr auf mein Gefühl und nicht auf meinen Verstand zu hören.

Eine wirklich leicht anzuwendende und praktikable Methode im Umgang mit unangenehmen Gedanken stammt von Byron Katie: Frage Dich: „Ist das wirklich wahr?" und „Kannst Du Dir 100 Prozent sicher sein, dass es wahr ist?" Allein die ehrliche Beantwortung dieser beiden Fragen überrascht mich in schwierigen Situationen immer wieder und bringt mir Entspannung. Denn ich weiß meist nicht, ob es wahr ist und schon gar nicht kann ich mir 100 Prozent sicher sein.

Bei negativen Gefühlen und Emotionen habe ich oft die Erfahrung gemacht, dass ich gegen sie angekämpft habe, sie schnellstens wieder loswerden oder sie verdrängen und mich ablenken wollte. Alles dies funktioniert natürlich nicht, schlecht oder nur vorübergehend. Heute weiß ich, dass sich negative Gefühle und Emotionen genauso verhalten wie wir Menschen. Sie wollen wahrgenommen, anerkannt und geliebt werden – erst dann können sie frei gehen. Das hört sich vielleicht seltsam an, aber mittlerweile nutze ich diese Erkenntnis immer öfter in solchen Situationen und das Ergebnis ist phänomenal; beim Auftreten eines negativen Gefühls ziehe ich mich an einen ruhigen Ort zurück und schließe die Augen. Ich spüre tief in meinen Körper hinein und stelle fest, wo ich das Gefühl spüre. Dann nehme ich es für ein paar Sekunden einfach nur bewusst wahr – und urteile nicht, ob es gut oder schlecht ist, sondern lasse es einfach nur sein. Dabei mache ich mir bewusst, dass es mich nur auf etwas hinweisen will, was nicht stimmig ist oder was gerade nicht stimmt in meinem Leben. Ich sage mir also, dass es da sein darf und ein Teil von mir ist. Schließlich umarme ich das Gefühl innerlich und stelle mir vor, dass ich es lieb habe. Und, ob Sie es glauben oder nicht, das Gefühl verschwindet. Probieren Sie es doch selbst einmal aus – Sie werden überrascht sein, wie einfach es geht. Mit etwas Übung funktioniert diese Methode übrigens auch sehr gut bei Schmerzen. Man kann sich bei regelmäßiger Anwendung eine Menge Schmerztabletten ersparen.

Den Weg der Freude gehen

KURT TEPPERWEIN

Das Leben lässt uns in jedem Augenblick die Wahl, was wir in unser Leben einladen, indem wir unsere Aufmerksamkeit darauf gerichtet halten. Der erste Schritt dazu könnte sein, unerwünschte Ereignisse nicht mehr unbewusst anzuziehen. Das „geschieht" vor allem durch das unbewusste Richten der Aufmerksamkeit auf Probleme, Mangel, auf das, was nicht sein soll. Denn worauf wir unsere Aufmerksamkeit richten, dorthin fließt unsere Schöpfungskraft. Es geht also darum, seine Aufmerksamkeit zunächst einmal ganz bewusst abzuziehen von dem, was nicht sein soll, damit unerwünschte Ereignisse nicht mehr unbewusst „in Erscheinung" gerufen werden.

Dann geht es darum, seine Aufmerksamkeit ständig auf das zu richten und gerichtet zu halten, was sein soll. Damit wird nicht nur das Gewünschte „in Erscheinung" gerufen, sondern auch zuverlässig verhindert, dass Unerwünschtes Schöpfungskraft bekommt.

Die bewusste Ausrichtung unserer Aufmerksamkeit ist unser bestes geistiges Werkzeug, um zu verhindern, dass unerwünschte Ereignisse angezogen werden. Machen Sie sich bewusst, dass alles immer eine „Chance zum Besseren" ist. Indem Sie die richtigen Ursachen setzen, können Sie aus allem einen Erfolg machen und Ihr Erfolg wird „unvermeidbar", einfach, indem Sie vorher nicht aufgeben. Eine Sache ist erst erledigt, wenn sie erfolgreich abgeschlossen wurde. Misserfolge sind nur nicht zu Ende geführte Erfolge. Dazu gehört auch die Kunst, immer die richtige Entscheidung zu „treffen"! Und natürlich die „Kunst des Manifestierens". So werden Sie wirklich „vermögend". Und machen auch Ihren Wohlstand „unvermeidbar".

Treten Sie ein, in ein ganz neues Leben!!!

Sie müssen weder wünschen, noch hoffen noch bitten noch kämpfen sondern einfach nur „wählen". Es „geschieht", sobald aus Ihrem Wunsch eine Absicht geworden ist. Ein Wunsch ist die Ursache für Mangel, eine Absicht schließt die Möglichkeit der Nichterfüllung aus. Sobald Sie die richtigen Ursachen setzen, muss der erwünschte Erfolg „erfolgen" und das tut er dann auch, bei jedem und in jedem einzelnen Fall.

Der Schlüssel, um vom Leben zu bekommen, was Sie wollen, ist: „Das Abziehen der Aufmerksamkeit von …" und „Das Richten der Aufmerksamkeit auf das, was sein soll". Worauf Sie Ihre Aufmerksamkeit richten, dorthin fließt Ihre Schöpfungskraft und verwirklicht das, worauf sie gerichtet ist. Indem Sie die Richtung Ihrer Aufmerksamkeit ändern, ändert sich Ihr ganzes Leben. Das bewusste Abziehen Ihrer Aufmerksamkeit von Problemen und Schwierigkeiten und das Richten auf Möglichkeiten und Lösungen und das, was sein soll, ist wohl das wichtigste Werkzeug zur bewussten Gestaltung der eigenen Zukunft. Alles, was ist, kann gewandelt werden in das, was sein soll. Und alles „geschieht" völlig mühelos. Sie können darauf noch viele Jahre warten, oder einige Inkarnationen, oder aber Sie treten in diesem Augenblick ein, in das faszinierende „Abenteuer Leben" und erwachen zu Ihrer wahren Größe, zu dem, der Sie wirklich sind! Und erreichen, was immer Sie wollen!!!

Es wird Zeit zu leben!!!

Man sagt: „Wer sein Glück mit anderen teilt, verdoppelt es." Tatsächlich enthält das Teilen ein großes Geheimnis. Wenn man etwas Materielles teilt, halbiert man es, teilt man aber etwas Immaterielles, verdoppelt es sich und das Glück macht da keine Ausnahme. Wenn man seinen Wohlstand teilt, verdoppelt er sich nicht nur, er vervielfacht sich. Man kann im Café einen Cappuccino für den Nächsten mit bezahlen oder die Maut für den Hintermann, eine Rose im Blumenladen, eine Freifahrt im Sessellift oder eine Eintrittskarte im Kino, Konzert oder Theater.

Es gibt unzählige Gelegenheiten, seinen Wohlstand mit anderen zu teilen und man schafft sich so ein „Guthaben beim Leben". Irgendwann wird unübersehbar, dass das Leben dieses Guthaben ausgleicht, indem eine Forderung, die man längst abgeschrieben hatte, bezahlt wird, man unverhofft einen größeren Auftrag bekommt, mit dem man nicht rechnen konnte oder Ähnliches.

Noch besser ist es, wenn man für den Unbekannten eine kleine Karte hinterlässt, ohne seine Adresse, aber mit der Bitte, diese kleine Geste, Freude zu bereiten, ebenfalls weiterzugeben, damit die Freude um die Welt geht. So kann jeder anfangen, die Welt ein bisschen heller und freundlicher zu machen, einfach, indem man anfängt, denn wenn keiner anfängt, geschieht nichts.Natürlich ändern sich das Glück und das Glücksempfinden im Laufe des Lebens.

In der Kindheit mag ein Spielzeug oder eine Eins in Mathe glücklich machen und irgendwann ist das ohne jede Bedeutung. Dann mag es Erfolg und Anerkennung sein und wieder später vielleicht Weisheit und Bescheidenheit. Das Glück wandelt seine Form, aber nie sein Wesen. Das, was für uns wesentlich ist, macht uns glücklich.

WAS FEHLT IHNEN ZUM GLÜCKLICHSEIN?

Die meisten Menschen glauben, dass ihnen etwas fehlt, um glücklich zu sein und glauben, wenn sie das erreicht haben, dann sind sie glücklich. Das beginnt bereits in der Kindheit. Irgendwann sagen Sie sich: „Bald darf ich in den Kindergarten. Da sind dann viele andere Kinder, mit denen ich spielen kann, und viele liebe Tanten, die mit uns spielen, dann bin ich glücklich."

Irgendwann sind Sie im Kindergarten, zanken sich mit anderen und die Tanten sind auch nicht so lieb und Sie vertrösten sich auf das nächste Ziel: „Wenn ich groß bin, gehe ich in die Schule, dann bin ich glücklich." Irgendwann gehen Sie zur Schule, finden es aber auch nicht so toll und trösten sich: „Wenn ich endlich die olle Penne hinter mir habe, dann bin ich glücklich."

Irgendwann haben Sie die Schule hinter sich und stehen vor der Entscheidung Lehre oder Studium und sagen sich: „Wenn ich die Lehre hinter mir habe, mein Studium abgeschlossen habe, dann bin ich glücklich." Irgendwann haben Sie Lehre und Studium abgeschlossen und stehen im Beruf ganz am Anfang und sagen sich: „Wenn ich erst einmal Tritt gefasst habe im Leben und erfolgreich bin, dann bin ich glücklich."

Irgendwann sind Sie erfolgreich und sagen sich: „Wenn ich jetzt noch den idealen Partner habe, mit dem ich meinen Erfolg teilen kann, dann bin ich glücklich." Irgendwann haben Sie den Partner gefunden und sagen sich: „Wenn wir jetzt noch ein Kind hätten, etwas, das uns noch mehr verbindet, dann bin ich glücklich."

Irgendwann haben Sie ein Kind und noch eines und sagen sich: „Wenn wir jetzt noch ein eigenes Häuschen hätten, dass die Kinder sich freier bewegen können, dann bin ich glücklich." Irgendwann sind die Kinder etwas Ordentliches geworden und Sie sagen sich: „Wenn die Kinder groß sind und aus dem Haus, dann können wir mal an uns denken und dann sind wir glücklich."

Irgendwann sind die Kinder aus dem Haus und Sie sagen sich: „Wenn jetzt noch das Häuschen abbezahlt ist, dass wir keine finanziellen Sorgen mehr haben, dann sind wir glücklich." Irgendwann ist das Haus abbezahlt, glücklich sind Sie immer noch nicht – nur alt – und Sie haben ein Leben lang vergeblich auf das Glück gewartet, weil Sie es immer von etwas abhängig gemacht haben.

Viel besser ist es, sofort mit dem Glücklichsein zu beginnen, denn es gibt kein Ziel, keine Sache, keinen Umstand, der glücklich macht! Glücklich kann man nur sein und das ist unabhängig von den Umständen.

JETZT WÄRE EIN GUTER ZEITPUNKT!!!

Ein unverzichtbarer Schritt auf dem „Weg zur Freude" ist: Die „Macht des Dankens". Erlebte Dankbarkeit ist auch der schnellste Weg zur Erfüllung. Indem Sie dankbar im Geist empfangen, ist es bereits geschehen.

Erlebte Dankbarkeit ist der schnellste Weg, um in die „Frequenz des Empfangens" zu kommen, in der Imagination zu erleben, dass es geschehen ist, dass Sie bekommen haben, dass Sie am Ziel sind. Und zu fühlen, es zu haben oder zu sein, ist es bereits geschehen und muss sich als Ihre Realität manifestieren.

Erlebte Dankbarkeit dagegen bestätigt, dass es „geschehen ist". Dankbarkeit ruft in Erscheinung, wofür ich dankbar bin. Ehrlichen Herzens zu danken ist der Anfang aller Wunder. Zu danken ist das wirksamste Gebet, das immer erhört wird. „Keiner wird je vergebens danken!" In dem Augenblick, in dem ich

Dankbarkeit für etwas wirklich erlebe, ist das, wofür ich mich bedanke, bereits auf dem Weg zu mir und das Leben findet den bestmöglichen Weg, um es als meine erlebte Realität in Erscheinung treten zu lassen. Es lenkt die Handlungen anderer Menschen und den „Zufall" so, dass das Bedankte in mein Leben tritt.

DANKE UND DIR WIRD GEGEBEN WERDEN!

Meine erlebte Dankbarkeit beweist den „vollzogenen Glauben" an das, wofür ich danke und „einem jeden geschieht nach seinem Glauben".

Zur Freude gehört ...
Die hohe Kunst der Mühelosigkeit.
Ohne Mühe alles erreichen.

Als Gott die Welt schuf, geschah das in völliger Mühelosigkeit. Gott „sagte": „Es werde Licht und es ward Licht". Auch die Natur funktioniert völlig mühelos und wählt stets den leichtesten Weg. Das Prinzip ist auch als mathematisches Gesetz bekannt, als das „Prinzip des geringsten Aufwands". Alles im Universum folgt diesem Prinzip, warum sollten wir das nicht auch tun? Alles „geschieht" völlig mühelos.

Wenn Sie die „Kunst zu leben" beherrschen, führt das zu einem „märchenhaften" Leben. Dazu gehört, das Leben zu „zelebrieren" und so jeden Augenblick mit etwas ganz Besonderem zu erfüllen. Freundlichkeit zu einer inneren Haltung zu machen und nicht zu erwarten, dass die anderen auch freundlich sind. Einen kultivierten Lebensstil zu pflegen und anzufangen, wirklich zu leben. Dazu gehört auch, sich seinen Wunschtraum zu erfüllen und zu leben und alle Aspekte des Lebens zu optimieren, bis auch mein Leben ideal geworden ist.

Lernen Sie die „Kunst zu leben", Ihr Leben zu „zelebrieren". Das bedeutet, allem Tun durch besondere Aufmerksamkeit einen ganz besonderen Wert zu geben. Bringen Sie Originalität und Stil in Ihr Leben und machen Sie Freundlichkeit und Wohlwollen zu Ihrer inneren Haltung. Zelebrieren Sie den kultivierten Lebensstil. Die meisten existieren und funktionieren nur, oft nicht einmal das, fangen Sie an zu leben!

LERNEN SIE, OHNE BESONDEREN GRUND GLÜCKLICH ZU SEIN

Erkennen Sie das Leben als ein unglaubliches Geschenk und genießen Sie das „Privileg zu leben". Machen Sie sich bewusst, Sie sind Schöpfer und alles ist möglich. Sie können alles, was Sie sich wünschen, „manifestieren" oder können es lernen. Sie können wirklich alles haben und in der Fülle leben.

Sie können sich so die Welt schaffen, in der Sie leben möchten und sich so viel Gesundheit, Erfolg und Wohlstand schaffen, wie Sie möchten. Sie können sich „magnetisch" machen für das, was Ihnen wichtig ist und es jederzeit „in Erscheinung" rufen.

Sie können jederzeit eintreten in die Erfahrung Ihrer eigenen natürlichen Vollkommenheit und aus Ihrem Leben ein Kunstwerk machen. Was könnte ein Mensch sich noch mehr vom Leben wünschen? Von einem Augenblick zum anderen treten Sie damit in ein ganz neues Leben ein – wirklich von einem Augenblick zum anderen. Und Sie entscheiden, wann dieses neue zauberhafte Leben beginnt. Sie können sogar nur einmal „probeweise" eintreten, nur für ein paar Augenblicke und erleben, wie der Zauber sofort beginnt. Aber wenn Sie das tun, wollen Sie nie mehr zurück in Ihr bisheriges Leben, Sie bedauern nur, dass Sie nicht schon früher damit begonnen haben. Aber seien Sie froh, dass Sie es jetzt entdeckt haben und dass Sie es nie mehr verlieren können, dieses Leben in der Vollkommenheit der Freude des Jetzt.

Sie können darauf noch viele Jahre warten, oder einige Inkarnationen, oder aber Sie treten in diesem Augenblick ein, in das faszinierende „Abenteuer Leben" und erwachen zu Ihrer wahren Größe, zu dem, der Sie wirklich sind! Und erreichen, was immer Sie wollen!!!

ES WIRD ZEIT ZU LEBEN!!!

So wird jeder Augenblick ein „Tor in ein ganz neues Leben", auf einer ganz anderen Ebene des Seins – als Bewusstsein.

Das Paradies wartet auf Sie – worauf warten Sie? Die Tür ist offen!!! Wenn Sie wollen, ich meine, wenn Sie wirklich wollen, treten Sie jetzt ein, in ein neues, glückliches Leben!!! Voller Freude – nicht irgendwann, sondern in diesem Augenblick.

Von Glück und anderen Gefühlen

SAFI NIDIAYE

WIE WERDE ICH GLÜCKLICH?

Indem ich erkenne, was Glück ist, und es dort suche, wo es sich befindet. „Ich möchte glücklich sein." „Ich bin nicht glücklich. Eines Tages – wenn dies und das eintritt – werde ich es sein." „Glücklich" scheint somit eine Eigenschaft unseres Wesens zu sein, etwas, das wir sind – oder eben nicht. Eine Art Tatsache, die man erlangen und behalten kann.

In Wirklichkeit ist es ein innerer Zustand, eine Art, sich zu fühlen – mit anderen Worten, ein Gefühl. Die sinnvollere Frage lautet daher: Wie kann ich dieses Gefühl entdecken?

Im Allgemeinen fühlen wir uns nicht einfach glücklich, weil wir uns glücklich fühlen wollen, sondern Ereignisse lösen dieses Gefühl aus. Und somit scheint Glück etwas zu sein, das uns nicht gehört, sondern das sozusagen in uns hineinpraktiziert und wieder aus uns herausgenommen werden kann. Glück ist ein innerer Zustand, ein Gefühl. Wie jedes Gefühl kann es „hervorgerufen" werden, wie man sagt. Eine Begegnung kann es hervorrufen, ein Gedanke, ein Sonnenstrahl, der Gesang eines Vogels. In solchen Momenten wird dieses Gefühl, das irgendwo in unserem Herzen verborgen war, geweckt und tritt hervor, wird für uns erlebbar. In diesem Augenblick fühlen wir es. Wenn wir jedoch nicht wissen, dass es ein Gefühl ist, denken wir in solchen Momenten unwillkürlich: „Ich bin glücklich." Wir identifizieren uns damit. Es wird zu einer Tatsache – und zugleich zu etwas, das abhängig ist von äußeren Umständen. Scheint die Sonne, „bin" ich glücklich, scheint sie nicht, bin ich es nicht.

Haben wir jedoch erkannt, dass es ein Gefühl ist und dass der Sonnenstrahl dieses Gefühl in uns geweckt hat – anstatt zu denken, dass er uns glücklich gemacht hat –, so verstehen wir auch, dass dieses Gefühl, einmal geweckt, uns gehört. Es hat uns auch vorher gehört, nur war es uns nicht bewusst. Der Sonnenstrahl hat es uns ins Bewusstsein gebracht. Wir wissen jetzt, wie es sich anfühlt, und können es jederzeit wieder fühlen. Ob die Sonne scheint oder nicht. Wir müssen uns nur daran erinnern und unsere Aufmerksamkeit darauf lenken.

Das scheint nicht so leicht zu sein, wenn einem die Lebensumstände gerade deprimierend, langweilig oder aussichtslos erscheinen. Jedoch, wenn wir bewusste Wahrnehmung einschalten, werden wir erkennen, dass „deprimierend", „langweilig" und „aussichtslos" Gedanken sind, die jeweils mit einem Gefühl verbunden sind. Wie fühlt es sich an, zu denken, es sei aussichtslos? Wo sitzt dieses Gefühl im Körper? Du kannst Deinen Atem spüren und dieses Gefühl mit allen Fasern bewusst erleben – anstatt es unbewusst für eine Tatsache zu halten und Dich damit zu identifizieren.

So seltsam dies klingt, es tut gut, ein Gefühl – das ohnehin vorhanden ist – bewusst zu fühlen, ganz gleich, wie negativ sein Inhalt sein mag. Wenn Du auf diese Weise die schlimmen Gefühle bewusst fühlst, wirst Du irgendwann auf eine Sehnsucht stoßen, die damit verbunden ist. Sehnsucht ist auch ein Gefühl: Du kannst sie körperlich erleben und bewusst fühlen wie die anderen Gefühle auch. Der Weg zum Glück führt über die Sehnsucht. Sehnsucht ist die treibende Kraft in unserem Herzen; Sehnsucht ist dasjenige Gefühl, das uns mit unserer Seele verbindet. Und das Verrückte ist: In der Sehnsucht ist das Glück, das wir suchen, verborgen. Man muss nur genau hinschauen.

Wenn Du jedoch jetzt gleich ein kleines, oberflächliches Experiment machen möchtest, um zu verstehen, was ich meine, so gehe in Dich und prüfe, ob es in Dir die Sehnsucht nach Glück gibt. Sage Dir Sätze vor wie „ich möchte so gerne glücklich sein", „ich sehne mich nach Glück", „ich wünsche mir Glück" und achte darauf, welcher dieser Sätze Dich berührt. Fühle die Sehnsucht, die sich in ihm ausdrückt. Spüre Deinen Atem, sei ganz in Deinem Körper anwesend, achte darauf, wie die Sehnsucht sich anfühlt und wo Du sie spürst. Im Herzen? Achte auf das Körpergefühl. Erlebe Deine Sehnsucht bewusst. Wenn Du Dich nicht in diesem Gefühl verlierst (und auch nicht in den traurigen Gefühlen, die sich eventuell in den Vordergrund schieben), sondern es bewusst wahrnimmst, wirst Du feststellen, dass zugleich mit dem Gefühl von Sehnsucht Bilder in Deinem Bewusstsein auftauchen, die das Ersehnte illustrieren.

Versetze Dich in diese Bilder hinein. Erlebe im Geist, wie es wäre, wenn diese Sehnsucht sich schon erfüllt hätte. Verliere Dich nicht darin, sondern erlebe den Zustand, in den Dich diese Phantasie versetzt, bewusst. Spüre Deinen Atem und Deinen Körper dabei und lerne das Gefühl kennen, das dieses Erleben in Dir auslöst. Wie fühlst Du Dich? Glücklich? Oder wie sonst nennst Du dieses schöne Gefühl? Lerne dieses Gefühl ausgiebig kennen.

Mach Dir bewusst, dass es ein Gefühl ist. Merkst Du, dass dieses Gefühl das ist, wonach Du Dich gesehnt hast? Nun hast Du es entdeckt. Fühle es bewusst, und während Du, Deinen Atem spürend, dieses Gefühl in vollen Zügen genießt, frage Dich, was es von Deinem Herzen braucht: Anerkennung? Da sein dürfen? Raum? Wahrgenommen werden? Als Gefühl erkannt werden? Gefühlt werden? Achte darauf, von welchen dieser „Herzensschlüssel" Dein schönes

Gefühl sich angesprochen fühlt. Nun hast Du entdeckt, was es bedeutet, ein positives Gefühl, das Du mit einer Tatsache verwechselt hattest, in Dir zu entdecken und ihm Dein Herz zu öffnen.

Der „Herzensschlüssel" hat Dir verraten, was es von Dir braucht – und bisher nicht bekommen hat – und wenn Du ihm dies weiterhin gibst, also übst, es wahrzunehmen, ihm Raum zu geben etc., so wirst Du es immer öfter fühlen können, völlig unabhängig von den Umständen. Das Glück. Die Freude. Die Zufriedenheit. Die Erfüllung. Oder welches Gefühl Du auch immer in der Phantasie Deiner Sehnsucht entdeckt hast.

Tiefere, für Dich bedeutsamere Schichten positiver Gefühle entdeckst Du, wenn Du Dich durch die negativen Emotionen, die Dich plagen, hindurch fühlst. Setz Dich hin, schließe die Augen, spüre Deinen Atem. Denke an die Situation, in der Du Dich gerade befindest. Lerne die Gefühle, die sie in Dir auslöst, eines nach dem anderen kennen. Spüre und fühle sie bewusst. Öffne ihnen Dein Herz, indem Du Dich fragst, was sie von Dir brauchen: Wahrgenommen werden? Da sein dürfen? Anerkennung? Achtung? Mitgefühl? Erbarmen? Irgendwann wirst Du auf das schlimme Gefühl stoßen, den Schmerz – das, was Dir an der Situation wehtut.

Mit diesem Schmerz ist eine Sehnsucht verbunden. Wonach sehnst Du Dich? Wie wünschst Du Dir die Situation? Male es Dir aus. Versetze Dich in das Bild hinein. Lerne das schöne Gefühl kennen, das diese Phantasie Dir verschafft. Mach Dir bewusst, dass es ein Gefühl ist. Bislang hast Du es für eine (unerreichbare) Tatsache gehalten. Öffne Dein Herz für dieses Gefühl.

Das Glück, nach dem Du Dich sehnst, liegt nicht in der Zukunft, sondern ist jetzt bereits vorhanden, in Deinem Herzen. Du musst es nur entdecken.

Oft fällt das schwer, weil die Last der Probleme und der niederdrückenden Umstände so groß ist; wenn wir uns jedoch den Gefühlen zuwenden, die mit diesen Problemgedanken verbunden sind, und ihnen unser Herz öffnen, wird der Weg frei für die Sehnsucht, die darunter begraben lag und für das schöne Gefühl, das sich in ihr verbirgt.

VON GLÜCK UND
ANDEREN GEFÜHLEN

Detailliert beschrieben finden Sie diesen Weg in: Safi Nidiaye, Der entscheidende Schritt. Das letzte Geheimnis der Wunscherfüllung.

Der Erkennen der absoluten Wahrheit

DR. ANONYMUS

Karl und Julia hatten sich im Studium kennengelernt. Sie waren beide unge-
heuer fleißig, wollten die Besten sein, um ihr späteres Leben im bestmöglichen
Luxus zu leben. Als beide bereits bekannte Anwälte waren, heirateten sie. Sie
arbeiteten weiter wie besessen. In den nächsten Jahren konnten sie sich mehrere Häuser und eine Yacht in Mallorca kaufen und immer noch war Geld
übrig.

Aber so richtig glücklich waren sie nicht – das Leben zog irgendwie vorbei.
Eines Nachts, Julia lag bereits eine Zeit lang wach, hatte sie während ihrer
üblichen Entspannungsphase plötzlich einen ganz merkwürdigen Zustand: Sie
fühlte ein unbändiges Wohlsein, eine nie gekannte Gelassenheit, vollständige
Gelöstheit. Sie spürte sich ganz und gar behütet von einer liebevollen Macht.
Es gab kein Vorher mehr und keine Zukunft, um die sie sich immer Sorgen
gemacht hatte, nur das wunderbare Jetzt. Auch war ihr Selbst vollkommen
vereint und erfüllt von allem, was sie sonst getrennt betrachtet hatte. Sie war
mit allen schönen Dingen der Natur, ja sogar des ganzen Kosmos verbunden.
Ein seltsames Leuchten strahlte in ihr.

Sie dachte, sie sei vielleicht tot oder in einem Traum, denn sie sah und hörte
ganz anders, als sie es gewohnt war. Es war einfach überwältigend schön, und
als sie willentlich ihre Gedanken einsetzte, verstand sie alles. Sie verstand, wie
alles funktioniert, wie die Welt aufgebaut ist, welche Rolle Pflanzen, Tiere und

Menschen spielen. Eine gütige, wissende, autoritäre Kraft der Erkenntnis dominierte dabei immerzu und vermittelte intuitiv die endgültige absolute Wahrheit. Und ebenso plötzlich, wie der Zustand erschien, verschwand er wieder und Julia kehrte zurück in ihre gewohnte Welt – sie war nicht tot, es war kein Traum. Leider vergaß sie alle Einzelheiten der „Funktion von allem", die sie eben noch wie selbstverständlich erfahren und auch verstanden hatte.

Aber das Erlebnis hatte massive Folgen. Die einzigartige Erfahrung veränderte das Leben von Julia tief greifend. Sie fragte sich, warum wir als Menschen nicht beliebig dieses wunderbare Gefühl und derart universales Wissen abrufen können. Was stand dahinter? Was blockiert in unserer Welt dieses Paradies-Erlebnis? Fortan war Julias Leben erfüllt mit Recherchen, was das Wesen des Lebens ist, wozu der Mensch fähig ist mit Hilfe seines Bewusstseins, seiner Gefühle, besonders seiner Intuition.

Im Bekanntenkreis von Julia und Karl gab es einen besonderen Menschen, einen Wissenschaftler, der bei gemütlichen Plauderrunden bereits viel von einer Welt gesprochen hatte, die er schon mehrfach spontan aufsuchen durfte, die zwar alles bewirkt, die aber für wissenschaftliche Zwecke nicht so einfach nachzuweisen ist. Er erzählte, dass sein Wissen über diese seltsame Welt sich aus drei Quellen erschloss: erstens aus der Neuen Physik, der Quantenphysik, zweitens aus den traditionellen Überlieferungen von Weisen früherer Kulturen, teilweise seit Tausenden Jahren und drittens aus dem intuitiven Erkennen eines universalen Wissens in bestimmten Bewusstseinszuständen.

Dieser Wissenschaftler, wir wollen ihn Thomas nennen, wurde umgehend in Julias Erlebnis eingeweiht. Thomas hörte sich Julias Geschichte an und er war sich sofort klar: Julia hatte eine „Gipfelerfahrung", gemeinhin als „Erleuchtung" bezeichnet.

Im japanischen Zen wird diese Erfahrung „Satori" genannt, eine, wie es heißt, nicht-mitteilbare Erfahrung, da sie ohne eigenes Erleben nie adäquat beschrieben werden kann. „Satori" (auch Kensho bezeichnet) bedeutet: Das Wesen oder die Natur sehen und wahrnehmen als Quelle aller Geheimnisse. Das Erlebnis steigt aus dem Unterbewusstsein auf und äußert sich als ein „Über-allem-Stehen" ohne jede Aufspaltung der Geschehnisse. Man befindet sich sozusagen am Urbeginn des Weltgeschehens und erfährt die intelligent arbeitenden Ziele und elementaren Funktionen, die genau zu dem gewünschten Ziel führen – eine völlig neue Sichtweise aller Wirklichkeiten.

Das Satori zu erfahren bedeutet, ein anderer zu werden und das Satori wiederholt hervorzurufen bedeutet schließlich, alles zu wissen, was die Welt zusammenhält. Hier liegt die Lösung des Rätsels, warum die Alten Weisen die gleichen Erkenntnisse vorweisen konnten, die heute von den Wissenschaften mühsam und unter sehr hohem finanziellen Einsatz erarbeitet werden müssen. Die Quantenphysik und ganz besonders die Quantenphilosophie kommen seit jüngster Zeit zu beweisfähigen Fakten, die von den uralten Traditionen bereits nahezu identisch beschrieben wurden.

Julia wollte dann von Thomas wissen, wie sie das Satori-Erlebnis wiederholen kann, wie sie ebenso wie die Altvorderen absolutes Wissen erreichen kann, weil offensichtlich dies der Weg zum Glück ist. Thomas wurde nun sehr ernst: Es ist tatsächlich möglich, dieses Wissen zu erhalten, sagte er. Die Anleitung dazu steht in den Original-Texten der Alchemie. Diese Texte sind aber ziemlich perfekt codiert – ich konnte sie aber in vielen Jahren intensiver Suche, unter anderem mithilfe von Aussagen in alten Schriften, wie denen von Meister Eckehart oder von Bernhard von Clairvaux und vielen anderen Weisen, wie Buddha und Laotse, Thales von Milet, Platon nunmehr weitgehend decodieren. Und dennoch werde ich keine Einzelheiten dazu preisgeben.

Diese Codierung hatte und hat heute noch Sinn: Das Wissen um die Funktion des Universums ist eine Geheimwissenschaft. Wenn ich weiß, wie alles funktioniert, dann kann ich jede Elektronik beeinflussen, was ja in den Experimenten der Gruppe von PEAR (Princeton Engineering Anomalies Research) und im „Global Consciousness Project" auch immer wieder mehr oder weniger statistisch signifikant gelungen ist. Dann allerdings kann ich auch jedes Flugzeug zum Absturz bringen, jedes Atomkraftwerk in den Gau schicken und weitere schlimme Geschehnisse initiieren, falls mein Charakter schlecht ist und ich egoistische Ziele verfolge.

Wenn ich mich dagegen bemühe, durch eigenes Finden des Weges zum ersehnten Ziel zu kommen, muss ich die alten Schriften lesen, muss die neue Physik verstehen und werde über die Erkenntnis einer eigentlich unglaublichen, aber schließlich erfahrbaren universellen Intelligenz bereits im Unterbewusstsein stark geläutert. Und wenn ich dann zwecks beliebiger Wiederholung dieser Prozedur eine immer wiederkehrende Übung mit Hilfe meines Unterbewusstseins absolviere, werde ich schließlich charakterlich gefestigt. Erst dann schaffe ich es, ohne egoistische Gefühle das adäquate Bewusstsein, die richtige Vernunft-Gefühl-Konstellation zum Andocken an das allgegenwärtig vorhandene Wissen und das Glück zu finden.

Mit anderen Worten: Du, Julia, und die meisten Menschen sind noch nicht reif dafür, dass ihnen das Geheimnis vollständig offenbart wird. Selbst, wenn ich es Dir verrate, wirst Du Dein Wissen nicht geschickt verbergen, sondern es naiv in Deinem Bekanntenkreis weiter verraten. Sieh Dir die Menschen um Dich herum an; die allermeisten leben doch genau so, wie Du und Karl es bisher getan habt: Geld und Dinge, die den Reichtum zeigen, sind ihnen das Wichtigste; dafür würden sie alles geben, auch Schlimmes machen, wie an der Zerstörung unserer Lebensgrundlage, der Natur, zu sehen ist. Unter

denjenigen, die noch keinen größeren Reichtum angehäuft haben, gibt es ebenfalls viele, die bereit sind, alles für Geld zu tun, auch wenn andere dadurch
zu Schaden kommen. Die täglichen Geschehnisse, die in der Zeitung stehen,
sind Beispiel genug. Diese Menschen müssen erst durch ein Erlebnis, wie Du
es hattest, umdenken und das eigentliche Wesen des Lebens, das reine Glücklichsein, in einer Stippvisite erfahren. Damit Du jetzt aber nicht auf der Stelle
trittst, und damit Dein Erlebnis nicht umsonst war, gebe ich Dir einen Einstieg
in das Geheimnis. Es liegt an Dir, diesen Weg weiterzuentwickeln, um schließlich das Ziel zu erreichen. Die unbedingt notwendige Motivation dafür hast Du
durch Dein Erlebnis bereits bekommen. Menschen, die diese Motivation nicht
besitzen, werden ohne jeden Erfolg sein.

Die Akteure des ganzen Geschehens sind:
Ein unendliches intelligentes Informationsfeld – der universelle Geist.
Das individuelle Informationsfeld mit Vernunft - das Bewusstsein.
Die individuelle Gefühlswelt des Unterbewusstseins – die Seele.

Alle drei Akteure sind ohne weitere Bemühungen voneinander weitgehend
geschieden. Sie werden aber durch elementare Übungen in der frühen und späteren Kindheit und dann in der Erwachsenenzeit zur Absolvierung des täglichen Lebens teilweise verknüpft. Unsere Gefühle sind ja angeboren und lassen
sich nicht ohne Weiteres durch unseren Willen steuern; sie kommen und gehen
nach eigenen Stimmungen. Das Gefühl, das wir die Liebe nennen, steht nun
hierarchisch an der Spitze aller Anleitungen. Es ist das codierte Wort für „Verschmelzung". Ziel ist zuerst die Verschmelzung von Unterbewusstsein und Bewusstsein, also von Gefühl (Seele) und Vernunft. Gelingt dies, dann kann der
Mensch seine Gefühle mit der Vernunft steuern. Das hört sich nicht sonderlich
aufregend an, ist aber mit einer gewaltigen Potenz aufgeladen, denn Gefühle
sind die Realitätsschalter per se in unserem Organismus. Wir lernen durch

Übung in der Kindheit, aufrecht zu laufen, unsere vegetativen Prozesse wie beispielsweise das Leeren der Blase und des Darmes unter unsere Bewusstseinskontrolle zu bringen. Bekannt sind die letzteren und andere Prozesse als Psychosomatik, Psychoneuroimmunologie (Abhängigkeit des Immunsystems von unseren Gefühlen und Stimmungen und umgekehrt), Psychoendokrinologie (Abhängigkeit unseres Hormonsystems von Stimmungen und Gefühlen und umgekehrt). Bringen wir unsere Gefühle unter unsere Bewusstseinskontrolle, können wir unseren Körper im Sinne des Placebo-Effekts in eine positive Richtung steuern und beliebig mit Energie aufladen.

Aber das ist erst die eine Seite des Geschehens; die zweite Seite ist noch wichtiger: Dieses Konglomerat aus Vernunft und Gefühl muss nun „in Liebe entflammen", also verschmelzen mit dem universellen Geist. Dazu gehört ein unerschütterlicher Glaube, eine Gewissheit, dass dies möglich ist und passiert. Eigentlich ist diese Verbindung eine Selbstverständlichkeit, wir machen uns dies nur nicht bewusst und vergessen es, denn niemand anderes als die Natur und damit das universelle Informationsfeld, der universelle Geist hat uns hervorgebracht. Wer denn sonst? Also besteht bereits die Verbindung; sie besteht aber einseitig von der universellen Intelligenz zu uns.

Zur Liebe, zur Verschmelzung bedarf es unserer Seele und unserer Vernunft, mündend im Glauben. Übe jeden Tag diese doppelte Verschmelzung ohne Zwang, eher spielerisch und plötzlich hast Du erneut das Satori-Erlebnis und umso öfter Du dies spürst, umso wissender und weiser, voller Wohlgefühl und Glück, verläuft Dein Leben, ganz gewiss.

Julia setzt diesen Ratschlag um. Wenn auch das ersehnte Ziel noch nicht erreicht ist, so ist das Leben von Julia inzwischen deutlich glücklicher. Sie hat viel geändert, weil dies sein musste, wie sie sagt. Sie genießt, das, was natürlich gegeben ist im Jetzt und findet immer mehr Vertrauen zu der Intelligenz, die offensichtlich alles gemacht hat. Sie fühlt, dass in ihr etwas Wichtiges geschieht, und kann dies weitergeben an die Menschen der Umgebung, allen voran an Karl. Die Gemeinsamkeit im Erleben schafft eine nie da gewesene Verbundenheit und Vertrautheit.

Thomas spricht davon, dass die Zeit bald kommt, wo die meisten Menschen diese Erfahrung selbstverständlich machen werden – ein neues Zeitalter bricht an, mit dem Wissensstand wie vor Jahrtausenden.

DAS ERKENNEN DER ABSOLUTEN WAHRHEIT

Die Sache mit dem „Glück" …

PIERRE FRANCKH

Das Leben nimmt uns mit auf die Reise – ob wir uns dessen bewusst sind oder nicht. Wir können uns innerlich gegen die seelische Weiterentwicklung wehren, indem wir verdrängen, ängstlich Mauern um uns errichten oder alles ablehnen – entgegenstellen können wir uns unserer Entwicklung nicht. Unsere Einstellung zu den Dingen, den Herausforderungen des Alltags lässt uns leiden – oder eben nicht. Wir alleine entscheiden, ob das, was auf uns zugekommen ist, eine Katastrophe mit entsetzlichen Konsequenzen ist – oder nicht. Ob wir unser Leben im Drama leben wollen – oder nicht.

Wir alle streben nach dem Glück. Jeder Mensch hat in sich die tiefe innere Sehnsucht, glücklich zu sein – den wenigsten gelingt es … warum? Weil wir uns in einer nicht enden wollenden Kette von Pseudo-Bedürfnissen befinden. Uns wird ununterbrochen vermittelt, dass wir nicht in Ordnung sind, so wie wir sind – etwas stimmt mit uns nicht. Entweder in unseren Partnerschaften, in Bezug auf den Beruf, das Geld oder den Status. Wir werden älter und haben das Gefühl: „Das kann doch nicht alles gewesen sein". Wir spüren ganz tief in uns ein seltsames Gefühl, als ob wir neben unserem Leben einher gelebt hätten – immer auf der Suche nach etwas Besserem: Einem besseren Beruf, mehr Geld, einer besseren Wohngegend, einem besseren Partner. Wir sind erschöpft von der Reizüberflutung der Gesellschaft, verstehen ihre Sprache nicht mehr, sind frustriert von den vielen Versuchen, die wir gestartet haben, um herauszukommen … aber von „was heraus"?

Ganz offensichtlich sind doch die anderen genau da, wo sie immer hinwollten – nur wir nicht! Wir nehmen dies als Beweis, um innerlich die Bestätigung zu haben: „Ja, etwas stimmt mit Dir nicht, lass es Dir aber bloß nicht anmerken." Wehe, irgendjemand würde dahinterkommen „wer wir wirklich sind"!

Stattdessen haben wir uns an den Schmerz, der in unserem Inneren ist, schon lange gewöhnt. Er ist für uns sogar zu einem liebgewordenen Freund geworden. Wir spüren uns wenigstens in unserer Resignation und Verzweiflung. Wir befinden uns in einem Hamsterrad, einer Art Überlebensstrategie, in der die Freude am Leben verloren gegangen ist. Wir haben vergessen, mit uns selbst in Verbindung zu sein. Wir spüren den Mangel an Nähe zu uns selbst.

Wir verwechseln die „Auszeit", die wir uns vermeintlich im Urlaub schenken, mit „meine Zeit für mich". In Wahrheit haben wir verlernt, mit uns selbst zu kommunizieren. Begriffe wie die „innere Stimme" stürzen uns in Ratlosigkeit – das geben wir nur nicht zu, denn es ist modern geworden, auf die „innere Stimme" zu hören, bedauerlicherweise hören wir sie aber selbst nicht mehr.

In Zeiten der Reizüberflutung und der immer schneller werdenden Entwicklung ist es mehr und mehr in Vergessenheit geraten, dass wir genügend Zeit für uns selbst einplanen sollten. Die zwischenmenschlichen Beziehungen leiden gravierend darunter, dass wir immer unfähiger werden, liebevoll zu kommunizieren. Was nun? Die Lösung ist genau genommen ganz „einfach". Wir sollten unsere Glücksfähigkeit wieder entdecken und unser Bewusstsein für die wirklich wichtigen Dinge im Leben schärfen.

Aber was sind die „wirklich wichtigen Dinge" im Leben? Ich verrate Ihnen ein „Geheimnis" – das sind NUR die Dinge, die Sie ganz PERSÖNLICH glücklich machen. Nicht die Dinge, die Ihnen Ihre Eltern oder die Gesellschaft als glückbringend vorgeschrieben haben. Aber wie kommen Sie wieder in Kontakt mit sich selbst? Wie funktioniert dieses „positive Denken"? Und hier kommt nun die größte Herausforderung, der Sie sich in Ihrem Leben je gestellt haben: Lieben Sie sich selbst. Sagen Sie zu sich: „Ich bin liebenswert". Probieren Sie es einfach aus, jetzt, genau in dem Moment, wo Sie dieses Buch lesen ... sagen Sie laut: „Ich bin liebenswert."

Was spüren Sie jetzt? Können Sie es sich glauben? Was kommen für Gedanken hoch? Hören Sie sogar jemanden sagen: „Das stimmt doch nicht!"? Beobachten Sie Ihre Gedanken, denn unser Kopf „quatscht" ununterbrochen. Hören Sie sich doch eine Weile ganz bewusst zu! Wie viele Ihrer Gedanken sind positiver Natur und wie viele machen Sie ärgerlich? Wie viel Freude, Dankbarkeit, Liebe empfinden Sie am Tag? Loben Sie sich, wenn Sie etwas gut gemacht haben? Belohnen Sie sich mit Kleinigkeiten? Können Sie sich über Ihre Erfolge freuen? Oder behandeln Sie sich wie „Dreck"? Können Sie Komplimente annehmen oder wehrt sich innerlich etwas dagegen?

Negative Gefühle sind ansteckend. Sie kriechen in uns hinein, lassen uns alles bewerten und klassifizieren, sodass schon bald die Welt für uns eine einzige Zumutung ist. Wissen Sie, wie viel Kraft, Energie und Zeit diese negativen Gedanken Sie kosten? Welche wesentlichen und wichtigen Dinge könnten Sie in der Zeit tun, in der Sie sich ärgern? Eine neue Sprache lernen, Ihre berufliche Position verbessern ... Sie können sich jeden Moment neu entscheiden, wie Sie Ihrer Welt entgegentreten. Jeden Tag können Sie Ihr Leben verändern. Fangen Sie an, sich positiv zu verändern!

Denn positive Gefühle sind auch ansteckend ... Das Glücksempfinden basiert auf der Heilung unserer Gefühle. Wir können nie wirklich glücklich sein, wenn wir innerlich noch emotionale Schmerzen und Verstrickungen tragen. Gefühle haben uns im Griff – wenn wir uns ihrer nicht bewusst sind. Unsere Erziehung war darauf ausgelegt, uns zu vermitteln, übermäßige Gefühle seien „falsch", man müsse sie unterdrücken. Das ist eine völlig falsche Information. Alles was uns „krank" oder „gesund" macht – sind unsere Gefühle und unsere mentale Einstellung zu den Dingen.

Wenn wir in Vorurteilen verhaftet sind – egal ob wir sie selbst getroffen haben oder unsere Eltern sie in uns hinein versenkt haben – wird genau das eintreffen, was wir erwarten. Das ist die Idee der Selffulfilling Prophecy, einer „sich selbst bestätigenden Voraussage". Sie wurde 1957 von dem amerikanischen Soziologen Robert King Merton entwickelt: Glaubt eine Person von einer bestimmten Sache, dass diese wahr ist und eintreten wird, trägt sie durch ihr Handeln und ihr Verhalten dazu bei, dass die Prophezeiung auch tatsächlich eintritt.

Natürlich ist es so, dass unsere Gedanken, Wünsche, Sehnsüchte und Gefühle unser Leben bestimmen. Natürlich wird das zur Wirklichkeit, was Sie denken, fühlen und was Ihre innerste Überzeugung ist – aber wo kommen diese Überzeugungen her? Wer „redet" da ununterbrochen mit Ihnen und nimmt Ihnen den Glauben an sich selbst?

Unser Unterbewusstsein ist ein bereitwilliger Diener unserer Überzeugungen. Erwarten wir etwas Gutes, dann kann auch etwas Gutes entstehen. Erwarten wir aber etwas Schlechtes, handeln wir unbewusst so, dass sich diese Erwartung erfüllt. Unser Denken und Fühlen sind eng miteinander verknüpft. Wenn wir an etwas Schönes denken, entspannen wir uns, glückliche Empfindungen und Bilder werden wachgerufen und alles geht uns leichter von der Hand. Besonders wenn wir frisch verliebt sind! Erinnern Sie sich daran? Dieses Gefühl können Sie immer haben! Wie? Es beginnt – wie so vieles – im Kopf. Sie können alles um sich herum lieben oder hassen, es ist Ihre Entscheidung. Sie können Ihre Situation bejammern oder das Beste daraus machen. Sie können sich als Opfer fühlen oder Verantwortung für Ihre Handlungen übernehmen. Fangen Sie einfach an, das zu lieben, was Sie tun. Überlegen Sie einmal, wie Sie denken. Welchen unaufhörlichen Grübeleien und Bewertungen Sie sich selbst ausgeliefert haben. Sind Sie innerlich negativ oder positiv eingestellt, wenn Sie über andere reden oder denken?

Alles Unangenehme, das auf uns einströmt, die Missverständnisse, die Ziele, die man nicht erreicht, stehen dafür, dass wir uns innerlich in Ruhe und Bewusstheit damit auseinandersetzen sollen. Nur so besteht die Chance, aus einem anderen Blickwinkel heraus und mit der nötigen Distanz eine Lösung zu finden. Nur in der Entspannung können wir uns mit dem Resonanzfeld verbinden und bekommen Impulse für unser Leben. Sie können diese Impulse auch „innere Stimme" nennen – wichtig ist nur, dass Sie sich zuhören und Ihre Handlungen positiv ausrichten.

Ärgern Sie sich oft? Sind Sie neidisch, misstrauisch, frustriert, ängstlich, wütend, einsam, voller Scham- und Schuldgefühle? Wie fühlen Sie sich bei dieser Auflistung? Gut gelaunt oder schlecht, weil Ihnen Situationen durch den Kopf schießen, in denen Sie sich abgelehnt oder verärgert fühlten? Diese negativen Emotionen schütten Stresshormone in unserem Körper aus und spiegeln sich in unserem Resonanzfeld wider. Hinter negativem Alltagsstress steckt meist Angst: Den beruflichen Anforderungen nicht gewachsen zu sein, das Privatleben nicht auf die Reihe zu bekommen, den eigenen Ansprüchen nicht zu genügen.

Das hat gravierende Folgen für die Gesundheit. Die Immunabwehr verschlechtert sich, die Arterien verkalken, das Herz galoppiert und die Libido erlischt.

Der dauergestresste Mensch ist seelisch erschöpft und chronisch ausgelaugt und vom „Glück" entfernter denn je. Der Weg zum eigenen Glück ist einfacher als man denkt.

HIER EIN PAAR „GLÜCKSTIPPS" ZUM UMSETZEN:

Lassen Sie ruhig mal Dampf ab und powern Sie sich körperlich aus. Nehmen Sie Rückschläge sportlich – als Herausforderung! Legen Sie nicht alles auf die Goldwaage! Konzentrieren Sie sich auf Ihren eigenen Lebensweg, ohne sich mit anderen zu vergleichen. Versuchen Sie, nichts zu erwarten und einfach offen zu sein für das, was kommt. Lachen Sie! Humor zaubert am besten alle negativen Emotionen weg. Schaffen Sie sich ein eigenes kleines Paradies zum Abschalten und Regenerieren. Setzen Sie sich Ziele, die Sie Schritt für Schritt erreichen können! Gönnen Sie den Mitmenschen ihren Erfolg, das bringt Freude in Ihr Leben. Sie können Ihrem Leben zu jedem Zeitpunkt die Richtung geben, die Sie wollen.

Nehmen Sie sich einmal Zeit für sich und hören Sie sich zu! Spüren Sie in sich die Sehnsucht nach Veränderung? Hatten Sie einen heimlichen Traum? Alles im Leben ist Entscheidung. Wenn Sie den ganzen Tag Tausende kleine Entscheidungen treffen können, dann sammeln Sie jetzt Ihre Kräfte für große Entscheidungen: Das Leben ist zu kostbar, um es nicht gelebt zu haben. Begeben Sie sich auf den Weg zu Ihrem eigenen Glück!

Balance zwischen Harmonie und konstruktiver Auseinandersetzung im Alltag

MICHAELA MERTEN

Werde ich gefragt, ob unsere Beziehung immer nur harmonisch verlaufen würde, antworte ich mit einem entschiedenen **„Nein!"** Beziehungen, in denen nicht gestritten wird, gibt es nicht. Bei uns zu Hause geht es sehr temperamentvoll – fast italienisch – zu. Wir streiten meist über Kleinigkeiten, wie zum Beispiel: **„Wer hat meinen Füller von meinem Schreibtisch genommen?" – „Wer hat den abgenagten Apfel im Auto liegen lassen?"**

Jede Form von Emotion und Kommunikation sollte in einer guten Partnerschaft stattfinden dürfen. Auch der Streit. Schon Heraklit benannte ihn um 500 v. Chr. als **„den Vater aller Dinge"**. So kann ein guter Streit wie ein Gewitter wirken: Er reinigt die Beziehungsluft und nimmt die Spannung heraus. Beziehungen, in denen gestritten wird, sind wesentlich stabiler als solche, in denen vieles verdrängt und nicht ausgesprochen wird. Beruf, Karriere, Geld, Familie und die vielen Kleinigkeiten des Alltags lassen sich nun mal nicht immer in Harmonie und Verständnis lösen.

Außerdem gibt es Themen, die Reizthemen sind, die einen emotional betreffen und über die man eben nicht **„normal"** reden kann. Ein falscher Ton, ein falsches Wort ergibt das andere; schnell wird einer ausfallend – und schon sind Sie in den großen Streit verwickelt. Worte können durchaus wie Bomben einschlagen und den anderen vernichten. Doch: Wie streitet man richtig? Was können Sie tun, damit ein Streit sich positiv und konstruktiv auswirken kann? Welche Regeln sind einzuhalten? Wie steht es mit der Streit-„**Kultur**"? Jeder Mensch geht je nach Temperament mit Problemen anders um. Der eine lebt seine Streitlust hemmungslos aus und bombardiert den anderen mit Vorwürfen, der andere vermeidet Streitigkeiten um jeden Preis und schweigt nur, eine dritte Sorte will zwanghaft immer und alles offen ansprechen.

Verhindern Sie, dass ein Streit ausartet und Sie und Ihren Partner in sinnlose Teufelskreise verwickelt. Vielleicht gelingt es Ihnen sogar, Ihren Streit in eine konstruktive Angelegenheit zu verwandeln. „**Du kannst mich einfach nicht verstehen!**" Warum? Konflikte werden häufig so angegangen, dass aus einer kleinen Mücke ein riesiger Elefant wird.

Ein wichtiger Aspekt ist die Sprache des Streits. Linguisten haben herausgefunden, dass Männer und Frauen beim Streiten „**verschiedene Sprachen**" sprechen. Männer wollen hauptsächlich in einer Art Berichtssprache informieren. Wir Frauen dagegen versuchen, über eine Beziehungssprache Intimität und Harmonie zu schaffen. Da können schnell Missverständnisse oder Gefühle der Zurückweisung entstehen. Außerdem: Keine Schimpfwörter und Erniedrigungen! Achten Sie unbedingt darauf, nie unter die Gürtellinie zu gehen. Sobald man die Respektzone verlässt, kann es sehr schwierig werden, wieder zu verzeihen und zurückzufinden. Die Verletzungen, die solche Erniedrigungen mit sich bringen, sind sehr tief und die Liebe wird dadurch zerstört. Man fragt sich nämlich, wie derselbe Mensch, der einem noch vor ein paar Tagen eine Liebeserklärung gemacht hat, einem plötzlich die schlimmsten Worte an den Kopf werfen kann. Wenn Sie schon streiten, dann aus dem jeweiligen aktuellen Anlass. Bleiben Sie bei den Fakten und versuchen Sie nicht, eine andere Sache hineinzumischen. Bleiben Sie konkret, denn Verallgemeinerungen machen den anderen wütend, weil er sich in seiner Persönlichkeit angegriffen fühlt. Genauso wie konstruktive Auseinandersetzungen für eine funktionierende Beziehung wichtig sind, so ist auch Harmonie wichtig, da sie wie eine kleine erholsame Insel für einen selbst ist. Das Berufsleben und die damit verbundenen Anforderungen sind oft nervenaufreibend und belastend. Wenn dann der Alltag auch nicht erlösend wirkt, bekommt man früher oder später seelische und körperliche Probleme. Wann sind wir denn überhaupt mit dem Partner zusammen? Im Alltag! Dieser sollte so gemütlich und harmonisch wie möglich gestaltet werden. Ich finde, in einer entspannten Atmosphäre lässt sich vieles viel besser besprechen.

MEINE ZWÖLF REGELN FÜR HARMONIE IM ALLTAG:

1. Machen Sie es sich nicht auf Kosten des anderen gemütlich.

2. Hören Sie zu, auch wenn Sie wissen, was er gleich erzählen wird.

3. Vermeiden Sie Kritiksucht und sehen Sie stattdessen mehr die positiven Dinge.

4. Verlieren Sie nie den Respekt voreinander, sonst wird es Ihnen schwerfallen, liebevoll zu bleiben.

5. Fragen Sie Ihren Partner auch nach tiefer gehenden Themen, etwa welche Sehnsüchte, Wünsche und Ängste er in seinem Innersten hat.

6. Geben Sie Ihrem Partner auch positives Feedback, loben Sie ihn oder heben Sie seine guten Charaktereigenschaften hervor.

7. Zeigen Sie sich gegenseitig Ihre Liebe mit kleinen Botschaften, wie zum Beispiel mit Zettelchen an der Windschutzscheibe, Liebesbotschaften in der Teedose, kleinen Mitbringseln aus der Stadt etc.

8. Schaffen Sie sich Rituale im Alltag, wie zum Beispiel Kaffee trinken zur gleichen Tageszeit oder Frühstück ans Bett.

9. Schaffen Sie sich einen eigenen Bereich, der nur Ihnen gehört und nur mit Ihren Dingen bestückt ist.

10. Seien Sie flexibel und machen Sie gemeinsam auch Dinge außer der „Reihe".

11. Freuen Sie sich jeden Tag darüber, dass es einen Menschen gibt, der freiwillig sein Leben mit Ihnen teilt, und zeigen Sie es ihm.

12. Berühren Sie sich auch tagsüber zärtlich und nehmen Sie sich in den Arm. So spüren Sie besser, wie es dem anderen geht und zeigen Ihre Verbundenheit.

Glück – seine geistigen und materiellen Grundlagen

RUEDIGER DAHLKE

Glück ist ein zentrales Thema aller Menschen – kaum einer, der sich nicht danach sehnt. Der Weg dorthin erscheint vielen schwierig. Dass Geld glücklich macht, glauben nur diejenigen, die nicht genug haben. Tatsächlich ist wohl noch kein Mensch durch Geld wirklich glücklich geworden, aber viele unglücklich. Partnerschaft bietet wenigstens beide Möglichkeiten. Wir können dadurch glücklich und unglücklich werden, meistens sogar beides in dieser Reihenfolge. Der Volksmund sagt, Gesundheit sei unser höchstes Gut und Glück. Meist nehmen wir aber dieses Glück nicht einmal wahr, jedenfalls nicht, solange wir gesund sind. Wiedergewonnene Gesundheit kann dagegen wirklich dankbar und glücklich machen, allerdings meist auch nur kurz.

Ein großes Glück bedeutet es, seine Lebensaufgabe und Bestimmung zu kennen, zu spüren, wie das eigene Herz für ein Thema brennt. Auch eigene gesunde Kinder können ein großes Glück darstellen. Aber gerade auch kranke Kinder werden zur Lebensaufgabe und zum großen Glück, wo diese Herausforderung angenommen wird. Eine besondere Dimension des Glücks bringen Gipfelerlebnisse oder peak-experiences ins Spiel (des Lebens). Wer solch tief gehende Glücksmomente oft erlebte, empfindet sich meist als glücklich.

Wo solche Erfahrungen dauerhaft ineinanderfließen spricht man von Befreiung, Erlösung oder Erleuchtung. So verschieden die Worte für diesen begnadeten

Zustand sein mögen, so deutlich ist die Übereinstimmung. Diese (Glücks-) Zustände sind frei von Widerstand und führen in den Augenblick des Hier und Jetzt. Viele Menschen warten auf „ihr" Glück. Käme es zu ihnen, würden sie sich schon freuen und wären auch dankbar. Die Erfahrung zeigt aber, dass man mit dieser Haltung lange warten kann. Glück und Unglück kommen nicht einfach und sind auch nicht normal verteilt, es gibt Glückskinder und Glückspilze wie auch Unglücksraben und Pechvögel. 80 Prozent aller Unfälle gehen auf das Konto von 20 Prozent der Menschen. Manchen gelingt wenig und anderen fast alles. Einige haben viele Berufe und fühlen sich wohl damit und glücklich, andere kennen nur den Job und finden niemanden, der ihnen einen gibt.

Es wäre notwendig, die Gesetze hinter diesen Zusammenhängen zu erkennen beziehungsweise die Spielregeln des Lebens. Wer erfolgreich mitspielen will, muss die Regeln kennen, beim Fußball wie im Leben. In diesem Fall geht es besonders um das zweitwichtigste der Gesetze, das der Resonanz. Wer Glück und Freude sucht, müsste sich in Resonanz dazu bringen. Am einfachsten geschieht das, indem man sich mit glücklichen Menschen umgibt, die sich des Lebens freuen können. Das ist der Grund, warum viele in Ashrams die Nähe verwirklichter Lehrer suchen. Aber man könnte auch einfach entdecken, dass Freundlichkeit ein Bumerang ist wie auch Unfreundlichkeit. Wie man in den Wald hineinruft, schallt es zurück, weiß der weise Volksmund.

Ein weiterer zentraler Punkt wäre, seinem Leben Sinn und Erfüllung zu geben. Weniges macht so glücklich, wie den Beruf zu wählen, zu erlernen und auszuüben, der einem Berufung ist und der die Seele ruft und damit jene Tätigkeit auszuüben, für die man sich auserwählt weiß, wo man geschickt ist, weil man sich vom Schicksal in diese Richtung geschickt weiß. Dann wird das Schicksal zum geschickten Heil (lat. salus = Heil).

Ganz banal ließe sich der Tag mit innerem Lächeln und Meditation beginnen, statt mit einem Morgen-Ritual, bei dem man und vor allem frau sich fertigmacht. „Im Anfang liegt alles", weiß eines der Schicksalsgesetze und wer sich gleich am Morgen vor dem Spiegel oder auf der Waage herabsetzt und fertigmacht, beginnt den Tag fatal.

Weiters könnte man – auf ganz materieller Ebene – aufhören, Angst zu essen, denn Angst macht eng (lat. angustus = eng) und ist der Gegenpol zu Glück und Freude. Wer aber Fleisch isst, das heute fast nur noch aus Großschlachthöfen stammt, isst unbemerkt Angst. Schlachttiere erleben heute den elenden Tod vieler Artgenossen, bevor sie selbst daran glauben müssen. In diesem Moment höchster Todespanik haben sie alle verfügbaren Stress- und Angsthormone ausgeschüttet und über ihr Blut gelangen diese ins Fleisch. Wer es isst, isst sie mit. Wer Glück und Lebensfreude anstrebt, lässt das lieber sein. Andererseits versuchen Menschen überall auf der Welt, essend ihre Stimmung zu verbessern, indem sie sich auf die Suche nach dem Wohlfühlhormon Serotonin begeben.

Über 50 Millionen US-Amerikaner schlucken „Prozac", ein Antidepressivum, das den Serotoninspiegel im Gehirn erhöht, indem es seine Wiederaufnahme verhindert. Bei uns heißen die entsprechenden Mittel „Cipralex" oder „Fluctine" und werden ebenfalls in dieser Hinsicht massenweise missbraucht. Überall in der Welt schlucken Jugendliche Ecstasy, ein Amphetamin, das alles verfügbare Serotonin im Gehirn ausschüttet und so wundervolle Zustände von Glück und Ekstase auslöst.

Dieser zauberhafte Neurotransmitter, auch als Glückshormon bezeichnet, steckt auch dahinter, wenn Naschkatzen nicht genug Schokolade und Süßkram bekommen. Beides erhöht ebenfalls den Serotoninspiegel im Gehirn, da es L-Tryptophan, die Vorstufe von Serotonin, enthält. Von diesen drei Gruppen von Glückssuchern sind Letztere mit den Süßigkeiten am schlechtesten dran wegen der Gefahr von Typ-II-Diabetes und Fettsucht. Aber auch medizinische oder gar illegale Drogen sind natürlich nicht zu empfehlen. Die einfachste und gesündeste Lösung fiel mir beim Bergwandern auf. Wenn ich frühmorgens nüchtern losging und nur ein paar Möhren, Kohlrabi oder Bananen sorgfältig kaute, war das am stimmungsförderlichsten.

Es entsprach offensichtlich der Ernährung unserer Vorfahren, die, ständig auf Nahrungssuche, die Savannen durchstreiften und sich notgedrungen von Rohkost ernährten, die sie sehr gut kauen mussten, um an die spärlichen Kalorien zu kommen. In diesen frühen Zeiten prägte sich unser Organismus. Er lernte, aus dieser kargen Rohkost das lebens- und stimmungsnotwenige L-Tryptophan zu holen, jene Aminosäure und Vorstufe des Glückshormons Serotonin. Leider können wir nicht jeden Tag mit einer Bergtour auf nüchternen Magen beginnen. Diese frühe Lebensform lässt sich aber einfach imitieren. Wir könnten eiweißreiche Pflanzen wie Amaranth und Quinoa, anstatt sie lange zu kauen, mit Steinmühlen so faserfein zermahlen, dass sie dabei nicht heiß werden und ihren Rohkost-Charakter einbüßen. Falls wir auch keine Zeit zu Ausdauersport im Sauerstoffgleichgewicht haben, könnten wir einfach süße Früchte hinzugeben, die das Hormon Insulin hervorlocken, das dafür sorgt, dass alle Aminosäuren bis auf L-Tryptophan in die Zellen der Muskeln transportiert werden.

Letzteres bleibt dadurch an der sogenannten Blut-Hirn-Schranke konkurrenzlos übrig und kann ins Gehirn eindringen, wo es die zauberhafte Stimmung des Glücks möglich macht, sofern wir uns Gelegenheit dazu geben. Praktisch gibt es heute eine obendrein preisgünstige und gut schmeckende Rohkost-Mischung, die all diese Kriterien erfüllt. Wer sich solcherart mit dem Grundstoff des Glücks versorgt und danach eine halbe Stunde nüchtern bleibt, ist noch nicht automatisch glücklich, wie ja auch Sexualhormone noch nicht automatisch garantieren, den richtigen Liebespartner zu finden. Aber er hat immerhin die Basis geschaffen, auf der Glück möglich ist. Man kann also durchaus Glück essen statt Angst. Wer diese Vorleistung erbracht hat, könnte, anstatt ewig auf Glück zu warten und seine Bedingungen zu stellen, nach dem Motto: „Wenn ich bekomme, was ich will, werde ich mich freuen und glücklich werden", den Spieß umdrehen und wollen, was er bekommt: Dann würde er glücklich. Was sprachlich so einfach klingt, ist auch im Leben gar nicht so schwer.

Wir bräuchten nur dankbar zu sein und schon käme Freude auf und wir wären glücklich. Und es gäbe so viele Möglichkeiten für Dankbarkeit. Denn jeder Nachteil hat auch seinen Vorteil. Ein Grund wäre schon, zu den wenigen Privilegierten auf dieser Erde zu gehören, die weder hungern, dursten noch frieren müssen. Wir bekommen jederzeit alle Nahrung, die unser Körper, unsere Seele und unser Geist benötigen.

Es gab Zeiten, wo das Lesen bestimmter Bücher verboten war. Heute dürfen bei uns alle alles lesen. Sie können sich also ein Buch wie „Die Schicksalsgesetze – Spielregeln fürs Leben" und die zugehörigen drei CDs besorgen und lernen, wie das Spiel des Lebens läuft und wie sie erfolgreich mitspielen können. So ist es sogar möglich, sich von einem Pechvogel zu einem Glückspilz zu wandeln. Auch persönlich fände jeder genug Anlässe für das Wundermittel Dankbarkeit, das die Lebensstimmung so enorm hebt und Lebensfreude und Glück so nachhaltig Vorschub leistet.

Literatur zum Thema von Ruediger Dahlke:

„Die Schicksalsgesetze – Spielregeln fürs Leben: Resonanz – Polarität – Bewusstsein", Buch und drei CDs, Goldmann Arkana
„Das Gesetz der Anziehung", Audio-CD, Goldmann Arkana
„Das Gesetz der Polarität", Audio-CD, Goldmann Arkana
„Bewusstseins-Felder", Audio-CD, Goldmann Arkana
„Essensglück", Schirner Verlag

Bücher und „Rohkost-Mischung": www.heilkundeinstitut.at

GLÜCK
SEINE GEISTIGEN UND MATERIELLEN
GRUNDLAGEN

Ambivalenz und innere Harmonie

KLAUS MÜCKE

Wie begegnet man sich selbst am Morgen (damit beginnt die Fokussierungs-
prozedur im Alltag)? „Kenn' ich nicht, wasch' ich nicht." „Kenn' ich nicht,
wasch' ich trotzdem." Oder: „Schön, dass du da bist. Was kann ich denn heute
für dich tun?" Angenommen, man würde sich so behandeln, als wäre man in
Ordnung, wie würde man dann mit sich umgehen?

Gunther Schmidt

AUF DEM WEG ZUM INNEREN GLEICHGEWICHT

Frau Müller[1], eine erfolgreiche Unternehmerin, litt einerseits darunter, dass
sie – egal wo sie auch immer war – erst einmal das starke Bedürfnis hatte,
Ordnung zu schaffen. Erst wenn ihre Umgebung ihren Ansprüchen genügte,
konnte sie sich entspannen. Andererseits konnte sie ihre große Ordnungsliebe
wertschätzen, weil sie dazu geführt hat, dass ihr Unternehmen Gewinne er-
wirtschaftete. Ihre von anderen als überpedantisch erlebte Seite wirkte sich in
ihrer Beziehung mittlerweile belastend aus und es kam vermehrt zu Konflikten mit ihrem Partner.

Daneben gab es noch eine andere Seite in ihr, die sich danach sehnte, „fünfe
mal gerade sein zu lassen" und vieles entspannter und gelassener wahrzunehmen. Diese Seite hatte den Wunsch, das Zusammensein einfach zu genießen.
Sie nahm aber nur wenig Raum ein (etwa 20 Prozent), während die andere

---

[1] Der Name wurde von mir geändert.

ordnungsliebende Seite im Laufe der Zeit sich mehr und mehr ausbreitete und ihre innere Welt bestimmte. Als Frau Müller sich diese Seiten von ihr ganz konkret vorstellte und ihnen Namen geben konnte, erlebte sie sich wieder als diejenige, die bestimmen konnte, wann und in welcher Situation sich eine Seite mehr und die andere weniger zeigen sollte. In Privatbeziehungen schien es ihr angemessener, der Seite mehr Raum zu geben, die für Gelassenheit und Genuss zuständig war, während in der Führung ihres Unternehmens die andere Seite mehr Gewicht bekommen konnte.

Beide Seiten von ihr fühlten sich in dieser Form wertgeschätzt und waren bereit, mit ihr gut zu kooperieren, was sich darin zeigte, dass ihr nun beide Seiten gleich stark vorkamen und auch in ähnlicher Entfernung von ihr wahrgenommen werden konnten. Um diese innere Beziehungsgestaltung zu stärken, ordnete sie jeder Seite ein Tier als Symbol zu und trug es als kleine Figur in ihren Hosentaschen mit sich herum, sodass sie jederzeit zu den Seiten in Kontakt treten konnte, um sie als Ratgeber zu nutzen.

AUTONOMIE UND LOYALITÄT

Jeder Mensch wird von zwei unterschiedlichen inneren Kräften motiviert, die – solange jemand lebt – zu einer inneren Ambivalenz führen, die uns jeden Tag unseres Lebens begleitet: Auf der einen Seite gibt es das Bestreben, den äußeren Anforderungen, also den Ge- und Verboten, welche die für uns relevanten Zugehörigkeits-Systeme an uns stellen, weitgehend befriedigend gerecht zu werden und uns diesen Systemen gegenüber frei von Schuld zu erleben. Um zu einem bestimmten Zugehörigkeits-System zu gehören, das die existenziell notwenigen Bedürfnisse nach sozialer Anerkennung, Kontakt und Kommunikation befriedigt, sind Menschen – wie die Geschichte eindrücklich und immer wieder gezeigt hat – im Extrem bereit, andere Menschen zu töten, ihr Leben einzusetzen oder – paradoxerweise – sogar zu opfern. So resultiert der Stolz auf die Zugehörigkeit zu einer Nation oder einem Volk aus der Dankbarkeit, dass man dazugehören darf und sich von dieser Gemeinschaft angenommen fühlt, ohne zunächst dafür etwas Spezifisches tun, leisten oder sein zu müssen. Dieses Zugehörigkeitsgefühl und die existenzielle Angst, es zu verwirken und ausgestoßen zu werden, verführt Menschen dazu, sich nahezu vollkommen fremdbestimmen zu lassen und ihre Autonomie und Freiheit zu opfern.

Dieses Bestreben kann einer Seite der menschlichen Psyche zugeordnet werden, die Sigmund Freud als „Über-Ich" bezeichnet hat und die auch als Loyalitäts-Seite bezeichnet werden kann. Sie ist unter anderem für das Streben nach sozialer Anerkennung, Verantwortungsübernahme, Pflichterfüllung, Leistungsbereitschaft, Selbstdisziplinierung und Engagement für andere zuständig.

In der Erfüllung dieser Pflichten der Gemeinschaft gegenüber wird diese Loyalitäts-Seite vom Gewissen geleitet und kontrolliert, das sich reflexhaft mit den Außenforderungen des jeweiligen Zugehörigkeits-Systems verbündet. In dieser Seite zeigt sich unsere Schafsnatur. Schafe sind nämlich isoliert von anderen Schafen nicht allein überlebensfähig. Sie sterben, wenn kein anderes Schaf um sie herum ist.

Auf der anderen Seite gibt es das Bestreben, sich selbst gerecht zu werden, dafür zu sorgen, dass die eigenen vitalen Bedürfnisse nach Neugierde, Nahrung, sexueller Selbstverwirklichung, Selbstentfaltung, Lusterleben, Unversehrtheit etc. befriedigt werden und dass die eigene Autonomie und emotionale Unabhängigkeit gewahrt bleiben. Diese Instanz entspricht am ehesten dem „Es" von Freud. Es ist der Tiger in uns, der nur schwer einen anderen Tiger neben sich erträgt. Über diesen beiden Seiten steht die Instanz des „Selbst-Bewusstseins", das sich der eigenen Gesamtperson mit ihren psychischen Anteilen bewusst ist.

Es entspricht dem Freudschen „Ich" und fungiert als Steuerungs- beziehungsweise Kontrollinstanz. Hierarchisch steht es über den beiden Persönlichkeitsanteilen „Autonomie" und „Loyalität", indem es in der Regel bestimmt, was zu tun ist und die beiden Anteile im Idealfall als Ratgeber für seine Entscheidung nutzt.

INNERE HARMONIE

Mit sich selbst im Reinen zu sein, heißt, seiner inneren Ambivalenz zuzustimmen, indem beide Seiten – der Tiger (Autonomie) und das Schaf (Loyalität) – von der Ich-Instanz wertgeschätzt werden für ihre lebensnotwendigen Beiträge. Wenn sowohl die Seite der Autonomie als auch die Seite der Loyalität zu ihrem Recht kommen, erleben wir uns ausgeglichen und in der Regel in sowohl innerer als auch äußerer Harmonie. Allerdings heißt das nicht, dass immer beide Seiten gleichzeitig berücksichtigt werden können, sodass es in der Regel kaum zu einem hundertprozentigen Gleichgewichtserleben kommt. Vielmehr geht es darum, die Ungleichgewichte über längere Zeiträume auszugleichen (Balance 2. Ordnung).

BALANCE 2. ORDNUNG – EINE REISE ZU SICH SELBST

Ich möchte Sie nun einladen zu einer Reise in Ihre innere psychische Welt: Versuchen Sie dazu, sich Ihrer selbst, Ihres Organismus, Ihrer Atmung, Ihres Körpererlebens gewahr zu werden. Dabei kann sich sehr deutlich ein Bewusstsein Ihres Selbst-Seins, Ihrer Gesamtperson entwickeln. Nehmen Sie nun Kontakt zur Autonomie-Seite auf, die für Ihre eigene Bedürfnisbefriedigung zuständig ist. Welche Bilder entstehen, wenn Sie sich diese Seite vorstellen? Wie stark erleben Sie diese Seite? Günstig ist es, wenn Sie sie nicht innerhalb von sich wahrnehmen, sondern außerhalb in dem Sie umgebenden Raum. In welcher Entfernung von sich nehmen Sie diese Seite wahr? Wie groß? In welcher Form? Entspricht sie eher einem Mann oder einer Frau? Ist sie vielleicht ein Tier? Oder erscheint sie als ein ganz anderes Phänomen? Ist sie mit Farben assoziiert? Welchen Namen könnten Sie ihr geben? Welches Symbol würde gut zu dieser Seite passen?

Jetzt können Sie Kontakt zur Loyalitäts-Seite aufnehmen. Wie erleben Sie diese Seite? Wirkt Sie bedeutender oder schwächer als die Autonomie-Seite? Überlassen Sie sich einfach den inneren Bildern, die in Ihnen entstehen, wenn Sie an diese Seite denken. Gehen Sie nun genauso vor wie bei der Autonomie-Seite und stellen Sie sie sich ebenfalls möglichst konkret und plastisch vor: Entfernung? Größe? Form? Wesen? Farbe? Namen? Symbol? Was Ihnen auch immer dazu einfällt. Jetzt nehmen Sie beide Seiten in ihren jeweiligen Entfernungen von Ihnen als Gesamtperson wahr.

Wie geht es Ihnen mit diesen beiden Seiten? Erleben Sie eine für Sie stimmige Beziehungsgestaltung zu ihnen oder ist eine Seite zu nah oder zu weit weg? Lassen Sie dieses Bild einfach auf sich wirken. Als Nächstes wäre es sehr hilfreich, wenn Sie – auch wenn es vielleicht zunächst schwerfallen mag – beide Seiten für das, wofür sie stehen und was sie tun, anerkennen und wertschätzen. Sagen Sie ihnen, was Sie gut finden an den Seiten.

Denn: Erst wenn Ihre beiden Mitarbeiter/innen sich gut anerkannt von Ihnen – ihrem Chef/ihrer Chefin – fühlen, arbeiten sie gerne für Sie und sind auch bereit, an dem für Sie passenden Platz ihre Beiträge zu liefern. Lassen Sie sich Zeit dafür. Es wäre gut, wenn Sie mindestens fünf positive Eigenschaften für jede Seite finden. Achten Sie dabei darauf, wie sich beide Seiten in Bezug zu Ihnen verändern?

WERDEN SIE VIELLEICHT
FREUNDLICHER ODER ZUGEWANDTER?

Der nächste Schritt besteht darin, dass Sie als Gesamtperson den für Sie stimmigen Platz und die passende Entfernung dieser beiden Seiten zu sich herausfinden und die Seiten an ihre jeweiligen Arbeitsplätze bitten. Entscheidendes Kriterium ist dabei, wie es Ihnen mit dieser vielleicht neuen Konstellation geht. Wenn es noch kein symmetrisch-harmonisches Bild gibt, wäre es günstig, die Seite, die vielleicht weiter weg oder kleiner als die andere Seite ist, zu befragen, was sie noch von Ihnen braucht. Vielleicht braucht es nur die Zusicherung, dass sie in nächster Zeit mehr berücksichtigt werden wird.

Wenn sich Ihre Mitarbeiter/innen gut von Ihnen wertgeschätzt fühlen, können Sie sich jederzeit mit ihnen treffen und sie ganz direkt bei Entscheidungen einbeziehen und sie fragen, was ihre jeweilige Sicht ist. Dann können Sie Ihre Entscheidung zu dem für Sie passenden Zeitpunkt treffen. Wirklich sehr hilfreich kann es sein, Ihre beiden Seiten mit einem ganz konkreten Namen anzusprechen und sie vielleicht als Symbole, die in ihre Hosentaschen passen, mit sich herumzutragen und sich überraschen zu lassen, wie Ihre beiden Helfer/innen Ihnen zur Seite stehen.

Balance 2. Ordnung als Balance zwischen Balance und Imbalance: In der Regel können Sie nicht beständig beiden Seiten in Ihnen gerecht werden, was auch nicht sinnvoll wäre: Viele Situationen verlangen, dass Sie mehr mit einer Seite kooperieren als mit der anderen. Sie geraten ganz natürlich aus der Balance. Sobald Ihnen Ihr Organismus diese Imbalance rückmeldet, Sie sie intuitiv erleben, können Sie mit der zeitweise vernachlässigten Seite Kontakt aufnehmen und ihr zum Beispiel anbieten, sich ihr zu einem späteren Zeitpunkt mehr zuzuwenden (vergleiche SCHMIDT 2006).

Literatur- und Quellenverzeichnis

Mücke, Klaus (2007). Hilf Dir selbst und werde, was Du bist. Anregungen und spielerische Übungen zur Problemlösung und Persönlichkeitsentfaltung. Lehr- und Lernbuch: Systemisches Selbstmanagement. 2. Aufl. Klaus Mücke ÖkoSysteme Verlag, Potsdam.

Schmidt, Gunther (2006). Sinnerfüllung im Lebenszyklus und optimale Lebensbalance – Hypnosystemische Konzepte. Auditorium-Netzwerk, Müllheim.

AMBIVALENZ & INNERE HARMONIE

„Das Schattenprinzip –
von der Selbsthilfe bis zur
Reinkarnations-Therapie"

RUEDIGER DAHLKE

Nirgendwo wird so viel Energie verbraucht wie für die Unterdrückung unserer dunklen Seiten. Würden wir uns mit diesen versöhnen, käme uns diese Energie wieder in allen möglichen Lebensbereichen zugute. Obendrein ist immer auch Schatten im Spiel, wenn in unserem Leben etwas schief- und eben danebengeht, von Krankheitsbildern über Fehlleistungen bis zu Krisen und Katastrophen in Partnerschaft und Beruf. Das Schattenprinzip-Programm aus Buch und (beigelegter) CD ermöglicht erstaunliche Schritte in Eigenregie, um den größten Schatz unseres Lebens zu heben. Grundsätzlich ist natürlich zwischen der kleinen Psychotherapie, die jeder jederzeit mit sich selbst durchführen kann und der Schattentherapie mit professioneller Hilfe zu unterscheiden. Dazwischen gibt es noch eine Ebene, die sich mit Hilfe von Freunden und Vertrauten angehen lässt – im Sinne der kleinen Tests und Übungen im „Schattenprinzip-Buch".

Mit mir selbst kann ich diesbezüglich schon einiges im Sinne eines Tests klären. Kann ich etwa in den Spiegel schauen, mir also selbst in die Augen blicken? Kann ich mich nackt im Spiegel betrachten und zu mir stehen? Oder was widerstrebt mir dabei? Wozu kann ich nicht stehen? Wofür schäme ich mich äußerlich und inhaltlich? Sehe ich glücklich aus, wenn ich von meinem Glück erzähle? Was erlebt meine beste Freundin in meinem Gesicht, wenn ich von meiner Partnerschaft erzähle? Wie entspannt erscheine ich Freunden, wenn ich aus dem Urlaub komme? Wirke ich traurig, wenn ich vom Glück erzähle? Oder lächle ich im Gegenteil, wenn ich traurig bin? Vor allem solch kleine Unstimmigkeiten könnte ich mit Hilfe von Freunden aufspüren und ihrer Quelle nachgehen. Dort werde ich immer auf Schatten stoßen.

Bei professioneller Schattentherapie wird diese Aufgabe vom Therapeuten übernommen. Hierbei ist ausdrücklich nur wirklich auf den Schatten zielende Psychotherapie im Sinne der Reinkarnations-Therapie auf der Basis der Schicksalsgesetze gemeint. Tatsächlich gibt es ungleich mehr Therapien, die Gleiches im Schilde führen, aber – auf Grund der persönlichen Situation der Therapeuten – einen großen Bogen um den Schatten machen. Schattentherapie ist letztlich die Umkehrung des gleich nach der Geburt beziehungsweise schon nach der Empfängnis einsetzenden Polarisationsprozesses zwischen akzeptabel und inakzeptabel.

Aus der Reinkarnations-Therapie wissen wir, wie bewusst schon das Ungeborene erlebt, wenn etwa sein Geschlecht nicht den Wünschen der Eltern entspricht. Ein australischer Gynäkologe will sogar beobachtet haben, dass Steißlagen-Kinder diese Position wählen, um bei der Geburt nicht gleich ihren „Fehler" oder selten auch ihr „Zuviel" offenbaren zu müssen. Sie drücken sich gleichsam davor und schieben den Moment der Wahrheit hinaus, wie wir es anschließend ein Leben lang versuchen.

Sobald sich aus dem unermesslichen Einheitsbewusstsein ein von Grenzen lebendes Ich herauslöst, entwickelt sich parallel dazu auch schon Schatten, der dem Ich in jedem Entwicklungsmoment entspricht, nur in allem entgegengesetzt ist. Schattenarbeit zielt demnach darauf, jene innerseelische Kluft zwischen bewusstem Ich einerseits und Unbewusstem und Verdrängtem andererseits wieder zu verringern. Die während Kindheit und Jugend und manchmal der ganzen ersten Lebenshälfte erfolgte Zurücknahme von Seelenanteilen, die nicht gut ankommen, wird dabei wieder rückgängig gemacht. Insofern handelt es sich bei der Schattenarbeit um eine Art Ausgleich der eingetretenen Polarisierung beziehungsweise Spaltung zwischen dem bewussten, akzeptablen Ich und allem unbewussten, inakzeptablen anderen, das ins Schattenreich verbannt wurde. Schattenarbeit ist also für den Schatten ähnlich gefährlich, ja existenzbedrohend wie Bewusstseinsentwicklung oder gar Erleuchtung für das Ich oder Ego. Schattentherapie lässt das Licht der Bewusstheit ins Dunkel des Unbewussten dringen und vernichtet dieses damit – so wie eben jedes Licht der Dunkelheit den Garaus macht. Das ausgegrenzte Schattenreich schmilzt im Licht der Bewusstheit dahin. Dadurch wird automatisch das Ich erweitert, da sich seine Grenzen ausdehnen und mehr hereinlassen.

Die allermeisten Patienten, die zur Schattentherapie ins Heil-Kunde-Zentrum nach Johanniskirchen kommen, sind allerdings nicht kurz vor der Erleuchtung, sondern körperlich und seelisch krank. Wir können uns das Bewusstsein insgesamt wie eine Weltkugel vorstellen. Die kleine Polkappe ist das Ego, das mittels einer schmalen Membran von einem großen Kugelbauch getrennt ist. Die mehr oder weniger durchlässige Membran entspricht dem Unterbewusstsein, das erst seit kurzem Verdrängtes und noch leicht Zugängliches enthält. Der große Rest ist das Unbewusste. Die Membranschutzschicht wird nun durch die Schattenarbeit durchlässiger, was das Bewusstsein bereichert. Einzelnes für die akute Krankheitssituation Wichtiges wird dabei auch aus dem Unbewussten zugänglich gemacht.

Bezüglich des spirituellen Weges erscheint das Schicksal des Egos dagegen viel dramatischer. Zu Beginn dieses Weges mag das Ego wegen seiner Erweiterung sogar begeistert sein, mit größerer Dynamik wird dieser Prozess jedoch

lebensbedrohlich für es, lebt es doch von Aus- und Abgrenzung. Erst wächst es
und wird gleichsam mächtiger. Wenn es schließlich aber immer mehr Schattenland in seine Grenzen aufgenommen hat, werden diese automatisch auch
immer weiter, durchlässiger und schwerer zu kontrollieren. Kurz vor Schluss
dieser Entwicklung kann das Ego folglich in Panik geraten, denn mit dem letzten integrierbaren Schattenland wird es ins Selbst übergehen und sich dabei
auflösen genau wie der Schatten.

Wir können uns das vorstellen wie bei einem irdischen Reich. Anfangs mag
es klein und gut durch Grenzbefestigungen gesichert sein. Sobald es aber ex-
pandiert, müssen die Grenzen notwendigerweise aufgegeben beziehungsweise
nach außen erweitert werden. Geht die Expansion immer weiter wie beim Rö-
mischen Reich oder dem Alexanders des Großen, werden die Grenzen so weit
und lang, dass sie schwerer zu bewachen und zu sichern sind. Wenn wir uns
nun vorstellen, die Römer hätten die ganze Welt erobert, wären mit dem letzten
eroberten Land alle Grenzen überflüssig geworden. Alle Feinde wären plötzlich integriert und damit innen gewesen. Auf der weltlichen Ebene hat noch
kein Herrscher diesen Schritt geschafft, auf der Ebene des Geistes aber haben
Erleuchtete diesen Schritt der letzten Expansion und Befreiung bewältigt.

Der lichte und der dunkle Zwilling oder unsere beiden Seiten – Goethe sprach
von „zwei Seelen, ach in meiner Brust" – hängen folglich auf Gedeih und Ver-
derb zusammen. Mit der Verfestigung und Massierung des Egos wächst das
Schattenreich. Die Zunahme des Schattenreiches zwingt – vice versa – das
Ego, sich zu panzern. Die Schutzschicht des Unterbewusstseins, die Membran, wird damit fester und undurchlässiger. Dadurch entsteht immer mehr
Druck vom Unbewussten, das in psychischen Extremsituationen wie ein Vul-
kan ausbrechen kann und unkontrolliert das Ego überschwemmt. Das nennen
wir Psychose. Beide Bereiche arbeiten sich – gerade weil sie die klassischen

Gegensätze der Polarität darstellen – ständig zu. Sie können nur zusammen triumphieren und müssen auch zusammen untergehen. Schattenarbeit, wie sie das Buch „Das Schattenprinzip" im praktischen Teil nahelegt und wie sie entsprechende Schatten-Psycho-Therapie wie die Reinkarnations-Therapie zum Ziel hat, wie sie aber vor allem zum spirituellen Weg gehört, ist also gleichermaßen gefährlich wie gleichzeitig erlösend und befreiend für Schatten und Ego.

Das ist wohl auch der Grund, warum sich selbst im Bereich der Schattentherapie so viel Schatten in Gestalt von Pseudotherapien entwickelt. Solche Therapien benutzen zwar diesen Namen, leisten aber das Gegenteil von Schattenarbeit, wenn sie nur das Ego stärken. Wer sich als Reinkarnations-Therapeut daran hochzieht, ständig wichtige Gestalten der Geschichte auf seiner Liege zu „therapieren", wird auch Patienten bekommen, die sich darauf etwas einbilden. Zum Schluss spielen zwei Egos Psychotherapie miteinander. Ob solche Egomanie überhaupt mit Therapie zu tun hat, sei dahingestellt, Schattentherapie kann es jedenfalls nicht sein, da mit dem Ausbau des Egos immer auch der Schatten wächst.

Wird Schattentherapie mittels Hautwiderstandsmessung kontrolliert, wie im Heil-Kunde-Zentrum, finden sich gar nicht erst die großen Gestalten der Geschichte ein. Statt Napoleon selbst liegt dann eher sein Stallknecht auf der Liege und statt Marie Antoinette vielleicht die Schwester von deren Kammerzofe. Die ehrliche Haut macht die Unterscheidung mittels Hautwiderstandsmessung möglich. Dieser technische Trick spart enorm viel Zeit und gehört nach meiner Einschätzung zu jeder modernen aufdeckenden Therapie, alles andere halte ich für Zeit- und Geldvernichtung. Wesentliche Schritte in Richtung dieser großen Therapie, die das ganze Leben und die Lebenssicht verändert, kann „Das Schattenprinzip" leisten. Die Auseinandersetzung damit kann sogar viel

Spaß machen, etwa wenn eigener Schatten im Beruf entdeckt wird oder anhand der Lieblingsfilme oder der vermiedenen, wenn er in Witzen auftaucht, über die man nie lachen könnte, aber auch in jenen, über die man immer lachen muss.

Literatur zum Thema von Ruediger Dahlke:

„Das Schattenprinzip", Buch und CD, Goldmann Arkana
„Die Schicksalsgesetze – Spielregeln fürs Leben: Polarität – Resonanz –
Bewusstsein", Buch und drei CDs, Goldmann Arkana
CD „Schattenarbeit", Goldmann-Arkana

Info zur Reinkarnations-Therapie www.dahlke.at und Heil-Kunde-Zentrum in Deutschland,
84381 Johanniskirchen, Telefon 0049 – 8564 – 819.

DAS SCHATTENPRINZIP
VON DER SELBSTHILFE
BIS ZUR REINKARNATIONS-THERAPIE

LIEBE ALS REDE IST WAHRHEIT,
LIEBE ALS HANDLUNG
IST RECHTSCHAFFENHEIT,
LIEBE ALS GEDANKE IST FRIEDEN,
LIEBE ALS VERSTÄNDNIS
IST GEWALTLOSIGKEIT.

SATHYA SAI BABA

III

LIEBE
&
BEZIEHUNGEN

Die ersten Erlebnisse des Verknalltseins oder Verliebtseins hatte ich im Alter von 13 Jahren und mit 17 lernte ich meine Jugendliebe kennen und erlebte meine erste ernsthafte und langfristige Partnerschaft. Nach neun Jahren heirateten wir und blieben insgesamt 16 Jahre lang zusammen, bis wir uns nach einer konfliktreichen, schmerzhaften Krise und einigen Trennungen auf Zeit scheiden ließen. Nach meiner Scheidung traf ich dann Dani, eine fantastische Frau und verliebte mich in sie. Wir waren fünf Jahre lang ein Traumpaar und ich erlebte mit ihr eine sehr glückliche, wundervolle Zeit. Trotzdem trennten sich unsere Lebenswege und ich stürzte mich in Flirts und sexuelle Abenteuer. Eigentlich war ich auch in dieser Zeit kein Single aus Überzeugung, sondern suchte nur vergeblich eine neue Partnerin.

Dass ich mich in der Phase nach meiner Trennung nicht wieder richtig verlieben konnte, wunderte mich nicht besonders. Schließlich war ich in Dani total verliebt gewesen und hatte mit ihr meine bis dato erfüllendste Beziehung. Ich ging also davon aus, dass es noch bestimmt ein Jahr dauern würde, bis ich die Trennung überwunden hätte – womit ich mich allerdings gewaltig täuschte, wie ich später feststellen musste. Denn es wurden daraus zwei, drei und mehr Jahre, in denen ich mich nicht wirklich auf eine neue Frau einlassen konnte – zu sehr war mein Herz noch von Dani besetzt und zu hoch waren meine Erwartungen und die Messlatte an andere. Mit Dani hatte ich echtes Glück kennengelernt, und zwar nicht nur in den ersten sechs bis acht Wochen des Verliebtseins, sondern über mehrere Jahre – ich wollte daher nie eine Beziehung um jeden Preis oder um nicht allein zu sein.

Eine Partnerschaft sollte ein Zugewinn an Glück sein, und obwohl ich viele wundervolle, schöne, interessante Frauen kennenlernte und die schönen Momente und Erfahrungen mit diesen Frauen genoss, öffnete ich mein Herz doch immer nur bis zu einem gewissen Grad und blieb, abgesehen von einigen etwas länger gehenden Affären, Single. Solo zu bleiben war anfangs eine schwere Zeit, in der ich erst eine Menge über mich lernen musste und über Dinge, die nur mit mir zu tun hatten. Auch wurde mir bewusst, dass das lediglich gut für mein männliches Ego war und mir das Alleinsein erträglicher zu machen schien, mir aber keine Erfüllung brachte. Interessanterweise erhielt ich in der Zeit meiner geschäftlichen und materiellen Misere ganz besonders viel positive Reflexion von der Frauenwelt.

Und so hatte ich sexuelle Eskapaden, unter anderem weil immer die Hoffnung blieb, dass doch noch mehr daraus werden könnte. Manchmal passierte es auch, dass ich von Frauen fasziniert war und ihnen nachlief, weil ich glaubte, durch sie Liebe und Erfüllung zu finden. Irgendwann beschloss ich schließlich, keine Abenteuer ohne wirkliches Verliebtsein und Gefühl mehr zu haben. Ich ging zu einem sehr guten Coach und nahm an einer Familienaufstellung teil, um die wirklichen Gründe für mein Singledasein zu erkennen.

Das brachte mir viele tiefe, wertvolle Einsichten und bald gab ich mein altes, langjähriges Muster auf und befand mich in einer Art „Niemandsland", denn das Alte war nicht mehr da und das erwünschte Neue in Form einer Partnerin noch nicht in Sicht. Dennoch wurde es von Monat zu Monat leichter und besser. Mein Wunsch nach einer glücklichen Beziehung blieb natürlich, aber ich wurde mit der Zeit entspannter und war immer weniger auf der Suche. Bei einem guten Freund hatte ich beobachtet, dass es nicht entscheidend war, ständig auf Achse zu sein, um einen Partner zu finden – er hatte sich damals drei Jahre komplett zurückgezogen, war nicht mehr ausgegangen und nur für sich zu Hause und lernte trotzdem seine Freundin kennen. Nichtsdestotrotz kann Sehnsucht natürlich auch etwas sehr Schönes sein kann – solange sie nicht zu stark ist. Zu große Sehnsucht nach dem vermeintlichen Glücksgefühl kann verhängnisvoll werden – wie bei einer mehrere Monate andauernden Affäre von mir: Ich sagte ihr von Anfang an, dass ich sie zwar lieb hatte und die Zeit mit ihr genoss, sie aber nicht meine Traumfrau und große Liebe war. Ich wollte eigentlich nur ehrlich sein, aber es hatte eine ganz andere Wirkung auf sie, als ich beabsichtigt hatte; sie ignorierte meine Warnung einfach und ließ sich trotzdem darauf ein und begann schließlich, um meine Liebe zu kämpfen.

Als sie merkte, dass ich mich nicht weiter für sie öffnete und mich nicht tiefer auf unsere Affäre einließ und sie wahrscheinlich keine Chance auf eine echte Beziehung haben würde, versuchte sie mich zu halten, indem sie vorgab, lebensgefährlich erkrankt zu sein. Ich fand allerdings sehr bald heraus, dass das nicht stimmte, und trennte mich von ihr, doch auch dann gab sie noch nicht auf: Sie behauptete jetzt, dass sie von mir schwanger sei. Was natürlich auch nicht der Fall war … traurig, nicht? Selbstverständlich ist mir solches Handeln nicht fremd, denn auch ich habe schon verzweifelt um die Liebe einer Frau gekämpft, unter anderem weil ich das Um-Liebe-Kämpfen aus meiner Kindheit sehr gut kannte und weil mir mein Ego einredete, nur glücklich sein zu können, wenn ich genau mit dieser oder jener Frau zusammenkommen würde. Jede Beziehung aber beginnt zuerst einmal bei der Beziehung zu sich selbst, ebenso wie die Liebe, die weit mehr ist als Sehnsucht und der Gedanke, dringend jemand zu brauchen, um glücklich zu sein.

Ich finde, die beste Vorbereitung für eine glückliche Beziehung besteht darin, sich erst mal intensiv um sich selbst zu kümmern und besser kennenzulernen – in allen Aspekten, mit allen Stärken und Schwächen. Das fängt damit an zu lernen, es mit sich selbst auszuhalten, ohne Ablenkung von außen. Ich beschloss also, allein zu bleiben und mich selbst zu erfahren – was am Anfang ungewohnt und gar nicht einfach war. Mit der Zeit jedoch wurde es immer leichter und schöner und ich genoss es regelrecht. Das heißt nicht, dass ich mich total von der Außenwelt und den Menschen abschottete, aber ich brauchte nicht mehr um jeden Preis die Bestätigung von anderen, wie toll und liebenswert ich war – im Gegenteil: Je zufriedener und glücklicher ich mich mit mir selbst fühlte, desto positiver war die Resonanz von den Menschen, die ich traf. Je mehr ich in Liebe zu mir und mit mir kam, umso klarer sah ich und umso besser erkannte ich mein Gegenüber, wie es wirklich war. Eine interessante Erfahrung – ich suchte nicht mehr eine Partnerin als Notanker und um eigene Defizite auszugleichen oder alte Muster aus vergangenen Zeiten auszuleben. Ich wartete nicht mehr darauf, dass mich ein anderer Mensch glücklich machte, was zwangsläufig immer nur zu Enttäuschungen führte, sobald die anfängliche Begeisterung für das Neue, Unbekannte und die Hoffnung auf meine Traumfrau erloschen waren.

Fast jeder von uns hat das schon mal erlebt: Sobald mir mein Partner nicht mehr gibt, was ich mir von ihm so sehnsüchtig gewünscht habe, bin ich enttäuscht und meine vermeintliche Liebe stirbt langsam. Die Partnerschaft wird dann unbewusst zu einem Tauschhandel nach dem Motto: „Du gibt mir, was ich brauche, und ich gebe Dir, was Du brauchst." oder „Ich bin so lange lieb zu Dir, solange Du lieb zu mir bist." Funktioniert das nicht mehr, sucht man sich einen anderen Partner, der dies „augenscheinlich" besser kann als der Ex, oder man bleibt einfach aus Gewohnheit und Angst vor dem Alleinsein unglücklich zusammen. Nun, ich wollte zu jenem Zeitpunkt weder das eine noch das andere und beschäftigte mich mit professioneller Hilfe ernsthaft mit meiner Geschichte, mit alten Verstrickungen, die aus der Kindheit und meinen vorangegangenen Partnerschaften stammten, und mir wurde vieles klar. Die Erkenntnisse, die ich dabei gewonnen hatte, wären ohne objektive und professionelle Unterstützung nur sehr schwierig oder zumindest nur über Jahre oder gar Jahrzehnte zu erlangen gewesen. Ich habe gelernt, lieber die Abkürzung zu wählen, und weiß mittlerweile die konstruktive Hilfe eines guten Coaches zu schätzen. Dabei spielt es auch gar keine Rolle, wie analytisch, wissend und reflektiert ich selbst geworden bin. Denn ich kann ein wirklich guter Ratgeber für Freunde und trotzdem total blind sein, sobald ich selbst in einer Thematik feststecke – schließlich wird sich wohl der beste Friseur der Welt kaum selbst die Haare schneiden und schon gar nicht ein Chirurg selbst operieren. Niemand kann jemand anderen glücklich machen. Nur ich selbst kann es. Erst dann steigt die Chance, endlich einen gleichberechtigten Partner auf Augenhöhe zu treffen. Mit ihm kann ich die schönen Dinge und Erfahrungen teilen. Ich kann mich offenbaren, mich fallen lassen und endlich sein, wie ich wirklich bin, ohne Angst zu haben, was mein Partner über mich denkt und ob ich seine Erwartungen erfülle – wie bei einem besten Freund, dem ich nichts präsentieren muss, weil er mich liebt und ich ihn weder überzeugen noch erobern muss.

Jo Kern

Liebe als Weg

KURT TEPPERWEIN

SCHRITTE AUF DEM WEG ZUR WAHREN LIEBE

Hier die Regeln für das schönste Spiel, das das Leben zu bieten hat – die Liebe!
Denn auch die Liebe hat ihre „Spiel-Regeln". Sie können noch heute beginnen,
Ihre Partnerschaft zu verwandeln, ja geradezu zu verzaubern.

So wie jede Pflanze ein bestimmtes Klima, eine bestimmte Düngung und einen liebevollen Gärtner braucht, der sich um sie kümmert, damit sie wachsen und blühen kann, so braucht auch die Liebe ein bestimmtes Klima und jemanden, der über sie wacht, sonst verwelkt sie wie eine Pflanze. Der Beginn kann zauberhaft sein, doch wie es weitergeht, bestimmen allein Sie. Die Schritte auf dem Weg sind ebenso vorhersehbar wie die Schwierigkeiten und Chancen. Sie müssen nicht jeden Fehler selbst machen, lassen Sie den anderen auch noch eine Chance.

Lassen Sie alle Erwartungen, Vorstellungen und Ideale los und lieben Sie den anderen so, wie er ist. Sich ganz für ihn entscheiden und sich ganz auf ihn einlassen, ohne ihn ändern oder erziehen zu wollen. Nicht mit meiner Vorstellung vom anderen zusammenleben, mit meinem Traum, einem Wunschbild, damit Sie eine Chance haben, der Wirklichkeit zu begegnen. Wollen Sie in der Liebe glücklich werden, müssen Sie zwei Dinge auflösen:

Die Angst, nicht geliebt zu werden, und das Verlangen, den anderen besitzen zu wollen, denn wer Angst hat und besitzen will, wird letztendlich alles verlieren.

Soll Ihre Liebe Bestand haben, braucht sie drei Voraussetzungen: Bewunderung. Eine gemeinsame Aufgabe, die beide begeistert. Verständnis, auch ohne zu verstehen. Partnerschaft ist der Weg vom „Ich" zum Wir. Wichtig ist, sich ganz für den anderen zu entscheiden, sich ganz auf ihn einzulassen und wirklich Ja zu ihm zu sagen.

SPIELREGELN FÜR EIN GLÜCKLICHES MITEINANDER

Gehen Sie nicht mit einer bestimmten Vorstellung in die Partnerschaft, sonst suchen Sie nur die Verwirklichung Ihrer Vorstellung und nicht die Wirklichkeit. Sonst sind Sie nicht offen, sondern suchen, was Ihrer Meinung nach zu sein hat, halten das für normal und alles andere für falsch.

Lassen Sie alle Erwartungen los, wie der andere zu sein hat. Wählen Sie Ihren Partner so aus, dass Sie nicht glauben, ihn erziehen oder ändern zu müssen, sondern ihn ganz akzeptieren können, wie er ist. Erkennen Sie, dass Sie keinen Anspruch auf den anderen haben, auch nicht auf ein bestimmtes Verhalten. Streben Sie danach, selbst ein immer idealerer Partner zu werden. Stellen Sie keine Bedingungen oder Forderungen für die Liebe und verlangen Sie keine Voraussetzungen („… ich liebe Dich nur, wenn …").

SEIEN SIE ACHTSAM UND ACHTUNGSVOLL

Versuchen Sie nicht, sich durchzusetzen, recht zu haben, zu gewinnen. Wenn in einer Auseinandersetzung einer gewinnt, haben beide verloren.

Spielen Sie keine Rollen, seien Sie echt und ehrlich. Passen Sie sich an, ohne sich aufzugeben. Werden Sie autonom, lieben Sie den anderen, ohne ihn zu brauchen. Haben Sie Verständnis, auch ohne zu verstehen. Richten Sie nicht über Ihren Partner, sondern richten Sie ihn auf und aus.

Bleiben Sie in ständiger Kommunikation mit dem anderen und klären Sie unterschiedliche Bedürfnisse, um sich einigen zu können. Nehmen Sie keine Schuldzuweisungen vor (Du-Spiel), denn der andere hat nur beschränkt etwas mit Ihren Problemen zu tun. Er ist vor allem Spiegel für einen Mangel in Ihnen selbst und hilft Ihnen, diesen zu erkennen und zu beseitigen.

REAGIEREN SIE NICHT, AGIEREN SIE

Versuchen Sie nicht, einander zu besitzen, und verlangen Sie kein Versprechen („Wirst Du mich immer lieben?"). Lieben Sie sich selbst. Seien Sie sich selbst der beste Freund. Sie können den anderen nur in dem Maße lieben, wie Sie fähig sind, sich selbst zu lieben. Ziel ist ein Leben in der Liebe und damit im Tao. Wer sich das erschaffen hat, hat sich selbst gewonnen und kann dem anderen helfen, ebenfalls zu sich selbst zu finden.

DIE „KUNST DES ALLEINSEINS". UND DAS WAHRE „MITEINANDER"!

Irgendwann muss sich jeder der Aufgabe stellen, allein zu sein. Das ist nicht einfach, denn das Alleinsein konfrontiert jeden gnadenlos mit seinem Sosein. Sie entdecken Ihre Persönlichkeit und die Vielfalt Ihrer Eigenschaften. Nicht alle werden Ihnen gefallen, aber Sie entdecken auch, dass Sie alles ändern können, und Sie fangen an, Ihre Persönlichkeit bewusst zu gestalten, sodass sie Ihnen wirklich entspricht und Sie sich immer mehr wohlfühlen in sich.

Sie entdecken auch Ihr Ego, das alles nur auf sich bezieht. Das glaubt, es sei der Denker, der fühlt, der lebt. Und Sie entdecken „die Illusion des Ich", das nur ein eingebildetes Lebenszentrum ist. Mit der Zeit lernen Sie, Ihr Alleinsein zu genießen. Lauschen Sie „der eindringlichen Stimme der Stille", aber auch dem „bewegenden Donner der Stille". In der Stille offenbart sich die Weisheit Ihres wahren Seins.

Irgendwann sind Sie bereit für das „All-ein-Sein". Sie erkennen das Eine in der Vielfalt des Seins, werden eins, mit einem nach dem anderen, bis Sie letztendlich eins sind mit allem. Letztlich erkennen Sie sich als das Eine in der scheinbaren Vielfalt. Erkennen, es gibt nur das Eine. Erkennen sich als das Eine, das als viele „in Erscheinung" tritt.

Dann, und erst dann, sind Sie bereit für ein wahres Miteinander. Sie begegnen in allem immer nur sich selbst und sind doch allein, denn da ist niemand sonst – es gibt nur Sie! Aber gerade dadurch bekommt das „Miteinander" seine besondere Qualität. Als ein Eins-Sein mit sich selbst, bei allen Unterschieden und aller Vielfalt. Das Anderssein des scheinbar anderen ist nicht mehr störend, sondern interessant. Sie beurteilen und bewerten nicht mehr, sondern nehmen nur noch wahr, erleben bewusst die Vielfalt des einen, der Sie sind. Nichts ist angenehm oder unangenehm, alles ist, und mit allem sind Sie im Ein-Klang.

Sie erkennen, dass jede Beziehung einmalig ist und keine mit einer anderen kollidiert, und Sie genießen die Vielfalt Ihrer Beziehungen mit sich selbst. Es gibt keine Möglichkeit mehr, eifersüchtig zu sein. Wer sollte denn da auf wen eifersüchtig sein? Sie erleben ganz bewusst unzählige „Mini-Beziehungen" im Vorübergehen. Manchmal ist es nur ein Blick, ein Lächeln, ein „Sich-Erkennen" im scheinbar anderen. Plötzlich bekommt das Leben eine ganz neue Dimension, eine bisher unbekannte Vertrautheit mit allem. Das „Miteinander" ist wirklich „wunderbar"! Sie erkennen bewusst, dass all die scheinbaren Unterschiede erst die Vollkommenheit des Einen ergeben. Sie erkennen auch, dass es kein „falsch" und kein „richtig" gibt, sondern nur ein „So-oder-so." Dass es auch keinen Fehler gibt, denn er zeigt nur, was fehlt, was Sie ohne den scheinbaren Fehler gar nicht erkannt hätten.

Sie erkennen auch, Sie können dieses „Erwachen zu sich selbst" weder verhindern noch vermasseln, bestenfalls verzögern. Aber Sie haben es damit auch nicht mehr eilig. Sie wollen weder „vorwärts" kommen noch sonst „wohin", Ihnen ist überall und alles recht. Und jedes neue Miteinander ist faszinierend anders und absolut einmalig und Sie sind aus tiefstem Herzen dankbar für die Vollkommenheit des All-ein-Seins! Geben Sie dem anderen immer das Gefühl, etwas ganz Besonderes zu sein, denn in Wirklichkeit ist er einmalig. Bringen Sie Leben in Ihr Zusammenleben.

Die Kunst erlernen, aus einem ganz normalen Alltag etwas ganz Besonderes zu machen.

Liebe braucht wie eine Blume ständige Pflege/Aufmerksamkeit. Lernen Sie, Ihren Partner ohne besonderen Grund zu bewundern. Liebe ist der Anfang und das Ende – Liebe ist das, was wir wirklich sind. Liebe als stärkste Kraft des Universums. Lieben heißt, einen Menschen so sehen, wie Gott ihn „gemeint" hat. Wenn Liebe da ist, gibt es kein Problem, wenn keine Liebe da ist, gibt es keine Lösung. Bei der wahren Liebe gibt es kein „Happy End". Wahre Liebe hat immer nur einen Anfang und nie ein Ende. Wahre Liebe ist immer glücklich, denn der andere kann mich nicht hindern, ihn zu lieben. Eine glückliche Beziehung heißt … in dem Bewusstsein leben, jeder hat die Hälfte eines Lotterieloses mit dem Hauptgewinn und nur gemeinsam können Sie ihn einlösen. Und wer weiß, vielleicht, irgendwann, und wenn Sie wollen, in diesem Augenblick, beginnt Ihre ideale Partnerschaft, weil SIE ein idealer Partner geworden sind.

IHREM PARTNER, SICH SELBST, DEM LEBEN!

Irgendwann erkennen Sie, Sie lieben nicht mehr irgend-etwas oder irgend-jemanden, sondern Sie sind ein „Liebender" geworden.

Der „Liebende", der Sie sind, ist „erwacht".

LIEBE ALS WEG

Wie Beziehungsglück im Alltag funktioniert

EVA-MARIA & WOLFRAM ZURHORST

Wie wird aus unserem oft stressigen Beziehungsalltag wieder ein Abenteuer? Wie aus einer Beziehungskrise eine Chance für einen Neubeginn? Wie können sich Partnerschaft und Beruf gegenseitig stärken? Wie kommen wir raus aus der Dreiecksfalle? Wie können wir als Singles unsere unbewussten Beziehungsabwehrstrategien entlarven? Wie wird unser Sexleben wieder lebendig und erfüllend? Liebe Dich selbst, lautet die Antwort der Bestsellerautoren Eva-Maria und Wolfram Zurhorst. Authentisch berührend und doch mit einem Augenzwinkern zeigen die beiden Beziehungscoaches erleichternde, oft überraschende und manchmal herausfordernde Wege ins Beziehungsglück.

Eine Beziehung hat so unendlich viel mehr Potenzial, als wir uns in Zeiten der frischen Verliebtheit und erst recht in Zeiten der Krise nur vorstellen können. Das konnten wir voller Dankbarkeit und Staunen begreifen, als vor Jahren unsere Ehe gerade eine existenziell bedrohliche Krise überstanden hatte. Es war verrückt: Aber rückblickend konnten wir auf einmal sehen, wie viel näher wir uns und unserem wahren Wesen genau dadurch gekommen waren, dass uns diese Krise ereilt und wir uns ihr gestellt hatten.

Aber kaum schienen wir in unserer Partnerschaft an einem neuen sonnigen Ufer angekommen zu sein, da verkündeten uns gleich mehrere befreundete Paare, völlig überraschend, dass sie sich trennen wollen. „Wartet! Überstürzt bloß nichts! Ihr wisst vielleicht noch nicht, was sich Euch alles eröffnen kann, wenn Ihr jetzt nicht vor dem Schmerz und vor den Verletzungen weglauft ...", schoss es uns oft durch Kopf und Herz. Denn wir wussten aus eigener Erfahrung – dass es einen anderen Weg geben kann. Dass wir an dem Punkt, an dem wir uns scheiden lassen wollten, schließlich nicht nur den Ausweg, sondern neues Glück, neue Lebendigkeit und neue Tiefe in unserer Ehe gefunden haben.

Das war der Anfang von „Liebe Dich selbst", einem Projekt, das unzähligen Menschen zu einem neuen Umgang mit Beziehungskrisen verholfen hat. Damals hatte ich keine Ahnung, dass aus meinem Wunsch, Freunden Mut zu machen, eine Bestsellerreihe von Büchern und unsere Berufung entstehen sollte. Und! Dass sogar mein Mann eines Tages sein Leben diesem Projekt widmen sollte. Ausgerechnet er, der allem „Psychokram" immer so skeptisch gegenübergestanden war.

Heute ist „Liebe Dich selbst" nicht nur unser großes Herzensthema, weil es uns wieder zusammengebracht und unsere Ehe geheilt hat. Mittlerweile haben wir unsere Erfahrungen auch mit Millionen von Menschen auf der ganzen Welt geteilt, denen „Liebe Dich selbst" ebenfalls neue Hoffnung und neue Kraft in ihre Beziehungen gebracht hat. Erwarten Sie nur deshalb nicht, dass wir irgendein Wundermittel hätten. Das Wunder von „Liebe Dich selbst" liegt einzig und allein in Ihnen. Wir möchten Ihnen hier nur zeigen, wie es sich auch in Ihrem Leben entfalten kann.

Wie funktioniert das Geheimnis? „Liebe Dich selbst" ist ein ziemlich radikaler Wandel im Umgang mit Ihrem Leben und mit Beziehungen. „Liebe Dich selbst" heißt: Mein Fokus für alles, was ich in meinem Leben und meinen Beziehungen ändern will, liegt nicht auf meinem Partner oder den anderen. Sondern auf mir und auf meiner Bereitschaft, mich ehrlich kennenzulernen und selbst so anzunehmen, wie ich bin. Wenn ich damit ehrlich und konsequent vorangehe, dann geschieht ein Wunder. Ich kann entdecken, dass in mir immer alles da war, wonach ich mich gesehnt habe. Es wollte nur von mir entdeckt und ins Leben gebracht werden.

„Liebe Dich selbst" kann Großes bewirken – aber nur, wenn Sie bereit sind, viele kleine Schritte im Alltag zu tun. Deshalb möchten wir Ihnen hier einige kleine Häppchen präsentieren, die Ihnen ganz praktische Abkürzungen ins Beziehungsglück und Auswege aus den Beziehungssackgassen zeigen. Die Sie inspirieren, ermutigen und Ihnen Hoffnung geben sollen. Das natürlich auch, wenn Sie zurzeit gerade Single sein sollten. Hier geht es vor allem darum, dass Sie sich selbst besser verstehen lernen. Und von da ab kann sich Ihnen auch als Single auf einmal ein ganz neuer Zugang zu einer Partnerschaft eröffnen. Und natürlich haben wir auch an die Männer gedacht, die sich vielleicht nur ungerne mit dem ganzen Beziehungszeug beschäftigen und schon gar keine endlosen Psychowälzer lesen wollen.

Wunderbar wäre es, wenn Ihnen unsere Häppchen hie und da einen ermutigenden Schubs geben könnten, um eingefahrenen Beziehungsalltag voller Routine und Gewohnheiten einfach mal etwas Neues auszuprobieren. Wenn Sie wieder frischen Wind in Ihr Beziehungsleben brächten und Sie erleben könnten, was wir erlebt haben: Dass die ganzen Hürden zu etwas gut waren. Dass wir uns ohne sie nie wirklich tief begegnet wären. Nie hätten erfahren können, wie viel Liebe, Mut und Stärke schon immer in unseren Herzen wohnten.

Dass es jenseits der ersten Verliebtheit und jenseits der späteren Hoffnungslosigkeit noch so viel zu entdecken und so viele Abenteuer miteinander zu erleben gibt. Dass Ihre Beziehung wieder erblühen kann, egal wie verfahren sie Ihnen gerade scheint. Dass eine Ehe ein Abenteuer sein kann, das nie aufhört, weil es mit der neuen Sicht von „Liebe Dich selbst" immer etwas Neues zu entdecken, zu lernen und zu wagen gibt. Dass es gut ist, wenn man miteinander Zeit hat, weil manche Themen Jahre brauchen, bis wir sie nicht nur im Kopf, sondern auch in unseren Herzen verstehen können. Und dass dieses ganze Abenteuer seinen Anfang in Ihnen nimmt. Denn: Wenn Sie wollen, dass sich Ihre Beziehung ändert, dann geht es darum, dass Sie etwas in Ihrem Leben ändern.

ALSO: RAUS AUS DEM GRAUEN EHEALLTAG, ZURÜCK IN DIE LIEBE UND DIE LEBENDIGKEIT!

Zuerst braucht es dazu eine gehörige Portion Ehrlichkeit: Fragen Sie sich, ob Sie ein Paar kennen – und zwar nicht aus Erzählungen oder einem Film, das nach 20 Jahren Ehe noch so richtig lebendig und abenteuerlich lebt. Oder gehören Sie auch zu denen, die sich langsam damit abfinden wollen, dass Beziehung auf Dauer nicht funktioniert oder die Ehe ein Ort voller grauer Alltäglichkeit und im besten Fall voller Sicherheit und Vertrautheit ist? Mal ehrlich: Sind Sie gerade glücklich und erfüllt in Ihrer Beziehung? Oder hängen Sie fest? Ist die Luft raus? Hat die Routine Sie aufgefressen? Haben Sie eigentlich keine Lust mehr auf das alles?

Sitzen Sie gerade zu Hause im trauten Kreis der Familie, verzehren sich aber eigentlich nach Ihrem Geliebten? Sind Sie einer von diesen selbstständigen, lässigen Singles, die von sich behaupten, dass sie es lieber alleine hinkriegen, als sich auf Beziehungsödnis einzulassen? Sind Sie treusorgender Familienmensch und tun fürsorglichen, aber langweiligen Dienst nach Vorschrift und kommen Ihren ehelichen Pflichten nach? Sind Sie müde? Würden am liebsten alles hinschmeißen? Denken an Trennung? Fragen sich schon die ganze Zeit: Wie kommt wieder Leben in die Bude und wie finde ich den Ausweg aus Beziehungsvermeidung oder den Alltagssackgassen? Unser Wundermittel zur Wiederbelebung hieß „Liebe Dich selbst." Das hat uns aus dem Sumpf geholfen und ist heute unser absolutes Allheilmittel gegen jedes Problem, was uns da scheinbar von außen das Leben und unsere Partnerschaften vermiest. „Liebe Dich selbst" ist nicht: piep, piep, piep – wir haben uns alle lieb. „Liebe Dich selbst" ist ein ziemlich radikaler Wandel im Umgang mit meinem Leben und mit Beziehungen.

„Liebe Dich selbst" heißt: Mein Fokus für alles, was ich in meinem Leben und meinen Beziehungen ändern will, liegt nicht auf meinem Partner oder den anderen. Sondern auf mir und auf meiner Bereitschaft, mich ehrlich kennenzulernen und selbst so anzunehmen, wie ich bin. Wenn ich damit ehrlich und konsequent vorangehe, dann geschieht ein Wunder.

Ich kann entdecken, dass in mir immer alles da war, wonach ich mich gesehnt habe. Es wollte nur von mir entdeckt und ins Leben gebracht werden. Also, wie geht „Liebe Dich selbst" ganz praktisch? Der zweite Schritt – fragen Sie sich: Was nervt oder verletzt mich gerade in Sachen Beziehung am meisten bei meinem Partner (oder – falls Sie Single sind – bei einem möglichen oder vergangenen Partner)? … Was macht er nicht? … Was macht er falsch? … Wo kümmert er sich nicht? … Wo geht er über meine Grenzen? … Wo geht er nicht gut mit meinen Gefühlen um? … Wenn Sie es klarhaben, dann finden Sie zehn Beispiele, wo Sie genauso mit sich selbst umgehen. Wo Sie sich nicht um sich kümmern … Sie sich keine Zeit für sich nehmen … Ihrem Inneren nicht zuhören … Ihren Gefühlen keinen Ausdruck geben … Unehrlich sich selbst gegenüber oder angepasst sind, anderen etwas vormachen. Schauen Sie ohne rosarote Brille auf Ihre Liste. Fragen Sie sich, was SIE konkret im Alltag tun können, um besser mit sich umzugehen. Und fangen Sie an, es auszuprobieren. Das braucht Mut – bringt Ihnen aber schlagartig die Lebendigkeit zurück.

Sie sind neugierig geworden auf einen neuen Weg zu mehr Beziehungsglück? Dann haben Sie ja vielleicht Lust auf mehr.

ZEHN WEGE AUS DER BEZIEHUNGSFALLE.
1. MAN MUSS NUR DEN RICHTIGEN HEIRATEN

Es ist egal, wen Sie heiraten. Am Ende treffen Sie sowieso immer nur auf sich selbst. So ernüchternd und unromantisch es klingt: Aber egal, wem Sie begegnen, Sie nehmen sich mit. Der andere ist immer nur eine Art Leinwand, auf der Sie auf Ihre eigene Fähigkeit zu lieben – nach einiger Zeit und Gewohnheit aber vor allem auf Ihre eigenen unerfüllten Bedürfnisse und verdrängten Verletzungen – treffen. Wenn Sie also in Sachen Partnerschaft wirklich vorankommen wollen, dann ist die Beziehung, die Sie gerade haben, die beste, die Sie kriegen können. (Auch die, in der es gerade eher zäh ist!)

2. BEIM NÄCHSTEN PARTNER
WIRD ALLES ANDERS

Trennung und Partnerwechsel sind selten die Lösung, meist eher ihre Vertagung. Ungefähr so wie der Versuch, den Platz samt Gegner zu wechseln, wenn's beim Tennismatch schlecht läuft, weil unsere Vorhand ständig ins Netz geht. Für einen Moment sorgt so ein Schritt vielleicht für Abwechslung oder Erleichterung. Aber wenn Sie Ihr Spiel wirklich verbessern wollen, dann kommen Sie nicht umhin, Ihren Schlag umzutrainieren und die Spieltaktik oder den Abstand zum Ball zu verändern. Deshalb sind auch so viele Scheidungen überflüssig. Sie sorgen meist dafür, dass wir uns vom Auslöser trennen, nicht aber vom eigentlichen Problem. Wer nach einer Trennung nichts an sich ändert, den holt nicht selten beim nächsten Partner das ganze Dilemma wieder ein.

3. MEIN PARTNER IST SCHULD

Wichtigste Grundregel in Sachen „Liebe Dich selbst": Für Ihr Glück ist nur einer verantwortlich: Sie selbst! Hört sich an wie Hausfrauenpsychologie. Ist aber, in der Tiefe wirklich verstanden, der Schlüssel in Sachen Beziehung überhaupt. Nur in dem Maße, in dem ich mich selbst akzeptiere, kann ich überhaupt die Liebe von einem anderen annehmen. Wenn ein anderer mich dauerhaft schlecht behandelt, dann, weil ich mich selbst nicht wertschätze. Und wenn es immer wieder kracht in der Beziehung, dann geht es nicht darum, den Partner zu verändern oder bei ihm die Schuld zu suchen, sondern darum, den Blick völlig auf mich zu richten und mein eigenes Leben zu verändern.

4. ICH MUSS DIE BEZIEHUNG RETTEN

In Ihrer Beziehung scheint es gerade ziemlich ausweglos? Vergessen Sie alle Beziehungsrettungsmaßnahmen und kümmern Sie sich auch hier um sich selbst. Denn Ihre Beziehung ändert sich von ganz alleine, wenn Sie Ihr Leben verändern. Der Zustand Ihrer Beziehung spiegelt Ihnen lediglich Ihren Umgang mit Ihrem Leben wider. Das ist einer der radikalsten Punkte in Sachen „Liebe Dich selbst": Wenn Sie wollen, dass sich Ihre Beziehung ändert, dann müssen Sie Ihr Leben ändern. Wenn Sie weiterhin arbeiten wie bisher. Sich weiterhin mit unzähligen Verpflichtungen vollladen. Wenn Sie weiter alles Mögliche wegdrängen und starr Ihren alten Mustern folgen. Wenn Sie sich lieber ablenken oder kompensieren wie bisher. Dann bleibt auch alles wie bisher.

5. ICH BRAUCHE EINEN KICK

Wenn Ihre Partnerschaft sich zäh und leer anfühlt, dann brauchen Sie keinen Kick. Sie brauchen Mut. Mut, sich endlich ehrlich zu fragen: Hab' ich Lust auf diesen Trott? Will ich mich um der Sicherheit oder des lieben Friedens willen einpassen? Ist meine Karriere wirklich wichtiger als alles andere? Überall dort, wo Sie sich nach einem Kick sehnen, geht es in Wahrheit darum, die eingefahrenen Bahnen zu überprüfen. Und dann braucht es Mut: Bin ich bereit, von meinem Sicherheitsdenken etwas loszulassen und aus der angenehmen, aber toten Komfortzone auszutreten? Wenn Sie es dann tatsächlich wagen, für Ihre Bedürfnisse ein Risiko einzugehen, wird Ihr Leben sofort wieder lebendig – ganz ohne jeden Kick von außen!

6. Ich muss meinen Partner schonen

Wenn Sie Ihren Partner schonen, schonen Sie in Wahrheit nur sich selbst. Tatsächlich haben Sie Angst, den anderen mit sich zu konfrontieren. Die meisten Beziehungen scheitern nicht an Schlachten und handfesten Grabenkämpfen. Die meisten Beziehungen bluten langsam aus, weil sich die Partner zu Tode schonen. Weil sich beide im Laufe der Zeit zurücknehmen und sich im Zusammensein aus Angst vor Streit, Liebesentzug oder Verlassenwerden aufgeben. Mit der Zeit beginnen sie dann meist unbewusst, Schonhaltungen rund um die heiklen Punkte, an denen es schwierig werden könnte, einzunehmen. Äußerlich scheint dann zwar alles intakt zu sein, aber innerlich fühlt es sich kraftlos und erstarrt an. Also lieber rechtzeitig Grenzen setzen und Nein sagen – das ist für die Liebe überlebenswichtig!

7. Ich brauche Harmonie

Das ist eine der liebsten Männerausreden, um sich nicht tiefer einlassen zu müssen. Aber wer Gefühle wegdrückt, schadet sich selbst. Denn wer auf Dauer versucht, alle negativen Gefühle unter einem Mantel der Harmonie zu verstecken, muss sich ständig kontrollieren und ist irgendwann wie eine Bombe.

Nur wer lernt, auch mit seiner Wut, mit Ohnmacht und Angst umzugehen, der kann auch all die anderen angenehmen Gefühle wie Leidenschaft, Lebendigkeit und Ausgelassenheit leben. In unserem Inneren gibt es keine separaten Räume für gute und schlechte Gefühle. Sorry – aber Deckel auf der Wut, heißt auch Deckel auf der Leidenschaft. Also lieber Deckel runter!

8. DIE WAHRHEIT KANN VERLETZEND SEIN

Stimmt. Aber die Wahrheit ist das Einzige, was heilt. Der Wendepunkt aus der grauen Alltagsroutine in eine lebendige und erfüllende Beziehung ist die Wahrheit. Sie muss auf den Tisch. Dass Geheimnisse den Zauber einer Beziehung ausmachen, hört sich vielleicht romantisch an, ist aber völlig praxisuntauglich. In Wahrheit steht alles, was unausgesprochen bleibt oder gar verheimlicht wird, wie eine unsichtbare Wand zwischen Ihnen und Ihrem Partner: Sie haben um des lieben Friedens willen ein wenig geschwiegen und den kleinen Flirt verheimlicht?

Oder Sie haben eine echte Leiche im Keller und führen seit längerer Zeit ein Doppelleben zwischen Familie und Geliebter? Leider funktioniert die Beziehungsregel in Sachen Wahrheit fast wie Mathematik: Verschweigen = Distanz. Viel verschweigen = viel Distanz. Je mehr Sie verheimlichen, umso erstarrter und tauber ist jede Begegnung. Am Ende stehen Sie dann vor einer zerrütteten Ehe, weil Ihr Partner der Letzte ist, der weiß, wie es seit geraumer Zeit wirklich in Ihnen aussieht.

9. ENDLICH DIE GROSSE LIEBE ...

Wenn wir von der großen Liebe träumen, dann träumen wir, ehrlich gesagt, von Beziehungsshopping. Wir erwarten einen perfekten Partner, der unsere Löcher stopft. Unbewusst läuft da in uns ab: Ein anderer muss etwas Besonderes sein, damit er meine eigenen Mängel ausgleicht. Daran muss eine Beziehung über kurz oder lang scheitern. Genauso irrläufig ist der Gedanke: „Jetzt heiraten wir und dann wird alles ganz toll." Leider noch mal Beziehungsmathematik: Je näher mir ein anderer kommt, desto näher kommt er auch meinen Ängsten, Schwächen und Verletzungen. Ein weiser Mann hat das einmal so zusammengefasst: „In dem Moment, in dem du dich in einen Menschen verliebst, beginnt automatisch der Prozess seiner Verwandlung in einen Frosch." Wagen Sie also lieber ein echtes Abenteuer: Lieben Sie einen Frosch! Dann können Sie auch endlich entspannt Frosch sein.

10. Es gibt einfach nicht den Richtigen

Sie können als Dauersingle oder Beziehungshopper bis zum Sankt Nimmerleinstag auf der Suche nach Ihrem Idealpartner umherirren und enttäuscht feststellen, gerade schon wieder nicht Mr. Right oder Mrs. Perfect getroffen zu haben. Oder Sie gestehen sich ein, dass Sie eine Heidenangst vor echter Nähe und Verletzung haben. Hören Sie auf, zu suchen und dabei ständig das Haar in der Suppe zu finden. Wagen Sie etwas und entscheiden Sie sich dafür, sich auf einen der Durchschnittsmenschen vor Ihrer Nase einzulassen – auch wenn Sie entdecken, dass Sie es mit einem überaus mittelmäßigen und fehlerhaften Wesen zu tun haben.

Sie könnten so der Liebe ein großes Stück näherkommen. Liebe meint dann allerdings so verstaubt anmutende Eigenschaften wie Annahme, Mitgefühl, Verzeihen, Geduld, Klarheit und Offenheit. Das Faszinierende daran ist: Je öfter man sich dafür entscheidet, so zu lieben, desto liebenswerter und einzigartiger wird der andere. (Kann man nicht verstehen, muss man ausprobieren ...)

ZEHN WEGE DURCH DIE KRISE.
1. KRISEN SIND EINE GEFAHR FÜR DIE BEZIEHUNG

Durchaus nicht! Krisen, Engpässe und Sackgassen sind die idealen Ausgangspunkte für längst nötige Kurskorrekturen und neuen Wind in der Beziehung. Wir müssen Krisen nicht wegmachen und auch nicht vor ihnen wegrennen. Wir müssen sie nur endlich in ihrer Botschaft verstehen. Dann bedeuten sie nicht das Aus. Dann bieten sie ideale Chancen für die eigene Entwicklung und für eine neue Tiefe in der Partnerschaft.

2. KRISEN SIND EIN ZEICHEN, DASS ETWAS FALSCH LÄUFT IN DER BEZIEHUNG

Krisen sind gesund. Keine Partnerschaft wächst ohne Krisen! Allein, dass wir das endlich akzeptieren, sorgt schon für Entspannung. Lassen Sie los von dem oft tief eingeprägten Anspruch, zwei wildfremde Menschen würden sich eines schönen Tages treffen, verlieben und ab da ganz selbstverständlich zusammenpassen. Auch wenn die Prinzen und Prinzessinnen aus den Kindertagen immer so glücklich und zufrieden auf ihren Schlössern bis ans Ende ihrer Tage gelebt haben, sodass wir uns heute alle irgendwie schuldig fühlen, wenn die Liebe bei uns nicht so ungetrübt anhält. Die Krise kommt garantiert! Und das ist auch gut so!

3. MEIN PARTNER IST MEINE KRISE

Sorry! Aber Ihr Partner ist nicht Ihre Krise. Ihr Partner ist Ihr Spiegel – also ein echtes Hilfsmittel, in dem Sie etwas von sich sehen können. Deshalb fragen Sie sich beim nächsten Mal nicht: Was macht mein Partner gerade wieder falsch? Sondern was macht das mit mir? Diese Frage, dauerhaft gestellt, kann Ihr

Leben radikal verändern. Für Fortgeschrittene ist dann die Übung mit dem Schatten: Wenn Sie etwas an Ihrem Partner überhaupt nicht mehr ertragen können, dann ist er Ihr Schatten. Er lebt genau das, was Sie partout nicht sein möchten oder vollkommen verurteilen: Sie sind so ordentlich. Und Ihr Partner entpuppt sich als echte Schlampe. Sie sind sachlich und halten sich an Fakten. Aber Ihr Partner verliert sich ständig in irgendwelchen Gefühlsduseleien. Sie sind treu. Ihr Partner geht fremd. Das, was Sie an Ihrem Partner am wenigsten wollen, ist genau das, was Sie in Ihr System integrieren müssen, um aus der Krise zu kommen. Keine Sorge: Es geht hier nicht darum, dass Sie so werden sollen wie Ihr Partner. Es geht darum, dass Sie einen Schritt in die Richtung tun, die Sie bisher immer vermeiden wollten. Das sorgt für eine neue Balance in Ihrem Leben und für eine ganz neue Dynamik in Ihrer Beziehung.

4. Krisen muss man im Keim ersticken

Bloß nicht! Wenn es leise anfängt zu knirschen. Wenn die ersten kleinen Krisen anfangen, uns aufzulauern. Dann machen die meisten von uns die Schotten dicht und schalten auf Verdrängung. Krise? Das darf einfach nicht sein. Aber Vorsicht! Wenn Sie zu lange wegdrücken und weitermachen, als sei nichts geschehen, dann türmt sich das Ganze als Beziehungsballast unausgesprochen zwischen Ihnen und Ihrem Partner auf, bis es irgendwann richtig kracht. Daher lieber auch bei Minikrisen schon reagieren und thematisieren!

5. Krisen wollen verstanden werden

Werden Sie zum Krisenversteher. Jede Krise hat ihre eigene Botschaft, die Sie daran hindert, irgendetwas in Ihrem Leben und in Ihrer Beziehung weiterzumachen wie bisher. Hören Sie auf, sich heftig dagegen zu wehren oder andere dafür verantwortlich zu machen. Schauen Sie lieber richtig hin und fragen Sie sich: Wovon hält mich die Krise gerade ab? Wozu zwingt mich die Krise? Krisen sind absolut präzise. Auch wenn Sie für Schmerz sorgen und uns oft vorkommen wie unüberwindbare Mauern oder Abgründe, in die wir hineingeschubst würden. Wer seine Krise wirklich studiert, wird erkennen, dass sie einen zwingt, sich besser kennenzulernen, sich über Grenzen hinauszuwagen und sich besser um sich selbst zu kümmern.

6. In Krisen muss man reden

Nicht immer. Manchmal ist einfach alles gesagt und es braucht einen Schnitt. Dann heißt es, von allem und allen da draußen loszulassen und bewusst allein zusein. Alleinsein heißt allerdings nicht, vor den Problemen auf Tauchstation zu gehen oder durch Aktionismus zu verdrängen. Alleinsein heißt Abstinenz von den Alltagsdrogen. Für Anfänger ein Tag ohne jegliche Ablenkung. Für Fortgeschrittene eine Woche ohne Fernsehen, ohne Rumsurfen im Internet, ohne Verabredungen, Dauerberieselung oder Handy. Sondern es einfach mal mit sich selbst aushalten. Das kann sich brutal anfühlen. Und für schlagartigen Respekt vor dem Partner sorgen, der all das schon so lange von Ihnen mitkriegt, wovor Sie weggerannt sind: Unruhe, Angst, Druck, Selbstzweifel, völlige Erschöpfung.

7. Scheidung – der einzige Ausweg aus der Krise?

Das Wundermittel auf dem Höhepunkt einer Beziehungskrise heißt Trennung in der Beziehung. Wenn Sie total festgefahren sind, dann geht es vielleicht gerade nicht um Scheidung, sondern es geht um Loslassen. Der Unterschied? Bei der Scheidung geht es vor allem um Weggehen, um Ansagen an den anderen – um einen äußeren Kraftakt. Bei der Trennung in der Beziehung geht es vor allem um Disziplin gegen mich selbst. Ich beschäftige mich nicht mehr länger mit dem, was der andere nicht macht. Ich konzentriere mich auf das, was ich brauche, egal wie ein anderer sich gerade verhält.

8. KRISEN NUTZEN FÜR DEN ENTZUG

Die meisten Beziehungen funktionieren wie Sucht. Jeder von uns trägt alte, unbewusste Verletzungen in sich. Gerade von den Menschen, die uns nahe sind, erwarten wir (ebenso unbewusst), dass sie mit ihrem Verhalten dafür sorgen, dass wir diese Wunden nicht fühlen müssen. Wenn die Beziehung in die Krise gerät, dann meist deshalb, weil mit der Zeit die Dosis nicht mehr ausreicht. Unser Partner macht Fehler, verletzt uns, entzieht sich. Wir bekommen Angst, fühlen uns unbefriedigt oder unter Druck. Unser alter Rückschluss: Ich brauche meine Droge. Hier fehlt mir was. Hier tut was weh. Hier muss ich weg. Der neue Weg: Entzug.

Sie bleiben bei Ihrem Partner, aber Sie machen die alten Spiele nicht mehr mit. Sie üben sich in Abstinenz: Keinerlei Kontrolle mehr über Ihren Partner! Das heißt: Sie akzeptieren, dass Sie nicht bestimmen können, wie sich Ihr Partner verhält und was er macht oder nicht macht. Sie bleiben konsequent bei sich und lernen, neu für sich zu sorgen. Oft verwandelt sich eine Beziehung durch solch einen Entzug um 180 Grad. Und wenn nicht, haben Sie wirklich etwas Entscheidendes für eine neue Beziehung gelernt. Sie werden freier und brauchen einen anderen nicht mehr als Droge.

9. VORSICHT! KRISEN AKZEPTIEREN KEINE GRENZEN

Was Sie bei fortgeschrittenem Krisenmanagement wissen müssen: Beziehungen funktionieren wie Zahnräder in einer Uhr. Wenn sich ein Rad in seiner Bewegung verändert, müssen sich alle anderen auch verändern. Wenn Sie Ihre

Krise ernst nehmen und aus ihr echte Veränderungen für Ihr Leben ableiten, dann bringt das oft Erschütterungen für alle, die Ihnen nahestehen – für die Partner, die Kinder, die Herkunftsfamilien und Freunde – mit sich. Seien Sie bereit, sich bei Ihren Lieben unbeliebt zu machen!

10. Eine Krise kommt selten allein

Sie haben Ihre Beziehungskrise genutzt? Haben Grenzen gesetzt, sind auf Entzug vom anderen gegangen für Ihre eigenen Bedürfnisse? Neue Kräfte und Talente, neue Ecken und Kanten kommen zum Vorschein? Sogar ein zweiter Frühling mit Ihrem Partner? Achtung! Wer eine Beziehungskrise ernsthaft zur persönlichen Entwicklung und Veränderung nutzt, der kann oft auch in anderen Lebensbereichen nicht mehr einfach so weiterfunktionieren wie bisher.

Wenn Sie anfangen, Fragen an sich selbst zu stellen und diese auch ehrlich zu beantworten, beginnen sich die Prioritäten im Leben grundsätzlich zu verändern. Auf einmal müssen Sie vielleicht begreifen, dass Job, Familie, Karriere und Privates gar nicht so getrennt sind, wie Sie immer glaubten. Und schon fordert es Ihre ganze Aufmerksamkeit und Bereitschaft zur Korrektur an der nächsten Front ... Sie wollten einen Kick? Ein echtes Abenteuer? Wieder Lebendigkeit in Ihrem Leben? Freuen Sie sich auf die nächste Krise!

Zehn Wege durch das Dreiecksdilemma.
1. Fremdgehen ist das Ende der Beziehung

Nein. Fremdgehen richtig verstanden macht einen echten Neuanfang möglich. Dazu müssen allerdings alle Beteiligten bereit sein, ihre Rollen in frage zu stellen und die gemeinsame Wahrheit zu schlucken: In der Dreiecksbeziehung haben alle Beteiligten Angst vor Nähe und echter Bindung. Keiner kommt wirklich auf seine Kosten. Alle sind gefangen im Entweder-oder. Und eine Dreiecksbeziehung kann nur dann entstehen, wenn die ursprüngliche Zweier-beziehung innerlich bereits ausgehöhlt ist.

2. WER FREMDGEHT, HAT SCHULD

Es braucht meist ein ziemliches Stück Arbeit für ein Paar, um zu erkennen, dass Fremdgehen nicht die Geschichte von einem bösen Übeltäter ist, der rück-sichtslos seinen Partner hintergeht. Auch wenn es von außen betrachtet leicht so aussieht. Der Fremdgänger ist nicht schuld und auch nicht der coole Hecht. Meist fühlt er sich in der ursprünglichen Beziehung machtlos und sucht ir-gendwann draußen nach Anerkennung. Tatsächlich hat er nur oberflächlich betrachtet alle Fäden in der Hand. Erst einmal im Dreieck gelandet, hängt er schnell in einer neuen Falle: Seine beiden Partner scheinen jeweils immer nur die Hälfte dessen zu verkörpern, wonach er sich sehnt. Beim Geliebten fin-det er Leidenschaft, Lebendigkeit, Leichtigkeit, Seelenverwandtschaft. Aber zu Hause, da warten Sicherheit, Kinder, Erinnerungen, Vertrauen. Beides im Doppelpack scheint es nicht zu geben. Bleibt er im Versteckspiel, laugt er sich aus. Entscheidet er sich für das eine, fehlt ihm das andere.

3. DER BETROGENE IST DAS OPFER

Wer betrogen wird, muss sich selbst als Erstes eine Frage stellen: Wie lange habe ich eigentlich schon keine Lust mehr auf diese Beziehung? Wie lange fehlt mir hier eigentlich schon was? Denn eine der Grundregeln von Dreiecks-beziehungen lautet: Es gibt immer zwei Arten von Ausstieg – entweder nach innen oder nach außen. Wenn einer in der Beziehung bei Dritten sucht, dann hat der andere meist innerlich längst die Schotten dicht gemacht.

4. DER GELIEBTE HAT ALLES – DER BETROGENE NICHTS

Der Geliebte lebt oft einfach nur die andere Seite der Medaille. Auch wenn er scheinbar alles hat, was der Betrogene schon so lange vermisst. Er wird vom eigenen Partner begehrt, lebt Sex und Leidenschaft mit ihm und bekommt die kostbare freie Zeit. Aber tatsächlich kommt der Geliebte ja auch nicht ganz auf seine Kosten: Ihm fehlen Sicherheit und echtes Bekenntnis. Nichts hätte er lieber als die offizielle Position des Betrogenen. Und Vertrauen? Wie soll er sich dauerhaft wirklich einem Menschen anvertrauen, der einen anderen Menschen hintergeht?

5. DER GELIEBTE IST ZU ALLEM BEREIT

Immer wieder plagt den heimlichen Geliebten die gleiche Sehnsucht: Ich würde alles dafür geben, wenn wir nur endlich ganz zusammen sein könnten ... Wenn er nur endlich zu Hause bei seiner Frau auspacken würde ... Wenn sie ihrem Mann nur endlich reinen Wein einschenken würde ... Aber stimmt das wirklich? Es gibt viele, die sich immer wieder zu Menschen hingezogen fühlen, die in festen Beziehungen leben und nicht wirklich zur Verfügung stehen. Der andere scheint absolut perfekt zu den eigenen Idealvorstellungen zu passen – nur leider ist dieser andere nie wirklich ganz erreichbar. Dann gibt es auch noch jede Menge Singles, die in ihrem Leben nie mehr bekommen dürfen als den Status einer heimlichen Affäre ohne Bekenntnis. Der Grund liegt angeblich immer beim anderen, der immer irgendeinen Makel zu haben scheint. So oder so – wer an diesem Punkt zu ehrlicher Konfrontation mit sich selbst bereit ist, wird wahrscheinlich auf handfeste Bindungsangst und eine Tendenz zur Idealisierung und Überfrachtung von Beziehung stoßen.

6. Ein Dritter hat unsere Ehe zerstört

Harte, aber heilsame und zentrale Lektion beim Fremdgehen: Der Geliebte bringt genau das in die Beziehung, was die beiden Partner aussparen. Stellen Sie sich Ihre Beziehung wie eine Torte vor: Am Anfang ist sie rund und komplett. Aber mit der Zeit gibt es Verletzungen, Missverständnisse und Bequemlichkeit. Die Dinge klappen nicht mehr so, wie einst erhofft. Der Sex, die Zärtlichkeit, die Gespräche, gemeinsame Interessen – die ersten Tortenstücke fehlen. Es entstehen Lücken im Kuchen, die gefüllt werden müssen, damit sich die Beziehung wieder rund anfühlt.

Entweder fangen die Partner jetzt an, die fehlenden Tortenstücke der Partnerschaft von innen zu kompensieren. Das heißt: Die Leidenschaft geht in den Beruf, ins Hobby oder die Kinder. Echte Gespräche werden mit der Freundin geführt. Abenteuer mit den Kumpels erlebt. Oder aber das fehlende Tortenstück kommt irgendwann von außen vorbei. So bitter es klingt – aber oft wird die Beziehung in dem Moment komplett, wo ein Dritter dazukommt und das Leben hereinbringt, das die beiden nicht mehr leben.

7. Nur ein Schlussstrich hilft

Ein äußerer Schlussstrich löst das Problem nicht. Vor allem nicht, wenn Sie der Betrogene sind. Dann ist Ihre wichtigste, wenn auch ziemlich herausfordernde Aufgabe: Schauen Sie sich den Menschen, mit dem Ihr Partner eine Affäre hat, ganz genau an. Und seien Sie innerlich bereit, herauszufinden, was dieser Mensch mit Ihnen zu tun haben könnte. „Wie bitte? Der Geliebte und ich? Der Schweinehund! Die Schlampe? Mit mir ...?" Klar, die normale Reaktion von einem, der erfährt, dass sein Partner ihn betrügt, ist Abwehr. Erlauben Sie sich die ganze Wut und Ohnmacht. Aber dann gehen Sie einen Schritt voran und konfrontieren Sie sich mit der Tatsache: Wenn es bei Ihnen in der Beziehung einen Dritten im Bunde gibt, dann zeigt der Dritte Ihnen als dem Betrogenen etwas darüber, was Sie nicht mehr leben oder nie gelebt haben.

8. FREMDGEHEN ALS BEZIEHUNGSMEDIZIN?

Ja. Wenn beide bereit sind, sich über die Schuldfrage hinauszubewegen und sich die eigene unbefriedigende Beziehung wirklich anzugucken. Wenn der Betrogene bereit ist, sich endlich mit den eigenen Bedürfnissen zu konfrontieren, für sie zu gehen und sich einzugestehen, dass da ein Dritter all das lebt, wonach er sich sehnt. Und der, der fremdgegangen ist, sollte aufhören, sich in Zukunftsträume einer idealen Beziehung mit dem heimlichen Geliebten zu flüchten. Er sollte sich die Frage stellen: Was ist es, was ich in der Begegnung mit diesem Menschen von mir entdeckt oder wiedergefunden habe?

Und wie kann ich mein eigenes Leben so verändern, dass ich diese Qualitäten leben kann? Der Dritte ist weder der Beziehungszerstörer noch der Erlöser. Er kann helfen, die Wahrheit endlich wieder anzuschauen. Eine bewusst verarbeitete Affäre holt ein Paar raus aus all den starren Normen und Bildern, in denen es sich zu lange eingerichtet hatte.

9. EINE AFFÄRE SOLLTE MAN BESSER GEHEIM HALTEN

Halten Sie die Affäre auf Dauer geheim, laugen Sie sich aus und unbewusst alle Beteiligten mit. Packen Sie dagegen aus, machen Sie endlich Platz für eine Entwicklung in Ihrem Leben. Mit der Wahrheit konfrontieren Sie die Menschen mit Ihren tatsächlichen Bedürfnissen. Das sorgt erst einmal für Verletzung und Chaos, aber es ist auch die Chance für einen echten Neuanfang.

10. Welches ist der richtige Partner für mich?

Die Frage „Welcher von beiden ist nur der Richtige für mich?" bringt Sie nur immer tiefer in die Sackgasse. Es geht nicht um den einen oder den anderen Partner. Denn keiner von beiden kann Ihnen auf Dauer etwas geben, was Ihnen fehlt. Mit dem einen Menschen haben Sie nur schon Erfahrungen, wie es wird, wenn Sie sich arrangieren und nicht bereit sind zu persönlicher Entwicklung. Und mit dem anderen verbindet Sie Ihre Sehnsucht nach etwas Neuem, Besserem. Wenn Sie ein neues Leben wollen, geht es darum, zu lernen, andere mit Ihren Bedürfnissen zu konfrontieren. Es geht darum, in Ihrem Leben wieder mehr Raum für Ihre Leidenschaft zu schaffen. Wenn Sie das lernen, wird sich unterwegs von selbst zeigen, wer von beiden bereit ist, sich mit Ihnen zu entwickeln und im Leben voranzugehen.

WIE BEZIEHUNGSGLÜCK
IM
ALLTAG FUNKTIONIERT

Vertiefendes zum Thema finden Sie im Buch von Eva-Maria und Wolfram Zurhorst: Beziehungsglück, Gräfe und Unzer Verlag 2010.

Wie unsere Sehnsucht sich in einer Beziehung erfüllen kann

SAFI NIDIAYE

Auf Liebesbeziehungen projizieren wir einen Großteil unserer Sehnsucht nach Glück und Erfüllung. „Dieser Mensch wird mich glücklich machen." Oder umgekehrt: „Lass mich Dich glücklich machen."

WER KANN MICH GLÜCKLICH MACHEN?

Der Mann, der sich mir hundertprozentig zuwendet, der Interesse dafür hat, was in mir vorgeht, der ein aufmerksamer und großzügiger Liebhaber ist, der Mann, der dieselben Wünsche und Visionen hegt wie ich, der mir sein Herz öffnet und mir seine Gefühle offenbart, der Mann, der über die Tücken des Lebens zusammen mit mir lachen kann, der außerdem über genügend Geld, genügend Know-how verfügt, um mir ein Gefühl existenzieller Sicherheit zu verleihen ... Jede Frau, jeder Mann hat ihre, seine individuelle Wunschliste und erwartet von ihrem Partner, seiner Partnerin die Erfüllung dieser Wünsche. Werden diese Wünsche erfüllt, macht die Beziehung uns glücklich, werden sie nicht erfüllt, macht sie uns unglücklich.

So einfach ist das in Liebesromanen. Leider nicht in der Wirklichkeit. Aus einer gegenseitigen Wunsch-Erfüllungs-Institution, als was die Beziehung oder Ehe im Anfang erschien, wird nach und nach eine Herausforderung – etwas, das uns auffordert, zu wachsen. Über unsere Grenzen hinauszuwachsen. Uns zu verändern. Und das tut weh. Und ist oft schwierig. Wesentlich einfacher werden die Dinge, wenn wir Bewusstheit einschalten. Bewusstheit bedeutet: Gedanken und Gefühle wahrnehmen als das, was sie sind – Gedanken und Gefühle –, anstatt sie mit Tatsachen zu verwechseln. „Aha, jetzt denke ich dies ... Und so fühle ich mich damit." Unsere Wünsche, Sehnsüchte, Erwartungen, unsere Enttäuschung, Frustration, Wut, Ohnmacht, Bitterkeit – all dies sind Gefühle, mit denen wir uns identifizieren, die wir für Tatsachen halten, die untrennbar mit uns verbunden sind. Statt sie zu fühlen, lassen wir uns von ihnen beherrschen.

Daher kommt unser Leid – und nicht daher, dass der Partner/die Partnerin unsere Wünsche nicht erfüllt. Die Frage ist nicht: Was muss mein Partner anders machen, damit ich glücklich bin? Und wie kann ich ihn dazu bringen, das zu tun? Sondern: Wie fühle ich mich mit seinem Verhalten? Was ist es an seinem Verhalten, das mir so wehtut? Welches Gefühl wird in mir ausgelöst, das mir unerträglich erscheint? Das ganze Drama liegt darin, dass wir dieses Gefühl, diesen emotionalen Schmerz, mit einer Tatsache verwechseln. Das Verhalten des Partners lässt in uns den Gedanken entstehen, wir seien abgelehnt, wertlos, gedemütigt, Opfer von Unrecht, ohnmächtig, schlecht oder was auch immer wir daraus schließen. Aufwachen bedeutet, zu erkennen, dass dies ein Gedanke und ein Gefühl ist – und keine Tatsache. „Abgelehnt" beispielsweise ist nicht etwas, das ich bin – keine Eigenschaft meines Wesens, keine Tatsache –, sondern etwas, das ich fühle. Etwas am Verhalten des anderen scheint mir ablehnend zu sein und unbewusst mache ich daraus eine Eigenschaft meines eigenen Wesens.

Wie können wir aus den quälenden Gefühlen erwachen, mit denen wir uns identifizieren? Indem wir Bewusstheit einschalten. „Aha, jetzt denke ich das. Aha, da ist dieses Gefühl. So fühlt es sich an, das zu denken." Ein wenig erschwert wird dieses Erwachen dadurch, dass wir oft Emotionen unseres Partners in uns wahrnehmen, ohne es zu wissen. Wir verfügen über die Fähigkeit, Gefühle anderer Menschen wahrzunehmen. So kann es geschehen, dass wir all die Gefühle in uns verspüren, die er/sie verdrängt (und umgekehrt natürlich). Solange wir dies nicht bemerken, identifizieren wir uns unbewusst mit ihnen und verhalten uns entsprechend. Ärgerlich. Traurig. Wütend. Herablassend. Oder wie auch immer. Auf diese Weise spiegeln wir unbewusst unserem Partner denjenigen Teil seiner Psyche, dessen er sich nicht bewusst ist. Wenn sie in ihrem Verhalten zwanghaft ordentlich ist, wird er auf einmal schlampig, obwohl er vorher eigentlich eher ordentlich war.

Warum? Weil sie einen Teil in sich unterdrückt, der sich gehen lassen möchte, und er diesen unterdrückten Wunsch fühlt, ohne zu wissen, dass es ihr Wunsch ist – und sich daher damit identifiziert. Wenn er säuft, verfällt sie in Traurigkeit, Enttäuschung, Ablehnung, Verachtung. Sie fühlt seine Traurigkeit, die er im Alkohol ertränkt, seine Enttäuschung über sich selber, seine Selbstablehnung und -verachtung. Sie fühlt diese Emotionen einfach, ohne zu wissen, dass es gar nicht ihre sind und identifiziert sich daher mit ihnen. Ich halte es für wichtig zu wissen, dass diese Gefühlsübernahme und Spiegelung existieren können. Solange ich es nicht weiß, bleibe ich einfach mit dem fremden Gefühl identifiziert und lege ein Verhalten an den Tag, das mir eigentlich selber gar nicht gefällt. Werde vielleicht die Ehefrau, die mit der legendären Bratpfanne in der Hand auf ihren Mann wartet, der spätabends nach Hause kommt, und hasse mich dafür.

Fällt es mir jedoch ein, zu prüfen, ob die Gefühle, die mich zu diesem mir eigentlich fremden Verhalten zwingen, vielleicht gar nicht mir gehören, sondern ihm (oder einer anderen Person aus der Familie – meiner Mutter? Seiner Mutter?), so höre ich allein durch diese Erkenntnis auf, mich damit zu identifizieren und beginne, wieder meine eigenen Emotionen wahrzunehmen – die vielleicht ganz anders sind. Auch im umgekehrten Fall ist es nützlich, zu wissen, dass es dieses Spiegelphänomen gibt. Wenn mein Partner ein Verhalten an den Tag legt, das mir Probleme bereitet, so kann ich mich auch fragen, ob er mir etwas „spiegelt", sprich Gefühle auslebt, die ich in mir unterdrücke. Die Wut, die er mir entgegenbringt, könnte vielleicht meine sein. Ich gehe in mich und prüfe, ob es diese Wut in mir gibt, und falls ja, lerne ich sie kennen. Wo sitzt sie? Wie fühlt sie sich an? Was braucht sie von meinem Herzen? Auf diese Weise hole ich sie zurück in mein Herz, wo sie eigentlich hingehört. Auf diese Weise ziehe ich Nutzen aus der Spiegelung. Dann kann ich mich bei meinem Partner bedanken, dass er mir geholfen hat, ein Gefühl zu entdecken, das ich nicht bemerkt hatte.

Nehmen wir solche Gefühlsübernahmen und Spiegelungen nicht bewusst wahr, so verharren wir in dem, was man „Verstrickung" nennt: Er kann nicht anders als sich so verhalten, ich kann nicht anders als mich so verhalten, und immer wenn er das macht, tue ich das, und immer wenn ich das tue, macht er das. Und so bis ans Ende unserer Tage.

Erwachen bedeutet: Die Dinge wahrnehmen als das, was sie sind. „Er liebt mich nicht, sonst würde er nicht so spät nach Hause kommen." Das ist ein Gedanke. Ich wache auf aus der Hypnose dieses Gedankens, indem ich ihn als solchen erkenne. Ich muss gar nicht mal behaupten, dass dieser Gedanke falsch ist; ich muss ihn einfach als Gedanken erkennen. Und schon erscheint er nicht mehr zwingend als Realität. Mit diesem Gedanken ist ein Gefühl verbunden. „Ungeliebt." Erwachen bedeutet, zu merken, dass ich mich so fühle, und zu erkennen, dass es ein Gefühl ist (und ein Gedanke) und keine Tatsache. Es ist nicht etwas, das ich bin, sondern etwas, das ich denke und fühle. Aus dem Gedanken kann ich erwachen, indem ich erkenne, dass es ein Gedanke ist. Aus dem Gefühl erwache ich, indem ich es bewusst fühle. Wie fühlt es sich an, zu denken, ich sei ungeliebt? Es ist ein Gefühl. Ich kann es im Körper spüren. Ich kann es kennenlernen. Ich kann ihm mein Herz öffnen. Erwachen bedeutet auch: Mir meiner Sehnsucht bewusst zu sein, die ich auf meinen Partner projiziere; und diese Sehnsucht als mein Gefühl zu erkennen, anzuerkennen und zu achten. Sie zu fühlen, statt nur von ihr beherrscht zu sein.

In dieser Sehnsucht verbirgt sich das, was ich suche – und von dem ich wünsche oder verlange, dass der Partner es mir verschafft. Das Glück. Die Liebe. Die Geborgenheit. Die Erfüllung. Der Kontakt. Der Rausch. Die Wertschätzung. Und hier, an diesem Punkt, kommt der entscheidende Schritt: Wenn ich bewusst hinschaue, werde ich entdecken, dass auch dies ein Gefühl ist – und keine Tatsache. Es ist ein Gefühl. Ich kann es fühlen. Jetzt. In mir. In meinem Herzen. Unabhängig davon, wie mein Partner sich verhält. Ich muss nur meine Sehnsucht bewusst wahrnehmen, ohne mich in ihr zu verlieren. Dann werde ich feststellen, dass sie mir ein Bild ihrer Erfüllung malt. Versetze ich mich in dieses Bild hinein, so kann ich dieses Gefühl in mir entdecken.

Das Verrückte ist, dass dieses Gefühl völlig unabhängig vom anderen ist. So sehr es zuerst an ihn oder sie gekoppelt schien – jetzt ist es etwas ganz Eigenes, ganz Intimes geworden, das in meinem eigenen Herzen lebt. Und wenn ich übe, es wahrzunehmen, wenn ich es hochhalte, auch wenn andere Gefühle über mich hereinbrechen, dann wird es nach und nach zu einer inneren Realität, die mein Herz erfüllt und die ich dann mit meinem Partner – und allen, die mir begegnen – teile, ganz einfach weil ich sie in meinem Herzen fühle und ausstrahle.

Auf diese Weise bin ich durch Beziehung zur Erfüllung gekommen, aber auf eine andere Weise als ursprünglich gedacht. Die Beziehung – oder die Person, mit der ich in Beziehung getreten bin – hat mir dazu verholfen, diese Sehnsucht und, über diese Sehnsucht, dieses schöne Gefühl in mir zu entdecken. In dem Augenblick, in dem ich es bewusst fühle, erfüllt es mein Herz. Diese Erfüllung macht mich unabhängig von dem, was von außen kommt – und zugleich erhöht sie ganz enorm die Wahrscheinlichkeit, dass es nun auch von außen kommt.

WIE UNSERE SEHNSUCHT SICH IN EINER BEZIEHUNG ERFÜLLEN KANN

Elternliebe, Kinderliebe und die Schwierigkeiten, das Kind Deiner Eltern zu sein

NATASCHA LANDURIS

Wir Eltern lieben unsere Kinder bedingungslos und ab dem Augenblick, wo sie geboren sind. Wir entwickeln sofort Mutter- und Vatergefühle. Wir lieben alle unsere Kinder gleich stark und bevorzugen so keines der Geschwister. Was aber, wenn dem nicht so ist? Ich höre täglich in meiner Praxis von Klienten, dass sie Schwierigkeiten mit ihrem Mutter- beziehungsweise Vatersein haben. Falls es Dir auch gerade so geht und Du dies liest, weißt Du jetzt, dass Du damit nicht allein bist. Viele Mütter und Väter empfinden nach der Geburt überhaupt keine Gefühle, manche sogar nie. Ich hatte neulich eine Klientin, die mir unter Tränen beichtete: „Ich steh jeden Morgen mit meinem Sohn auf, zieh ihn an, versorge ihn mit einem gesunden Frühstück. Nach dem Kämmen bringe ich ihn in den Kindergarten. Ich verabschiede mich von ihm mit einem dicken Kuss. Während er untergebracht ist, gehe ich manchmal zum Sport, und bevor ich ihn abhole, kaufe ich noch im Bioladen ein, damit er das Allerbeste zu essen bekommt. Nach dem Kindergarten gehe ich mit ihm auf den Spielplatz und lasse ihn buddeln, rutschen oder mit seinem Bagger spielen. Abends kommt mein Mann nach Hause und spielt glücklich mit ihm, bevor er oder ich ihn ins Bett bringt." Dann fing sie an zu weinen und sagte: „Ich empfinde nichts für ihn, ich weiß, ich bin verantwortlich für ihn, ich weiß, ich müsste ihn doch lieben. Ich will wirklich sein Bestes. Er kann ja nichts dafür und ich will ihn so gerne lieben, er ist so ein tolles Kind. Er hat es nicht verdient, so eine schlimme Mutter wie mich zu haben. Ich hasse es, Bagger zu spielen, und ich hasse Spielplätze. Natürlich habe ich ihn lieb. Er ist ja auch so süß, aber ich habe keine Muttergefühle. Mein Sohn ist schon vier Jahre alt und seit seiner Geburt warte ich auf dieses beglückende Gefühl, Mutter zu sein."

WAS KANN MAN NUR TUN? WIE KANN MAN VATER- ODER MUTTERGEFÜHLE ENTWICKELN?

Erst einmal solltest Du akzeptieren, dass es so ist und aufhören, Dich dafür zu schämen und es verheimlichen zu wollen. Es geht vielen Eltern so. Zweitens solltest Du Dir durch eine kinesiologische Sitzung, Familienaufstellung oder eine geeignete Therapie helfen lassen. Eine der häufigsten Ursachen, die sich beim Testen mit dem Unterbewusstsein herausstellt, ist, dass die Beziehung zwischen der Klientin und ihrer eigenen Mutter sehr schwankend war. Oft hatte die Klientin selbst das Gefühl, für ihre Mutter eine zu große Belastung zu sein. Unabhängig von eventuellen Blockaden, die man bezüglich des Elternseins haben kann und von denen man sich schnellstens lösen sollte, kenne ich fast nur Mütter, auch glückliche Mütter, die es nicht gerade beglückend finden, auf dem Spielplatz zu sitzen, Bagger zu spielen, zu rutschen und sich mit anderen Müttern auseinanderzusetzen, wie lange jedes Kind schaukeln darf, damit das andere Kind auch mal drankommt. Das ist ganz normal! Weitersagen! Du bist trotzdem liebesfähig und eine gute Mutter!

In anderen Fällen kann das Kind eine von Dir ungeliebte Eigenschaft widerspiegeln oder eine, die Deine Mutter an Dir auch schon abgelehnt hat. Kinder spiegeln immer auch Deine Beziehung zu Deinen Eltern und vor allem Deinen Stellenwert in Deiner Ursprungsfamilie. Deine Kinder spiegeln Dir auch alles, was Du an Dir selber nicht magst. Daher kommt es vor, dass man oft sein eigenes Kind kaum aushalten kann, weil bestimmte eigene, nicht verarbeitete

Eigenschaften zu traumatischen Erlebnissen geführt haben. Wer selbst ein sehr unterwürfiger, schüchterner, ängstlicher Mensch war und Schwierigkeiten hatte, sich zu wehren, hält es oft nicht aus, ein extrem unterwürfiges Kind zu haben, das in der Schule gemobbt wird und sich nicht wehren kann. Wer hält das schon aus, wenn man sich früher wie ein Außenseiter gefühlt hat, einsam und minderwertig, nirgends dazugehörig, dann selbst ein Kind zu haben, das kaum Freunde hat und deshalb traurig ist? Manche Eltern bekommen, abgesehen von Mitleid, auch unterschwellige Hassgefühle.

Sie lehnen ihr Kind ab, weil sie sich diese Eigenschaften und den Schmerz, der damit verbunden ist, selbst nicht verzeihen können und sich dafür verurteilen. So kann es passieren, dass man seine Kinder für die eigenen Charakterschwächen verurteilt. Deshalb ist es wichtig, zu seinem Charakter zu stehen und die Schmerzen, die damit verbunden sind, zum Beispiel mit Kinesiologie-Sitzungen aufzulösen. Manchmal verwechselt man Situationen, in denen man glaubt, das Kind sei in höchster Gefahr oder wird extrem ungerecht behandelt, weil sie einen an bestimmte traumatische Momente erinnern, die man selbst bis heute nicht verwunden hat. Man reagiert mit übertriebenem Mitleid und will sein Kind viel zu heftig verteidigen gegen böse Lehrer und Schüler, die einen etwa an die erinnern, die einen damals so gequält haben.

Dein Kind findet die Situation vielleicht nicht so schlimm und hält einiges für gerechtfertigt, aber bei dem Ungerechtfertigten könnte es sein, dass es sich selbst wehren wollte. Zumindest sollte es lernen, sich irgendwann selbst zu wehren. Ein Beispiel für den Stellenwert in der Familie wäre, wenn man etwa das mittlere Kind war und das Gefühl hatte, als „Sandwich" nie so wichtig und wertvoll zu sein, wie die anderen Geschwister. Dann kann es sein, dass man später selbst sein mittleres Kind unbewusst ablehnt. Man selbst lehnt dieses „die/der Mittlere zu sein" ab, weil man sich darin so wertlos erlebt hat. Manchmal ist es auch Eifersucht, dass das eigene Kind es so viel besser hat, als man es jemals hatte. Es bekommt so viel Geborgenheit, hat sein eigenes Zimmer etc. Auch wenn man ihm alles ermöglicht und eigentlich will, dass es ihm gut geht, kann trotzdem unterschwellig Eifersucht brodeln. Besonders dann, wenn der Partner nur noch Augen und Ohren für das Kind hat. Viele Männer müssen sich, nachdem das Kind auf der Welt ist, erst einmal daran gewöhnen, dass die Mutter sich körperlich und seelisch dem neuen Erdenbürger mehr hingibt als ihnen. Es kann aber auch umgekehrt sein, dass der Partner und die eigenen Eltern so vernarrt in das Kind sind, dass man als Mutter das Gefühl hat, nicht genug Liebe zu bekommen, wie schon so oft in seiner Kindheit. Man verwechselt sein Kind beispielsweise mit seinem jüngeren Bruder, der so viel mehr Aufmerksamkeit bekam, weil er kleiner war oder weil er ein Junge war. Plötzlich ist man nicht mehr Mutter und Sohn, sondern Rivalen. Viele meiner Klienten berichten, dass ihre Eltern erst bei ihren Enkelkindern in der Lage sind, Liebe zu geben, Sicherheit und Geborgenheit und vor allem wirkliches Interesse zu zeigen.

Sie überspringen sozusagen eine Generation. Häufig haben Großeltern eine größere Bindung zu ihren Enkeln als zu ihren eigenen Kindern. Die Kinder wiederum berichten, dass sie zu Oma oder Opa eine ausgeglichenere, intensivere Beziehung haben. Auch wenn man sich über die Entlastung bei der Betreuung der Kinder freut, die damit einhergeht, so verursacht es doch auch immer wieder einen Schmerz für die entgangene Liebe. Die Konkurrenz zu dem eigenen Kind kommt gar nicht so selten vor. Besonders wenn man viele jüngere Geschwister hatte. Manche Menschen mussten sehr früh ihre Kindheit aufgeben, weil entweder so viele Kinder in der Familie waren, die Eltern so viel und hart arbeiten mussten oder aus anderen Gründen mit ihrem Elternsein überfordert waren. Oft wurde verlangt, dass man sich in jeder freien Minute um die Jüngeren kümmern sollte. Solche Menschen sind zwar auf der einen Seite routiniert mit Kindern, fühlen sich von ihren eigenen aber oft sehr schnell überfordert. Sie werden mit einer solchen Wucht in die Vergangenheit zurückgeschleudert, dass sie sofort in die Überforderung von damals zurückfallen. Sie verlagern ihren Hass, den sie auf ihre Geschwister hatten und nie aussprechen durften, auf ihr eigenes Kind. Sie mussten oft auf vieles verzichten, was für ihre Entwicklung sehr wichtig gewesen wäre, wie Spielen, Lesen, sich mit anderen Kindern oder später mit anderen Jugendlichen zu treffen oder sich einfach nur mal auszuruhen. All dies war selten erlaubt.

Es findet sozusagen eine Verwechslung mit der früheren Situation statt. So ist es nicht verwunderlich, dass derjenige, der dachte, er würde sich auf ein Kind freuen und sofort Mutter- oder Vatergefühle entwickeln, genau das Gegenteil erlebt. Nur wer selber richtig Kind sein durfte, kann das Mutter- oder Vatersein genießen und bei ihm stellt sich relativ schnell Mutter- oder Vaterliebe ein. Auch manche Einzelkinder haben erhebliche Schwierigkeiten, später ihre Freiheit für ihr Kind zu opfern, es zärtlich zu lieben und Glücksgefühle zu empfinden. Sie waren auch oft überfordert, nicht durch Geschwister, sondern durch ihre Eltern. Auf der einen Seite mussten sie nie mit anderen teilen oder Rücksicht nehmen, bekamen alles, was sie wollten und jetzt verlangt auf einmal so ein kleines Wesen alles von ihnen.

Auf der anderen Seite haben die Eltern all ihre Erwartungen in dieses eine Kind gesteckt. Alles, was sie nicht erreicht haben, was aus ihnen nicht geworden ist, was sie nicht lernen oder nie ausleben durften, sollte das Kind nun nachholen. Es ist für viele Eltern wie eine zweite Chance, alles, was ihnen fehlt, durch die Kinder nachzuholen. Wenn aber nur ein Kind geboren wird, kann man sich vorstellen, welche Konsequenzen es hat, wenn beide permanent dem Kind zugewandt sind mit all ihren Hoffnungen, Erwartungen und Anforderungen. Diese ständige Überforderung mit dem gleichzeitigen Gefühl, ein

„Halbgott" zu sein, macht es einigen Einzelkindern sehr schwer, sich auf ein eigenes Kind einzustellen.

Natürlich können Einzelkinder, Kinder mit vielen Geschwistern und Kinder, an die hohe Anforderungen gestellt werden, ganz tolle Eltern werden. Es kommt immer drauf an, wie sehr derjenige selbst ganz Kind sein durfte und wie sehr die Liebe der Eltern ihn getragen hat. Hier geht es aber darum, für die Abhilfe zu schaffen, bei denen es nicht so ist. All diese Verwechslungen und Überforderungen sind sowohl kinesiologisch als auch durch Familienaufstellungen und Einzelaufstellungen lösbar. Wichtig ist es, zu erkennen, dass irgendetwas schiefläuft, und sich damit nicht zu verstecken.

Eine andere Klientin von mir hatte mehrere Kinder und wollte sie natürlich alle gleich viel lieben, um nicht ungerecht zu sein. Sie liebte ihre jüngere Tochter sehr. Mit ihrer älteren Tochter hatte sie aber immer wieder so große Probleme, dass sie öfter von Hassgefühlen sprach. Sie erlebte die Beziehung zu ihr als unharmonisch, seit sie auf der Welt war. Sie hatte das Gefühl, dass sie charakterlich einfach nicht zusammenpassen. Die Klientin hatte sehr starke Schuldgefühle deswegen. Egal, was sie versuchte, es besserte sich nichts. Bei einer Aufstellung stellte sich heraus, dass die Tochter auf der Partnerseite ihres Mannes stand und sozusagen den Platz der Klientin eingenommen hatte. Im Laufe der Aufstellung kam heraus, dass der Mann der Klientin vor der Hochzeit eine andere Frau sehr geliebt hatte, die sich aber für jemand anderen entschieden hatte. Er kam dadurch bei seiner „Jetzt-Familie" nie ganz an, weil er sie nie ganz loslassen konnte, obwohl er bewusst nur äußerst selten an sie dachte. Das Spannende an diesem Beispiel ist, dass deutlich wird, dass Kinder für ihre Eltern tragen und versuchen, alles Fehlende in die Familie zurückzubringen. Diese Tochter identifizierte sich so stark mit der Exgeliebten ihres Vaters, dass sie sogar versuchte, die eigene Mutter zu verdrängen, in der unbewussten Annahme, sie sei die bessere Partnerin an seiner Seite. Sie wollte den Vater glücklich machen, damit er bleibt und die Familie ihre Sicherheit nicht verliert. Sie konnte seine Trauer fühlen, obwohl der Vater selber nie gemerkt hat, was ihm genau fehlte. Er dachte, das sei eben so, dass man von der Familie oft genervt ist. „Männer sind eben so! Sie arbeiten viel, sind immer in ihrer Welt und fühlen sich von Frau und Kind öfters gestört." Das waren seine Glaubensmuster, weil er viel zu viel Angst hatte, in seinem Unterbewusstsein zu sehen, was ihm wirklich fehlte. Männer sind nicht so! Außer es gibt etwas, worunter sie so leiden, etwas, das es ihnen unmöglich macht, bei ihrer „Jetzt-Familie" anzukommen.

In diesem Fall waren Tochter und Mutter unbewusst Rivalinnen geworden. Bei der Klientin ging es darum, endlich wieder als Frau an der Seite ihres Mannes ihren Platz einzunehmen. Gleichzeitig war es wichtig, die große Liebe ihres Mannes zu achten und als Teil seiner Biografie anzunehmen. So war sie nicht mehr die unbekannte, heimliche Bedrohung, die er verdrängt hatte, um sich und die anderen in der Familie nicht durcheinanderzubringen. Alles Versteckte, alles Verdrängte, alles Heimliche, alles, was ausgegrenzt wird, wirkt umso stärker. Während der Aufstellung konnte er seiner Trauer und seiner Phantasie nachspüren, was gewesen wäre, wenn er seine damalige, große Liebe geheiratet und mit ihr eine Familie gegründet hätte. Endlich war es erlaubt, es durfte ans Licht kommen. Ich ließ ihn sogar zu seiner Frau sagen: „Ich bereue es, Dich als Frau geheiratet zu haben und nicht sie." Erst fühlte er sich befreit und kurz danach fing er stark an zu weinen, weil ihm bewusst wurde, wie sehr er seine Frau und seine Kinder liebt und dass er niemals eine andere Familie haben wollte. Das war nur möglich, weil das andere sein durfte. Er verabschiedete seine große Jugendliebe und sie gaben sich gegenseitig ihren Segen. So konnte er diese uralte Geschichte abschließen und war endlich frei. Meine Klientin fühlte sich nicht mehr als Frau zweiter Wahl, ein Gefühl, dessen Ursache sie sich davor nie erklären konnte. Sie spürte zum ersten Mal seit Langem, dass ihr Mann wirklich bei ihr ist. Gleichzeitig hatte sie den starken Drang, ihre ältere Tochter zu umarmen und ihr Herz für sie zu öffnen.

Sie begriff, dass die Probleme mit ihrer Tochter weder mit einem schwierigen Charakter zu tun hatten noch dass die Chemie zwischen ihnen nicht stimmte noch dass sie eine schlechte Mutter war noch dass die Tochter ADS hat und schon gar nicht bei der Geburt verwechselt wurde. Die Tochter war immer nur damit beschäftigt, für ihren Vater zu sorgen, ihn bei Laune zu halten, damit er die Familie nicht verlässt. Sie versuchte, die Jugendliebe zu repräsentieren und war dadurch nicht in der Lage, sie selbst zu sein. Deshalb war sie der Mutter so fremd. Sie sah sogar niemandem in der Familie ähnlich, sondern glich immer mehr der Verflossenen.

Dieses Phänomen habe ich sehr oft beobachtet. Je mehr jemand in der Familie fehlt, desto mehr sehen Kinder dieser Person ähnlich und desto mehr werden sie zu ihr. Besonders bei fehlenden Müttern und Vätern, wenn sie etwa früh verstorben sind oder die Eltern sich getrennt haben und kein Kontakt mehr besteht. Dies geschieht auch bei anderen Verwandten, mit denen man nicht spricht, weil man verfeindet ist. Nachdem wir durch die Aufstellung alles in Ordnung gebracht hatten, habe ich der Tochter noch eine Sitzung gegeben. Sie fühlte sich danach wie befreit, endlich auf ihrem eigenen Platz zu stehen und vor allem endlich Kind sein zu dürfen. Mutter und Tochter führen seitdem eine harmonische Beziehung, obwohl die Tochter sagt, dass sie immer noch ein „Papa-Kind" ist und die Jüngere ein „Mama-Kind". Damit konnten aber alle gut leben. Es gibt übrigens in allen Familien „Papa-" und „Mama-Kinder". In anderen Fällen repräsentieren Kinder die verhasste Schwiegermutter oder die gemeine Schwester oder den Bruder, der einen übers Ohr gehauen hat, oder die Tante, die weggesperrt wurde, weil sie verrückt war und „über die man nicht spricht", oder ein anderes ausgegrenztes Familienmitglied, um es wieder in die Familie zu integrieren. Kinder sind sehr loyal und sensibel. Sie fühlen sich verpflichtet, so für die Sippe zu sorgen, indem sie mit sich selbst all die leeren Plätze auffüllen. Das kann auch ein Grund sein, warum man wenig Zugang zu seinem Kind findet, es oft ablehnt und nicht so richtig lieben kann. Das Kind ist nicht ganz es selbst, weil es Deinen „Feind" in der Familie vertritt. Kinder versuchen immer, das Fehlende zu ersetzen, ein Familiengeheimnis aufzudecken oder andere unerlöste Dinge ans Licht zu bringen.

Wenn Du beispielsweise Probleme mit Deinem Vater hattest, kann es sehr gut sein, dass Dein Sohn versucht, ihn für Dich zu ersetzen. Dadurch wird er viel zu groß und Du viel zu klein. Je mehr Du zwischen Dir und Deinen Eltern aufräumst, desto mehr kannst Du eine gute Mutter oder ein guter Vater sein und Dein Kind kann ganz Kind sein, was die beste Voraussetzung ist für Euer Verhältnis und die zukünftigen Kinder Deines Kindes. Frage Dich selbst, wo Du vielleicht zu viel für Deine Eltern trägst. Wen repräsentierst Du in Deiner Sippe? Wo übernimmst Du zu sehr die Mutter- oder Vaterrolle für Deine Eltern? In welchen Bereichen verschmilzt Du zu sehr mit ihrem Leid? In welchen Bereichen lebst Du ein Leben, das eigentlich nicht zu Dir passt?

Vielleicht machst Du beruflich etwas, das nicht Deiner wahren Berufung entspricht. Vielleicht lebst Du etwas nach, um Deinen Eltern zu gefallen oder ihnen nahe zu sein. Im Übrigen spielt es keine Rolle, ob Deine Eltern noch am Leben sind oder nicht. Im Gegenteil, manchmal wirken Familientraumata nach dem Tod noch stärker. Manche haben Schuldgefühle, weil sie ihre Eltern nicht zufriedenstellen konnten, nicht das „Richtige" geworden sind, nicht den „Richtigen" geheiratet haben. Vor allem wenn man meint, man wäre geboren worden, um sie glücklich zu machen und sie von ihrem Leid zu erlösen. Du bist nicht für das Glück Deiner Eltern verantwortlich, nur für Dein eigenes.

Genauso ist es nicht die Aufgabe Deiner Kinder, Dich glücklich zu machen. Sie können Dir weder den Partner ersetzen noch die fehlende Elternliebe, noch einen Lebenssinn geben. Aber durch sie wird Dein Leben komplett. Sie sind das fehlende Puzzlestück. Dein bestehendes Glück und Deine bestehende Fülle vermehren sich durch sie. Das Glück und die Erfüllung werden durch Kinder unendlich vergrößert. Aber das Glück und die Fülle müssen zuerst da sein, damit sie sich durch die Kinder vermehren können. Deine Kinder sind Dir nie etwas schuldig. So wie Du Deinen Eltern nichts schuldest.

Solltest Du Dich Deinen Eltern gegenüber schuldig fühlen oder das Gefühl haben, Deine Kinder für Dein Glück zu missbrauchen, dann empfehle ich Dir, eine Aufstellung zu machen. Wer Angst hat, dies in einer Gruppe zu tun, der kann dies auch in einer Einzelaufstellung oder einer psycho-kinesiologischen Sitzung auflösen. Wasser fließt immer und ausnahmslos von oben nach unten, niemals andersherum. Genauso wie die Elternliebe. Die Großen stehen oben und geben den Kleinen ihre Liebe. Wenn von oben nicht genug kommt, dürfen die Großen sich es auf keinen Fall von unten, von den Kleinen, holen, weil Wasser nicht von unten nach oben fließen kann. Es ist Zeitverschwendung und kostet zu viel Lebenskraft, zu versuchen, dieses Gesetz zu durchbrechen. (Es ist bis jetzt auch niemandem gelungen.) Es gibt viele andere Quellen, um sich aufzufüllen. Je besser Du für Dich sorgst, desto ausgeglichener sind Deine Kinder. Je glücklicher Deine Kinder aufwachsen, desto glücklichere Eltern werden sie später. So fließt das Glücklichsein wie ein Fluss abwärts in all die nachkommenden Generationen und spiegelt sich in Dir, Deinen Eltern und Deinen Ahnen wider.

Geliebte Kinder sind liebende Erwachsene

MICHAELA MERTEN

Was ist wahre Liebe? Wenn jemand diese Frage beantworten könnte, hätte er wahrscheinlich schon den höchsten Grad der Weisheit erreicht. In einer Zeit, in der es immer mehr Scheidungen und alleinerziehende Mütter gibt, eine flammende Rede auf die Liebe zu halten, scheint für viele ein Ausflug ins Märchenland zu sein. Die Summe der Enttäuschungen und Verletzungen hat in den vielen Beziehungsjahren zugenommen und lässt einen den Glauben an die Liebe vollkommen verlieren. Das innere Gefühl der Unsicherheit steigt proportional zu den gescheiterten Partnerschaften und zu allem Überfluss sehen wir bei Freunden und Verwandten die gleiche Entwicklung: Trennungen am laufenden Band. Beziehungen und Ehen scheitern, egal wie lange sie schon Bestand hatten, die Patchworkfamilie ist modern und wird allerorts angepriesen als der einzig wahre Ausweg aus dem selbst erschaffenen Dilemma.

Die „normale" Kleinfamilie mit Mama, Papa, Kind ist heute nicht mehr die Norm. Schätzungen gehen davon aus, dass jede siebte Familie als Patchwork-familie zusammenlebt. Kinder haben plötzlich zwei Wohnsitze und müssen sich Papa und Mama nach einem strengen Stundenplan einteilen. Sie müssen mit der emotionalen Berg- und Talfahrt der Eltern – möglichst schnell und unkompliziert – klarkommen und werden oft in dem Entscheidungsprozess als Spielbälle benutzt. Dabei wäre es so wichtig, dem Kind Zeit zu geben, sich an die neue Situation zu gewöhnen. Besonders die Kinder zwischen sechs und zwölf Jahren haben es am schwersten. Sie befinden sich in einem „Loyalitätskonflikt", haben sie doch den nun in Trennung lebenden Vater oder die Mutter geliebt und jetzt kommt ein „Ersatzpapa" oder eine „Ersatzmama". Die neuen Papas und Mamas müssen so schnell wie möglich akzeptiert werden, ohne Rücksicht auf emotionale Verluste. Man drängt zu rasch auf Normalität und überfordert damit oft die Kinder, den Partner und sich selbst.

Die Trennung der Eltern ist für viele Scheidungskinder und Trennungskinder die Hölle. Es ist aber für viele Kinder nicht nur die Hölle auf Erden, sondern im schlimmsten Fall wird ihr ganzes Leben zur Hölle. Beziehungsängste, Trennungsängste, Depressionen, Angst und Phobien, Drogen, Krankheiten, Gewalt und Kriminalität sind oft das Resultat eines Trennungstraumas. Dabei verursacht nicht die Trennung allein das Trauma. Traumatisch ist auch, was vor der Trennung der Eltern und danach geschieht. Forschungsberichte belegen, dass das Trennungserlebnis oft ein schlimmeres Trauma hervorruft als der Tod eines Elternteils. Wie sollen diese Kinder den Glauben an die Liebe und die Beziehungsfähigkeit jemals lernen? Wie sollen sie ein Urvertrauen entwickeln, wenn schon von Anfang an keine Basis dafür aufgebaut worden ist? Wie sollen sie ihre Angst vor Nähe überwinden? Denn das, was sie kennen, wenn sie Liebe und Nähe zugelassen haben, ist, dass sie emotional tief verletzt worden sind. Ein Kind, das keine Liebe erfährt, wird sie ein Leben lang suchen. Und als Erwachsener wird er ihr nicht trauen, selbst wenn er sie findet.

Wie war es bei Ihnen? Waren Sie auch so ein Kind geschiedener Eltern? Oder von Eltern, die zwar zusammengeblieben sind, aber sich gegenseitig zerfleischten? Hat man bei Ihnen über Gefühle gesprochen, sie unterdrückt oder verdrängt? Haben Ihre Eltern Ihnen gegenüber Fehler zugegeben und sich dafür entschuldigt? Wurden Sie oft ungerechterweise bestraft? Wie viel „Mutter-" oder „Vater-"Anteile tragen Sie noch in sich? Haben Sie sich mit Ihren Eltern ausgesöhnt? Viele der Antworten auf meine Fragen halten Sie davon ab, die

Liebe in Ihr Leben zu lassen. Ihre Hingabefähigkeit wurde Ihnen als Kind genommen und jetzt wissen Sie nicht mehr, wo sie zu finden ist. Denn wahre Liebe wird nur ein Mensch erfahren können, der zur Hingabe fähig ist. Wenn Sie sich an Ihre Hingabefähigkeit erinnern, die Sie als Kind hatten, denn Kinder lieben bedingungslos, dann können Sie sich auch wieder für die Liebe öffnen. Lassen Sie Ihre emotionalen Verletzungen los, sie behindern Sie nur auf Ihrem Weg. Es sind wertvolle Erfahrungen auf Ihrem Entwicklungsweg, aber sie haben keinen Wert, wenn Sie sich an sie klammern.

Diese Erfahrungen machen Ihre Persönlichkeit aus, aber die Leichtigkeit bringt Sie zu Ihrem wahren Wesen, das Sie in Wirklichkeit sind. Die Liebe ist die höchste ordnende Kraft im Universum, sie überwindet Grenzen, Standesunterschiede, Hautfarben und politische Widrigkeiten. Die Liebe gibt Selbstvertrauen und Mut. Alle Menschen sehnen sich nach Liebe und Anerkennung: Fangen Sie an, Liebe zu geben, dann kommt sie auch bald zu Ihnen. Und am meisten freut sich über die Liebe das Kind – in Ihnen.

Ja zu mir selbst

UWE ALBRECHT

Das ist leicht gesagt, doch wer oder was bin ich? Wer oder was entscheidet über mein Leben, ob ich krank oder gesund, glücklich oder unglücklich, arm oder reich bin? Ist es unser Geist, ein göttliches Wesen, das Schicksal, die Gene, unser Unbewusstes oder unser Gefühl?

Fangen wir bei der Suche nach dem Verantwortlichen mit dem Bauch an. Der ist schon ein Mysterium. Er hat ein eigenes Gefühl, was wir oft als Intuition bezeichnen. Er hat 100 Millionen Nervenzellen, was denken die eigentlich? Wir haben zehnmal mehr kleine Tierchen im Darm als Zellen im Körper. Das sind Viren, Bakterien, Pilze und anderes Getier, die für uns arbeiten, Bodybuilding für unser Immunsystem anbieten, Essen zerlegen, Vitamine produzieren und oft auch eine Brauerei betreiben mit eigener Fuselalkoholproduktion.

Das mit der Brauerei glaubst Du nicht? Was glaubst Du, wo Blähungen herkommen? Durch Fäulnis und Gärung, wenn im Darm zu viel Futter ankommt. Doch zurück zum Bauchgefühl. Warum spüren so viele Menschen in ihrem Bauch eine Unruhe bei Entscheidungen? Wie kann der Bauch reden?

Dabei redet nicht nur er, unser ganzer Körper und auch unser Energiefeld reden mit, wenn es um Entscheidungen geht. Nur sind wir oft einfach nicht leise genug, das alles zu hören. Bei allen Entscheidungen sagt er „Ja, es tut mir gut" oder er sagt „Nein, es tut mir nicht gut". Wir machen mal eine einfache Übung. Stelle Dich hin, schließe die Augen und erinnere Dich an eine besonders schöne Situation aus Deinem Leben. Nimm Dir Zeit für die Übung. Nun spüre, wie

Du stehst. Wie fühlen sich Deine Füße an, wie steht Dein Becken? Wie ist Dein
Atem, kannst Du ganz leicht tief einatmen und ganz leicht tief und lang ausat-
men? Wie fühlt sich Dein Kopf an? Auch er atmet. Fünf, bis fünfzehn-Mal pro
Minute dehnt er sich abwechselnd seitlich und nach vorn und hinten aus. Er hat
einen eigenen Rhythmus, den sogenannten Craniosacralrhythmus.

Nun spüre Dein Energiefeld – Deine Ausstrahlung. Wie fühlt es sich an, wie
dehnt es sich aus? Wie ist Deine Stimmungslage? Lasse die Augen weiter geschlossen und erinnere Dich nun an eine negative Situation aus Deinem Leben.
Wie stehst Du nun auf Deinen Füßen, wie frei ist Dein Becken, wie atmest Du,
wie tief und leicht sind Ein- und Ausatmung? Wie atmet Dein Schädel?

Wie dehnt sich Dein Energiefeld aus und wie ist Deine Stimmungslage? Nun
wechsele noch ein paarmal zwischen positiven und negativen Erinnerungen,
zwischen den Worten „Ja" und „Nein" hin und her. Und, wie ist es? Kann
Dein Körper reden? Kann er sagen: „Es ist gut für mich" und „Es ist nicht
gut für mich"? Hat nur der Bauch ein Gefühl? Wir haben nicht nur den Herz-
und Atemrhythmus, sondern jedes Organ hat seinen eigenen Rhythmus, macht
seine eigene Musik und als Menschen sind wir wie eine Sinfonie. Manchmal
schön klingend, manchmal schrecklich klingend; Harmonie und Disharmonie.
Menschen in Harmonie sind schön, unabhängig vom Body-Mass-Index. Aber
disharmonische Menschen sind einfach nicht schön, egal, wie viel Schminke
benutzt und wie viel Show betrieben wird. Doch machen wir noch etwas weiter. Schließe wieder die Augen und stelle Dir vor, verschiedenfarbige Kleidung
zu tragen: Lila, Blau, Orange, Schwarz, Hellgrün, Rot, Gelb und Weiß. Spüre,
was die Farben mit Dir machen. Wie ist das? Welche Farbe tut Dir gut? Was
lösen die verschiedenen Farben in Dir aus? Ja, Du hast es richtig erkannt, Dein
Körper kann reden. Stelle Dich nun wieder hin und schließe die Augen. Stelle
Dir vor, Du bist eine Waage. Steht sie gerade oder schief?

Sollte sie schief stehen, stelle Dir wieder verschiedene Farben vor. Bei welcher Farbe wird die Waage gerade? Wenn Du die richtige Farbe gefunden hast, stelle Dir vor, ein Kleidungsstück in dieser Farbe anzuziehen. Wenn Du Deine Waage mit keiner Farbe in den Gleichstand bekommst, nimm die Farbe, die am besten war, und stelle Dir verschiedene Düfte vor. Die Kombination aus Farbe und Duft wird die Waage auf jeden Fall gerade machen. Mache erst weiter, wenn Du Deine Waage in die Balance gebracht hast. Übrigens: Herzlichen Glückwunsch, Du hast Dich gerade selber behandelt! Nun machen wir es noch einfacher. Du bekommst ein richtiges Messinstrument für Deine Intuition, Deine innere Stimme.

Also wieder hinstellen, Augen schließen und die Arme locker seitlich am Körper hängen lassen. Nun denke etwas Positives, sage zum Beispiel das Wort „Ja" und bringe die Arme locker in der Mitte vor Deinem Körper zusammen. Drehe dabei die Hände, dass Du Deine Daumen sehen kannst und sie sich berühren. Wie bei der Waage, die in Balance steht, sollten die Daumen nun die gleiche Länge haben. Nun lasse die Arme wieder locker neben Deinem Körper hängen und denke an etwas Negatives oder sage das Wort „Nein". Einen Moment später bringe die Arme wieder locker vor Deinem Körper so zusammen, dass Du die Daumen sehen kannst. Nun öffne die Augen und schau nach, ob die Daumen die gleiche Länge haben. Eine genaue Erläuterung des Armlängentests findest Du im Beitrag „Ja zu meinem Körper" im Kapitel „Gesundheit" auf der Seite 218.

Ja, Du siehst richtig, sie sind verschieden lang. Je lockerer Du dabei bist, desto größer ist die Differenz. Es können bis zu fünf Zentimeter werden beim „Nein". Dein Körper kann doch reden. Du hast Deinen eigenen Lügendetektor immer dabei. Man nennt das den Armlängentest, einen kinesiologischen Test. Entdeckt hat ihn der Osteopath Raphael van Assche. Nicht jeder kann gleich mit dem Test arbeiten. Manche Menschen sind blockiert, das heißt, wie in Schockstarre gefangen. Dann kann die Waage sich nicht bewegen.

Deshalb beginne immer das Testen, indem Du schaust, ob Du Antworten bekommen kannst. Sag „Ja" und teste, dann sollten die Arme gleich lang sein. Sag „Nein" und teste, dann sollten die Arme verschieden lang sein. Wenn Du keine Antwort bekommst, die Arme beim „Ja" und „Nein" gleich lang bleiben, bist Du in der Starre. Dann behandle Dich selbst, wie oben bei der Waage beschrieben. Teste Farben und Düfte. Wenn das nicht reicht, schaue auf das Heilsymbol am Ende dieses Textes, versenke Dich in das Bild oder meditiere damit. Es hilft Dir, Dich wieder in die Balance zu bringen.

OK, OK, DAS GEHIRN HAT EINE ZWISCHENFRAGE

Von Zweiflern kommt nun die berechtigte Frage: Kann ich mich dabei nicht selbst austricksen? Wenn ich eine bestimmte Antwort will, bekomme ich sie doch auch, oder? Ja, die Frage ist berechtigt, da wir dazu neigen, uns selbst betrügen zu wollen. Aber es gibt einen Trick, der das verhindert. Wir dürfen lernen, neu zu sehen. Das heißt, unseren Willen, unsere Absicht und unsere beschränkte Sichtweise wegzulassen. Wir können das üben, indem wir zum Beispiel auf einen Blumenstrauß schauen. Normalerweise schauen wir auf eine Stelle, ein Blatt, eine Blüte. Nun stellen wir uns vor, wir könnten den Blumenstrauß aus allen Richtungen gleichzeitig sehen, dann bekommen wir im wahrsten Sinne des Wortes einen Überblick und werden frei von unserer persönlichen Sichtweise.

Nun hast Du gelernt, mit Deinem Unterbewusstsein zu reden durch den Armlängentest. Der ist übrigens keine Esoterik, sondern ein neurologischer Reflex. Der Test funktioniert auch bei Menschen, die im Koma liegen, man kann so direkt mit ihnen reden. Ich nutze den Test auch, um Tiere zu behandeln, bei Hunden und Katzen lassen sich die Längendifferenzen super sehen. Wer bin ICH nun? Wenn ich „Ich bin Ich" sage, sollten die Arme gleich lang bleiben, mit „Ja" antworten. Das wird bei der Hälfte der Leser dieses Buches nicht der Fall sein. Da kommt ein „Nein" als Antwort. Wer bist Du dann, wenn Du nicht Du selbst bist? Nicht wundern, das passiert schon mal im Leben. Es kommt in den besten Familien vor, dass wir unseren Weg verlassen, versuchen, das Leben eines anderen Menschen zu leben. Es gibt nur zwei Gründe, warum wir unsere eigene Identität nicht haben, „Ich bin Ich" = „Nein" ergibt beim Testen:

1. Wir glauben, die Last für andere Menschen mittragen zu müssen, das sogenannte Helfersyndrom. Dabei darf doch jeder seine Erfahrungen selber machen. Wir wollen doch keinen Menschen entmündigen, oder? **2.** Es gibt die große Welt der Manipulation. James Redfield hat in den „Prophezeiungen der Celestine" wunderbar beschrieben, wie wir versuchen, anderen Menschen Energie abzuziehen. Eine sehr beliebte Art ist es, diese Energiepipeline zu legen, jemand anderem eine fremde Identität zu verpassen. Das geschieht natürlich fast immer unbewusst, was aber keine Entschuldigung ist. Auf der anderen Seite haben wir das Energieziehen erlaubt. Du kennst das, Du fühlst Dich wohl, es geht Dir richtig gut. Dann triffst Du einen anderen Menschen und bist wie ausgewechselt, Laune weg, Energie weg, Stimme verändert, Gesicht sieht anders aus – einfach wie ausgetauscht. Wenn Du dann mit den Armen testest und sagst „Ich bin Ich", kommt ein „Nein" als Antwort, die Arme sind verschieden lang. Jetzt brauchst Du schnell Hilfe, denn wenn Du Deinen Lebensweg leben möchtest, brauchst Du Deine eigene Identität zurück. Ich habe zwei Möglichkeiten für Dich: Teste mit Deinen Armen aus, was Dir hilft, sie zurückzubekommen. Stelle Dir vor, mit Pflanzen zu arbeiten oder Heilsteinen, Farben, Symbolen ... und sage dann „Ich bin Ich". Wenn die Differenz damit verschwindet, ist der Weg richtig und Du testest weiter, was Du genau damit machen solltest. Du meditierst mit dem Affirmationssymbol. Einfach die Hände übereinander darauf legen, die Augen schließen und der Kraft im Symbol erlauben, etwas für Dich zu tun.

Meditations- und Heilsymbol
Lege die Hände darauf, schließe die Augen, lausche und erlaube.

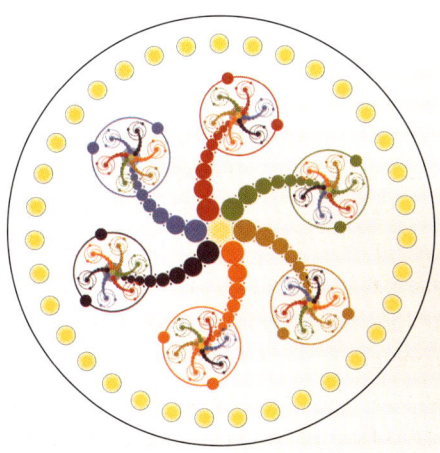

Flowmaker by Uwe Albrecht. Ich bin Ich.

Ja zur Liebe
UWE ALBRECHT

ICH LIEBE UND WERDE GELIEBT

Die folgenden Zeilen schenkten meine großen Kinder mir zum 44. Geburtstag. Danke, Papa. Danke, dass Du uns zeigst, dass es egal ist, was die anderen über einen denken, solange man glücklich ist. Danke, dass Du uns Freiheit schenkst, indem Du sie uns vorlebst. Danke, dass Du uns spüren lässt, was wahre Liebe bedeutet! Wir lieben Dich!

Ich glaube, wahre Liebe bedeutet, dass man jemanden dafür liebt, dass er ist, und nicht für das, was er ist. Danke, dass Du immer für uns da bist, egal wo Du bist und wie weit weg Du bist. Danke, dass Du uns zeigst, was Ehrlichkeit wirklich bedeutet.

Danke, dass Du uns zeigst, dass nix unmöglich ist, wenn man es wirklich will. Danke, dass Du uns soooo viel Vertrauen schenkst. Danke, dass Du einfach so bist, wie Du bist, und dass wir so sein können, wie wir sind. Danke, dass Du uns hilfst, unseren eigenen Weg zu finden, ganz egal, wie der aussieht. Hannah, Jonas und Jakob in unendlicher Liebe.

Dies ist nicht die Geburtstagstorte, sondern die Seelentorte, an der ich Liebe, Leid und Illusion erkläre.

STELLE DIR DEINE LIEBLINGSTORTE VOR

Genauso war einmal Deine Seele: vollkommen, schön und ganz. Bis es das erste Mal richtig wehgetan hat. Das war eher, als Du vermuten wirst. Circa 90 Prozent von uns Menschen waren nicht gewollt bei der Zeugung, von zumindest einem Elternteil, bewusst oder unbewusst. Autsch, das tut weh: Nicht bedingungslos geliebt zu werden dafür, dass man da ist, sondern ein Leben lang zu versuchen, durch Leistung, Erfolg, Liebsein ... Liebe zu bekommen. Dann folgen weitere Traumen und Schocks im Leben. Und immer mehr Tortenstücke verschwinden. Die Inka-Schamanen achteten immer darauf, dass die durch Traumen und Verletzungen verloren gegangenen Seelenanteile zurückgeholt wurden, damit sich das Kind zu dem entwickeln konnte, was an Potenzial möglich war. Ich habe erwachsene Menschen in Kursen gebeten, ihre eigene Seelentorte zu malen.

Das Ergebnis war schockierend. Von 20 Stücken Torte waren im Durchschnitt nur noch ein bis fünf Stücke vorhanden. Wir können die Torte auch Liebe, Vertrauen, Verbindung mit dem Göttlichen oder Lebensenergie nennen. Nun kommen wir im Leben immer wieder auf die leeren und rutschigen Bereiche der Tortenplatte und fallen herunter. Um die Tortenplatte herum ist unser Schmerzkörper: der Ort, an dem wir Krankheit, Leiden, Negativität erschaffen. Wenn wir von der Tortenplatte heruntergefallen sind, können wir die Torte auch nicht mehr erreichen und haben damit auch keine Verbindung mehr zu unserer Energie. Deshalb bleibt im Schmerzkörper nur der Energieklau, der energetische Vampirismus, um an Energie zu kommen. James Redfield hat das vor vielen Jahren schon wunderbar in den „Prophezeiungen von Celestine" beschrieben. Vom armen Ich – dem Opfer – über Kontrollspiele, Erpressung, Aggressivität bis hin zum Schwarzmagischen spielen Menschen alles Mögliche untereinander, um an die Energie des anderen zu kommen. Im Schmerzkörper geht es schon sehr animalisch zu. Mit Behandlungen, Meditation, durch Blütenessenzen, Kristalle, Yoga ... kommen wir dann wieder auf die Tortenplatte zurück und versuchen, uns an den restlichen Tortenstücken festzuhalten.

Das beliebteste Spiel aller Menschen ist es, die Leerstellen der Seelentorte mit Torte von Partnern, Kindern ... aufzufüllen. „Zusammen sind wir eins." Das bedeutet: Mit Dir zusammen kann ich das Einssein wieder mehr spüren. Doch es ist nicht unser eigenes Ganzsein, Einssein, sondern ein mit Abhängigkeit erkaufter Rausch, eine Illusion. Auch wenn uns das durch das Verliebtsein (warum hat dieses Wort wohl ein „ver-" vor der Liebe?) erst Wochen, Monate später klar wird. Am Ende müssen wir alle unsere eigene Seelentorte wieder heilen, unsere verlorenen Anteile wieder einladen und in uns eins werden. Ich liebe mich, wie ich war, wie ich bin und wie ich sein werde. Ja, jetzt gehe ich aufs Ganze. Ich frage Dich, ob Du Dich für alles lieben kannst, was Du getan hast, gerade tust und tun wirst. Du wirst denken, dies war ein Fehler und das war ein Fehler, hier habe ich Schuld aufgeladen und dort auch. Es gibt keine Fehler im Leben. Vergiss es. Wenn wir etwas tun und daraus lernen, betrachten wir es rückwirkend als Fehler. War es ein Fehler, in die Windeln zu machen? Natürlich würdest Du es heute nicht mehr tun, aber als Baby war es normal. Du hast nur irgendwann gelernt, dass es sich nicht gut anfühlt. Du hast anderen Menschen wehgetan. Haben wir alle. Und wir alle können vergeben und einander danken, dass wir uns Erfahrungen geschenkt haben. Wenn Du hungerst, kein Geld hast und Essen klaust, wirst Du es in dem Moment nicht als Fehler sehen. Wenn sie Dich erwischen und Du daraus gelernt hast, dass es bessere Wege gibt, beginnst Du das Klauen als Fehler zu sehen. Also: Im Grunde bedeutet das Wort Fehler nur: „So würde ich es heute nicht wieder tun." OK., nun versuche es noch einmal mit dem Satz, fühle ihn: „Ich liebe mich, wie ich war, wie ich bin und wie ich sein werde." Als Therapeut kann ich aus Erfahrung sagen: Der einzige Weg, um alte Traumen zu heilen, ist „Danke" zu fühlen und zu sagen. „Danke, dass ich die Erfahrungen machen konnte, auch wenn es wehgetan hat." Ich sage hier nicht, dass wir Danke dafür sagen sollen, dass uns jemand wehtut. Sondern: „Ich danke für die Erfahrung, die Möglichkeit, zu wachsen." Wenn wir das „Danke für die Erfahrung" mit dem Zurückholen der verlorenen Anteile der Seele verbinden, können wir die Wunden der Vergangenheit wirklich heilen. Hier noch eine kleine Übung für den Alltag: Schaue den Menschen wieder in die Augen, die Dir begegnen, und erlaube es, dass sie in Dein Inneres sehen können.

Meditations- und Heilsymbol
Lege die Hände darauf, schließe die Augen, lausche und erlaube.

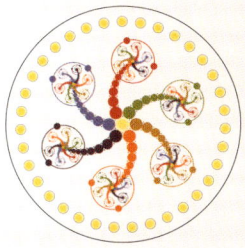

Flowmaker by Uwe Albrecht. Ich liebe mich, wie ich war, wie ich bin und wie ich sein werde.

DA BEI EINER KRANKHEIT
DER KÖRPER FÜR DAS INNERE GESCHEHEN
ZUR BÜHNE WIRD, KANN DER SCHLÜSSEL
FÜR EINE ECHTE HEILUNG EINZIG DARIN LIEGEN,
DIE BEDEUTUNG DER KRANKHEIT ZU ERFASSEN.

RUEDIGER DAHLKE

IV

GESUNDHEIT

Dass persönliches Empfinden und das Seelenleben mit Gesundheit zusammenhängen, konnte ich bei mir selbst und noch deutlicher in meinem Freundeskreis feststellen. In den unglücklichen, konfliktreichen Zeiten meiner Ehe hatte ich beispielsweise regelmäßig mehrmals im Jahr einen steifen Nacken, sodass ich meinen Kopf kaum noch bewegen und vor Schmerzen nicht schlafen konnte. Nach meiner Trennung schließlich sind diese Beschwerden nie mehr aufgetreten, obwohl ich weder meine Matratze getauscht noch mehr oder weniger Sport oder Gymnastik gemacht oder sonstige äußere Umstände in meinem Leben geändert habe.

Nicht anders erging es einem guten Freund von mir, der ebenfalls in einer Beziehung steckte, die von extrem schwierigen und tiefgehenden emotionalen Konflikten sowie unzähligen Trennungen und Wiedervereinigungen geprägt war. Über einen Zeitraum von zwei bis drei Jahren war er ständig krank, obwohl er normalerweise – von einer Erkältung oder einem verdorbenen Magen mal abgesehen – noch nie eine Krankheit hatte. Auch bei ihm verschwanden sämtliche Beschwerden, nachdem er sich von seiner Partnerin endgültig getrennt hatte.

In den schwierigen Jahren meiner Existenzkrise war ich Gott sei Dank sehr selten krank. Nur einmal verbrachte ich während der Phase des kompletten Zusammenbruchs drei Tage im Krankenhaus wegen eines Magen-/Darmproblems im Krankenhaus – es war mein zweiter Aufenthalt in einem Krankenhaus überhaupt (wahrscheinlich schlug mir meine damalige Situation einfach auf den Magen). Für kleinere körperliche Probleme und Wehwehchen habe ich seit 20 Jahren sehr positive Erfahrungen mit meinem wundervollen Heilpraktiker gemacht. Durch ihn lernte ich, dass selbst auf der rein körperlichen Ebene die Ursache nicht unbedingt dort liegt, wo die Symptome auftreten. So hatte ich beispielsweise einmal tagelang Schmerzen im Unterarm, wofür mir ein Allgemeinmediziner eine Salbe verschrieben hatte, die allerdings nicht im Mindesten half. Nach einer Untersuchung bei meinem Heilpraktiker kam schließlich heraus, dass die Ursache nicht im Arm lag, sondern im Dickdarm. Ich bekam eine homöopathische Spritze und eine Tinktur, von der ich täglich drei mal 20 Tropfen einnehmen musste – und: Nach zwei Tagen war ich beschwerdefrei!

Dank Ruediger Dahlke, Clemens Kuby und Kurt Tepperwein und auch aus eigener Erfahrung weiß ich heute, dass die Ursachen für fast jede Krankheit viel tiefer als nur auf der körperlichen Ebene liegen und dass das Symptom einer Krankheit mir sogar zeigt, wo die Ursache auf der geistigen oder seelischen Ebene verwurzelt ist. In meiner Krisenzeit, die ja einige Jahre andauerte, stand ich unter enormem Druck und war oft frustriert, von Angst begleitet und immer wieder mal verzweifelt.

Dass ich trotz alledem gesund blieb, kann nur bedeuten, dass ich intuitiv etwas richtig gemacht hatte; ich nehme an, es lag sowohl an meinem steten Glauben, alles wieder zum Positiven verändern zu können, als auch an meinem ausgewogenen „Glückshaushalt", den ich den vielen Glücksmomenten verdankte, die ich mir selbst immer wieder „verschrieben" hatte (siehe Kapitel 2). Trotz anhaltender Tiefschläge, Sorgen und Frustrationen blieb ich optimistisch. Egal, wie heftig die Tiefschläge waren – und sie waren wirklich heftig –, ich blieb nicht liegen, sondern stand immer wieder auf und versuchte etwas Neues.

Und dabei war mir manchmal wirklich eher danach, einfach liegen zu bleiben. Ich erinnere mich noch sehr gut an die vielen Horrortage, besonders montagmorgens. Am liebsten hätte ich nur die Decke über den Kopf gezogen, um alle Sorgen, die auf mich warteten, zu vergessen. Ich habe meine Augen nochmal geschlossen, und wenn ich sie wieder öffnete, war sofort das „Zahnarztgefühl" da (ich nenne es so, weil ich als Kind immer panische Angst vor dem Zahnarzt hatte). Schließlich stand ich doch auf und schon begleiteten mich der enorme Druck und die Angst meist den überwiegenden Teil des Tages. Und nun zu dem, was ich wohl intuitiv richtig gemacht hatte: Schlag 18 Uhr war Schluss mit dem Horrortrip, das „Büro der schlechten und negativen Gedanken" wurde geschlossen.

Was ich damit meine? Na, Feierabend! Auszeit! Stift fallen lassen – Zeit, sich auf etwas Schönes zu konzentrieren und sich was Gutes zu gönnen! Beinah täglich, montag- bis freitagabends, war es soweit – ausgehen, nette Leute treffen, fünf Stunden nonstop tanzen, – wie auch immer: genießen und tun, was Spaß machte. Ich unterbrach abrupt das Negative und lud meine Batterien wieder auf, zum Ausgleich für den energieraubenden Alltag. Und dabei glaube ich noch nicht mal, dass mein Verhalten ein Weglaufen war, schließlich stellte ich mich ja täglich meinen Problemen – aber eben nur bis 18 Uhr!

Freitagabends läutete ich entsprechend für mich das Wochenende ein, denn jetzt konnte ja bis Montag weder etwas Schlimmes passieren, wie etwa der Besuch eines Gerichtsvollziehers, noch hätte ich geschäftlich etwas Positives erreichen können. So vergingen die Wochen in steter Zweiteilung – egal, wie schwierig und anstrengend meine Situation tagsüber auch war, „nach Feierabend" kümmerte ich mich immer gut um mich selbst und schaffte mir meine persönlichen Auszeiten von meiner Krise.

Es waren kleine „Highlights", mit denen ich abschaltete und die Sorgen für eine gewisse Zeit hinter mir ließ; Oasen des Glücks und der Freude, in denen ich einfach den Moment genoss, ohne an den nächsten Tag zu denken – auch wenn der nächste Morgen meist wieder anders aussah. Dank dieser selbst erschaffenen Belohnungen für den harten Alltag erlebte ich viele glückliche

Momente, die trotz der Ausgangslage echt waren und mir entscheidend dabei halfen, in einer positiven Energie zu bleiben. Ich glaube, das hat mich unter anderem gesund erhalten, meinen Optimismus gestärkt und mir die Energie gegeben, meine Probleme zu lösen und mein Leben in neue beglückende Bahnen zu lenken.

Gesundheit

RUEDIGER DAHLKE

Gesundheit ist das höchste Gut, weiß der Volksmund. In alten Kulturen wie der chinesischen wurden die Ärzte angeblich nur honoriert, wenn sie Erfolg hatten und die Menschen gesund waren. In modernen Zeiten ist es genau umgekehrt. Beides hat Konsequenzen. Der Arzt im alten China legte seinen Schwerpunkt auf Vorbeugung, die moderne Medizin spricht zwar noch davon, kennt jedoch gar keine Prophylaxe mehr, weil sie sich nicht um das Wesen der Krankheitsbilder kümmert, und verwechselt heute konsequent Früherkennung mit Vorbeugung. Eine Medizin dagegen, die den ganzen Menschen im Auge hat, dürfte zwar von seiner Körperlichkeit ausgehen, müsste aber darüber hinaus seine seelische und geistige Dimension bis hin zur spirituellen mit einbeziehen. Sie müsste sogar die Gesetzmäßigkeiten, denen der Mensch unterworfen ist, mit in ihre Therapie integrieren.

Die ganzheitliche Psychosomatik im Sinne von „Krankheit als Symbol" macht das. Insofern werden ihr die Schicksalsgesetze, die Spielregeln des Lebens, zur Basis. Jedes Spiel gelingt besser und macht mehr Freude mit Kenntnis der Spielregeln. Bei allen Spielen, außer dem wichtigsten, dem des Lebens, ist uns das auch klar. Kein Fußballer, der nicht zur Halbzeit wechseln würde, aber wie viele verschlafen die Wechseljahre, spielen in der zweiten Hälfte des Lebens weiter aufs selbe Tor und wundern sich noch, warum sie nur noch Eigentore schießen. Im Leben spielen auch die meisten aus der Abseitsposition und staunen, wenn ihre Tore beziehungsweise Leistungen nicht anerkannt werden, sie nicht die entsprechende Anerkennung finden. Wenige realisieren, dass das an ihnen und ihrer mangelnden Kenntnis der Spielregeln liegt. Die meisten projizieren ihren Unmut auf den Schiedsrichter. Im Leben heißen die Schiedsrichter Vorgesetzter, Politiker, Journalist, Lehrer und vor allem Partner.

Inzwischen ist die Zeit auch in der Medizin reif für die Erkenntnis der Schicksalsgesetze, besonders das Gesetz der Resonanz hat große Popularität erlangt. Allerdings ist das Gesetz der Polarität noch wichtiger und die Hierarchie unter den Gesetzen auch in den Maßnahmen der Medizin zu beachten, will man sich vor Schaden bewahren. Eine Treppe wird am besten von oben nach unten gekehrt. Das muss das Anliegen einer ganzheitlichen Medizin sein. Sie geht davon aus, dass die Einheit allem zugrunde liegt und in allem zu finden ist. Insofern hat sie auch das Ziel, letztlich über spirituelle Mittel zur Befreiung zu führen. Unser Leben und Leiden finden aber in der polaren Welt der Gegensätze statt. In ihr ist das Polaritätsgesetz an höchster Stelle, das zum Beispiel – bei Nichtbeachtung – dafür sorgt, dass heiße Liebe so oft in kalten Hass umschlägt, Friedensinitiativen in Krieg münden und Friedenspolitiker durch Gewalt umkommen. Den Schicksalsgesetzen zu folgen, ist einfach intelligenter. Alles andere führt zu Krankheitsbildern und kostet unnötig Zeit, Kraft, Nerven und Geld. Wer Gesundheit, aber auch Glück und Erfolg anstrebt, kann es sich nicht leisten, die Lebensgesetze zu ignorieren.

Mein Verständnis von ganzheitlicher Medizin baut folglich auf den Schicksalsgesetzen auf und geht von einer Hierarchie aus, die auf Bewusstsein und damit das Spirituelle zielt, die Seele in den Mittelpunkt stellt und den Körper als Basis erkennt, etwa im Sinne von Theresa von Avila, die sagte: „Lasst uns gut sein zum Körper, damit die Seele gern in ihm wohne." Von daher gehen wir vom Körper und dem Formaspekt der Krankheitsbilder aus und ergründen deren seelischen Inhalt. So wird Krankheit zur Sprache der Seele und zum Weg zur Befreiung wie ihn spirituelle Disziplinen lehren. In der Schulmedizin wird Krankheit dagegen weder als Sprache noch als Weg noch überhaupt als etwas Sinnvolles betrachtet. Sie wird nicht einmal als etwas Grundsätzliches erkannt, sondern als Fülle widerwärtiger, zufälliger Einbrüche ins Leben gesehen. So wird auch von Krankheiten in der Mehrzahl gesprochen. Diese machen nicht mehr Sinn als „Gesundheiten".

Diese Antihaltung der Schulmedizin gegen Krankheit verhindert nicht nur deren Verständnis, sondern führt auch zu jenem kämpferischen Ansatz, der sich in all den Antimitteln spiegelt von Antibiotika über Antimykotica, Antiephileptika und Antidepressiva bis zu den Hemmern und Blockern wie Säurehemmern und Betablockern. Dabei verbündet sich der Arzt mit dem Patienten gegen das Symptom und versucht, dieses so schnell wie möglich und ohne es zu verstehen und zu deuten aus der Welt zu schaffen. Aus dem Ansatz von „Krankheit als Symbol" folgt das Gegenteil. Der Arzt verbündet sich mit dem Symptom und ergründet, was dem Patienten fehlt, wodurch dieses Symptom notwendig wurde. Dem Krankheitsbild wird Bedeutung zugemessen, indem es gedeutet wird. Letztlich wird hier mit dem Symptom, also homöopathisch, gearbeitet, nicht dagegen.

Das ist eigentlich ein vertrauter Schritt und im normalen Leben weitverbreitet. Wir sind es gewohnt, alles Mögliche zu deuten, und sind sogar verstimmt, falls es einmal unterbleibt. Wenn jemand auf die Frage nach dem neuesten Theaterstück antwortet, die Bühne hatte die Maße vier mal sechs Meter und war zwei Meter hoch, es waren acht Schauspieler beteiligt, davon zwei Männer und sechs Frauen, ihre Kostüme bestanden aus x Metern Seidenstoff und y Metern Leinen, die Bühne wurde mit soundso viel Lux beleuchtet und so weiter, wären wir ungehalten. Wir erwarten eine inhaltliche Deutung und nicht eine Beschreibung der äußeren Formen. Was uns beim Theater selbstverständlich erscheint, ist es in der Schulmedizin plötzlich nicht mehr. Ein Patient, der sich drei Tage nach der Erstuntersuchung beim Internisten einfindet, bekommt zu hören, seine Blutuntersuchungen hätten diese, die Urinprobe jene Werte ergeben, sein Blutdruck habe den Wert x und die Temperatur den Wert y. Warum ist der Patient nun nicht ungehalten, sondern zollt dem wissenschaftlich arbeitenden Mediziner Respekt? Dabei ist auch jetzt nur von der Form und nie vom Inhalt die Rede. Erst wenn der Internist seine Befunde deutet und sagt: „Sie haben eine Lungenentzündung", kommt mit der Deutung wieder Sinn ins Geschehen. Die Frage ist, warum er ausgerechnet an diesem Punkt, wo es für den Patienten erstmals sinnvoll wird, wieder aufhört. „Krankheit als Symbol" fängt hier erst richtig an und deutet weiter. Auch die Lunge als Schauplatz hat Bedeutung und natürlich auch die Entzündung.

Das Thema der Lunge ist Kontakt und Kommunikation, ist sie doch für den Gasaustausch und unsere Sprache verantwortlich, die auf der Modulation des Ausatemstromes beruht. Mit der Entzündung ist das Thema Konflikt angesprochen. Erreger kämpfen gegen Antikörper und die Mittel sind kriegerisch. Es wird belagert und gestorben, angegriffen, blockiert und getötet. Makrophagen, wörtlich Großfresser, kennen aufseiten des Körpers genauso wenig Pardon wie die Antikörper, die sich in Kamikazemanier auf die Erreger stürzen, um mit ihnen zugrunde zu gehen. Insofern haben wir es bei der Lungenentzündung mit einem Konflikt im Kommunikationsbereich zu tun. Die häufigen Lungenentzündungen auf Intensivstationen sind Beleg dafür. An den Erregern kann es nicht primär liegen, denn nirgendwo werden sie so bekämpft wie hier. Läuft aber die ganze verbliebene Kommunikation mit der Welt über Plastikschläuche, Kanülen und Elektrodendrähte, entwickeln nicht wenige Menschen ein Kommunikationsproblem, und das kann sich bei Mangel an anderen Ausdrucksformen in einer Lungenentzündung verkörpern. Die Medizin von „Krankheit als Symbol" geht davon aus, dass alles körperliche Geschehen Ausdruck eines dahinterliegenden seelischen Inhalts ist. Wird nur das körperliche Geschehen zugedeckt, verstärkt sich folglich die seelische Problematik. Mit dem „Beseitigen" von Symptomen landen diese, wie das Wort so ehrlich sagt, auf der Seite beziehungsweise im Unbewussten oder im sogenannten Schatten. Diese Art von Symptomverschiebung würde uns in anderen Bereichen, wie etwa dem der Technik, nicht im Traum einfallen. Wenn an einer Maschine das Alarmlicht aufleuchtet, würden wir nicht daran denken, das Birnchen zu lockern, um Ruhe zu haben. Bei Kopf- und anderen Schmerzen finden Schulmediziner dagegen nichts dabei, durch Schmerzmittel dieses Warnsignal zu blockieren. Hart formuliert werden nach dieser Methode Symptome von Organ zu Organ und Patienten von Spezialist zu Spezialist verschoben. Dabei wissen wir längst aus der Physik, dass grundsätzlich nichts aus der Welt geschafft, sondern lediglich vieles ineinander umgewandelt werden kann. Die moderne Quantenphysik eröffnet uns sogar Verständnismöglichkeiten für die therapeutische Beobachtung von Spontanremissionen, wie die Schulmedizin Wunderheilungen nennt. Tatsächlich kann in jedem Augenblick alles neu entstehen und bietet jeder Moment eine neue Chance.

Nach den bewährten Energie-Erhaltungssätzen der alten Physik kann natürlich auch die Methode von „Krankheit als Symbol" nur Symptomverschiebung bieten, allerdings in der Senkrechten, also zwischen körperlicher und geistigseelischer Ebene. Und diese bietet durchaus Heilungschancen, im Gegensatz zu jener Symptomverschiebung, die sich auf die körperliche Ebene beschränkt und von Organ zu Organ verschiebt. Bei der Entstehung von Krankheitsbildern sinken inhaltliche Themen, deren bewusste Bearbeitung die Betroffenen verweigern, in den Körper und somatisieren sich hier. Will man das Problem lösen, hat es wenig Sinn, seine Verkörperung mit chemischer (zum Beispiel Kortison) oder gedanklicher (zum Beispiel Affirmationen, Verhaltenstherapie)

Hilfe zu unterdrücken. Es wäre im Gegenteil notwendig, sich den Inhalt hinter der körperlichen Symptomatik wieder bewusst zu machen. Ist das Thema ins Bewusstsein zurückgeholt, besteht die Chance, es hier zu lösen. Damit aber wäre der Körper von seiner Darstellungsarbeit entlastet. Tatsächlich stellt der Körper lediglich eine Ausweichbühne für im Bewusstsein unbewältigte Probleme dar. Stücke, deren bewusste Aufführung abgelehnt wurde, verkörpern sich auf der Körperbühne.

So ist auch Krankheit ein Weg, um zu lernen. Wesentlich eleganter und zielführender ist aber der Weg direkt über das Bewusstsein, ohne vorher auf die Körperbühne auszuweichen. Hier eröffnet sich die Chance echter Vorbeugung. Die Schulmedizin spricht von Krebsprophylaxe, wenn sie Früherkennung meint. Diese ist – sofern sie keine gefährlichen Methoden wie die Mammografie verwendet – natürlich besser als Späterkennung, hat aber mit Vorbeugung nichts zu tun. Ein Krankheitsbild durch Erkenntnis, also Bewusstseinsschritte, überflüssig zu machen, weil das betreffende Thema freiwillig auf geistig-seelischer Ebene bearbeitet wurde, ist dagegen echte Prophylaxe.

Wer Krankheit als Symbol und Sprache der Seele versteht, erlebt am eigenen Leib, wie Form und Inhalt zusammengehören oder wie es Goethe formulierte: „Alles Geschaffene ist ein Gleichnis." Krankheit ist der formale Aspekt eines geistig-seelischen Inhalts oder anders ausgedrückt: Symptome sind Verkörperungen seelischer Themen. Bereits Alexander Mitscherlich, der große Psychoanalytiker des letzten Jahrhunderts, erkannte in „Krankheit als Konflikt": Sobald Bewusstsein von einem Organ abgezogen wird, erkrankt dieses. Symptomsprache ist ein Sonderfall der Körpersprache, der am weitverbreitesten Sprache auf dieser Erde. Obwohl sie die universellste Sprache ist, wird sie nur noch von wenigen Menschen unserer Kultur bewusst verstanden. Dabei wäre es gar nicht so schwer, sie wieder zu erlernen. In Büchern wie „Körper als

Spiegel der Seele" und noch detaillierter in „Die Spuren der Seele – was Hand und Fuß über uns verraten", verfolge ich diese Formaspekte des Körpers bis auf die seelische Bedeutungsebene. Noch immer staune ich dabei, wie etwa die Lebensaufgabe eines Menschen schon auf den Mustern seiner Fingerbeeren von Anfang an feststeht und so überaus leicht zu entdecken ist – einfach durch Betrachtung der Finger. Da ich das über Jahrzehnte selbst übersehen habe, wundert es mich nicht mehr so, wenn die Schulmedizin diese ganze Deutungsebene noch weitgehend übersieht, und freue mich andererseits, dass ich sie heute bereits bei Fortbildungen der deutschen Ärztekammer, vor Apothekern und Heilpraktikern lehren kann.

Unser Körper spricht nicht nur, unsere Sprache ist auch körperlich. Ob wir etwas begreifen oder verstehen, bestimmte Dinge uns an die Nieren gehen oder andere zu Kopf steigen, ob wir uns etwas zu Herzen nehmen oder es uns auf den Magen schlägt, ob Läuse über unsere Leber laufen oder der Atem vor Schreck stockt, immer ist die Sprache psychosomatisch und zeigt uns eine Verbindung zwischen Körper und Seele, die wir erst langsam wieder entdecken. Unsere psychosomatische Sprache kann uns sogar in die Welt der Urprinzipien einführen und dort zwischen erlösten und unerlösten Ebenen unterscheiden. Hat etwa ein Mensch Biss, kann die Zähne zeigen und sich durchbeißen, schätzen wir das. Ist er dagegen bissig und verbissen, reagiert sogar zerknirscht, erkennen wir darin ohne Weiteres den unerlösten Pol des Aggressionsprinzips.

Neben der Körpersprache und umgangssprachlichen Redewendungen, Sprichwörtern und Sprachbildern stehen uns auch die von der Schulmedizin erhobenen Befunde für die Deutung zur Verfügung. Denn tatsächlich ist ja die formale Beschreibung des Krankheitsgeschehens weder falsch noch überflüssig, nur eben nicht ausreichend. Ohne Bühne gäbe es kein Theaterstück, ohne Beleuchtung bliebe alles im Dunkeln und ohne Kostüme wäre es eher peinlich. Insofern richtet sich dieser deutende Ansatz von „Krankheit als Symbol" nicht gegen die etablierte Medizin, sondern ergänzt sie. So erübrigt es sich, Front gegen die Schulmedizin zu machen. Sie beschäftigt sich nun einmal ausschließlich mit der körperlichen Ebene. Reparaturen in diesem Bereich beherrscht sie besser als alle anderen. Wer ihr den Vorwurf macht, sie kümmere sich nicht um den ganzen Menschen, gleicht dem Besucher eines städtischen Schwimmbades, der sich über mangelnden Meeresblick beklagt. Der war gar nicht versprochen worden. Wer Meer will, kann ja ans Meer fahren. Von einem Nephrologen, der sich noch mit dem Urologen um die eine Niere streiten muss, kann man nicht verlangen, dass er die Seele mit einbezieht, er kümmert sich nicht mal um die Haut und das Herz.

Wer sich direkt an jemanden wendet, der nur einen Hammer hat, muss sich nicht wundern, für einen Nagel gehalten zu werden. Besser wäre es natürlich, erst einmal zu einem Therapeuten zu gehen, der von allem eine Ahnung hat, als gleich zu dem, der von fast nichts alles weiß. Ein Universaldilettant wie ein Allgemeinarzt ist zu Anfang besser, vor allem, sofern er rechtzeitig zum richtigen „Fachidioten" überweist. Wer Heilung anstrebt, muss sich aber an eine ganzheitliche Medizin – wie die hier skizzierte – wenden, die, ohne die Schulmedizin überflüssig zu machen oder zu entwerten, doch weit über diese hinaus geht. Am eigenen Leibe erlebte Symptome und erhobene Befunde sollten gleichermaßen gedeutet und Mosaiksteinchen für Mosaiksteinchen zum umfassenden Muster des Krankheitsbildes und seiner Deutung zusammengesetzt werden.

Die betroffene Region beziehungsweise das Organ gibt dabei die Ebene an, auf der das Problem abläuft, im Fall der Lungenentzündung also den Kontakt- und Kommunikationsbereich. Das spezielle Geschehen beleuchtet die Art des Problems, in diesem Fall das Thema Entzündung und folglich Auseinandersetzung und Konflikt bis zum Krieg. Hilfreich zur Deutung erweisen sich Fragen wie: Warum geschieht gerade mir, gerade das, gerade jetzt? Woran hindert mich die Symptomatik? Wozu zwingt sie mich? Welchen Sinn erfüllt sie gerade jetzt in meinem Leben?

Dabei ist jedes Krankheitsbild vollkommen individuell und nur in der persönlichen Situation ganz stimmig zu deuten. Das allgemeine Krankheitsbild, wie es in „Krankheit als Symbol" gedeutet wird, ergibt nur den Rahmen. Wenn so umfassende Krankheitsbilder wie Krebs oder Rheuma gedeutet werden, ist das besonders zu bedenken. Wirklich umfassend werden Deutungen erst, wenn sowohl die persönlichen Umstände mit in Betracht gezogen werden wie natürlich auch die betroffenen Organebenen. Außerdem gilt es, neben der intellektuellen Ebene, die der archetypisch männlichen linken Gehirnhälfte entspricht, wie sie bisher angesprochen wurde, auch die archetypisch weibliche der rechten Gehirnhälfte mit an der Therapie zu beteiligen, wenn man wirklich mit einem Krankheitsbild ganz fertig werden will. Insofern sind die über 50 CDs mit entsprechenden geführten Meditationen die logische Ergänzung dieses Ansatzes.

Auch hier gibt es bereits zu vielen Krankheitsbildern spezielle Programme, aber auch das allgemeine Programm „Selbstheilung", mit der sich jede Symptomatik in eigener Regie auf der Seelen-Bilder-Ebene angehen lässt. Der Mensch als Wesen von Körper, Seele und Geist wird immer als ganzer krank. An jedem kranken Zahn hängt der ganze Mensch. Er ist auch als ganzer zu therapieren. Dazu gehört die Sorge für seinen Körper wie für seine Seele, aber auch die Beachtung der geistigen Ebene mit den Schicksalsgesetzen und das spirituelle – in der Meditation deutlich werdende – Lebensziel, das alle Kulturen kennen, wenn sie es auch mit verschiedenen Worten umschreiben von Befreiung bis Erleuchtung und Gesundheit bis Heil.

Literatur zum Thema von Ruediger Dahlke:

„Krankheit als Symbol", Bertelsmann
„Die Schicksalsgesetze – Spielregeln fürs Leben: Polarität – Resonanz –
Bewusstsein", Buch und drei CDs, Goldmann Arkana
„Krankheit als Sprache der Seele", Goldmann Arkana
Heilmeditationen auf CDs, Goldmann Arkana
„Die Spuren der Seele – was Hand und Fuß über uns verraten", Gräfe und Unzer
„Körper als Spiegel der Seele", Gräfe und Unzer

GESUNDHEIT

Selbstheilung

CLEMENS KUBY

Heilung – ganz egal ob im Großen oder im Kleinen – kommt immer einem Wunder gleich. Ich durfte ein solches Wunder erleben. Bei meiner Entlassung aus der Querschnittsklinik nannte man es Spontanheilung. „Wie funktioniert Spontanheilung?", fragte ich. „Spontan eben", war die Antwort. Der Professor erklärte mir: „Statistisch gesehen geschieht ein solches Wunder bei etwa jedem 30 000sten Fall." Das ist mehr als ein Sechser im Lotto und da fragt man ja auch nicht, warum habe ich gewonnen? Ich hatte einfach Glück gehabt, das sollte als Erklärung ausreichen? Auch wenn ich zutiefst dankbar dafür war, dass ich wieder laufen konnte, diese Antwort reichte mir nicht. Ich dachte, in diesem Universum kann nichts ohne Ursache geschehen, worin liegt also die Ursache, dass ich wieder laufen kann?

Auf der Suche nach einer Antwort habe ich 14 Länder rund um den Globus besucht. Ich wollte sehen, wie in anderen Kulturen, vor allem in armen Ländern, die kein Geld für Medikamente, Krankenhäuser und Operationen haben, geheilt wird. Mit meinem Team habe ich 360 Stunden Heilungsarbeit filmisch dokumentiert. Wir beobachteten, wie Zeremonien stattfanden und die einen oder anderen Mittel aus der Natur verabreicht wurden, die aus medizinischer Sicht allerdings kaum dazu geeignet waren, schwere Krankheiten zu heilen. Nachdem wir unser Filmmaterial ausführlich analysiert und verarbeitet hatten, sah ich, was alle diese Heiler, Schamanen, Manchins, Rinpoches, Medizinmänner und wie sie alle jeweils in ihrem Land genannt werden, eigentlich bewirkten, und fasste meine Erkenntnisse in dem Kinofilm Unterwegs in die nächste Dimension zusammen. In meinem anschließenden Dokumentarfilm über die neuesten Erkenntnisse der Gehirnforschung, „Das Leben ist eine Illusion" für das niederländische Fernsehen, gelang es, diese Heilungsinitiatoren ihrer kulturellen Mäntelchen zu entkleiden, um zu erkennen, dass alle Schamanen und Heiler eigentlich dasselbe machen.

Durch die Arbeit an meinem nachfolgenden Buch „Unterwegs in die nächste Dimension" kamen völlig unerwartet die Schmerzen zurück, so als wäre ich in diesem Moment die 15 Meter vom Dach gefallen und läge mit der durchgebrochenen Wirbelsäule auf dem Asphalt. Ich durchlebte einen sehr schmerzhaften, mühevollen, vierwöchigen Aufarbeitungsprozess, kämpfte mich nur mithilfe meines Schreibens durch diese Qualen hindurch, bis endlich auf nur 30 Buchseiten stand, was 22 Jahre vorher genau passiert war. So viele Jahre hatte ich gebraucht, um die in unserer Gesellschaft vorherrschende materielle Sicht eines körperlichen Symptoms zu überwinden und mich primär als geistiges Wesen zu erkennen. Ich war die ganzen Jahre nicht in der Lage, über Querschnittslähmung zu sprechen, egal in welchem Zusammenhang. Ich konnte auch keine Rollstuhlfahrer sehen. Ich ging ihnen systematisch aus dem Weg. Heute ist das alles kein Problem mehr und ich kann meine Erfahrungen in Seminaren, Workshops und Vorträgen an andere Menschen weitergeben. Mit den Jahren entwickelte sich daraus die äußerst erfolgreiche Selbstheilungsmethode Mental Healing. In dem gleichnamigen Buch wird diese Methode präzise beschrieben und an praktischen Beispielen erläutert.

Krankheit ist für die meisten ein unvermeidbares Übel des Lebens oder gar ein Fluch, für andere sogar Gottes Wille oder, schlimmer, Gottes Strafe. Wir haben vom Baum der Erkenntnis gekostet und dafür werden wir heute noch bestraft und bleiben für alle Zeiten schuldig in einem Leben voll der Sünde. Jesus musste dafür büßen und das verstärkt unser schlechtes Gewissen, auch wenn wir uns dafür bei ihm bedanken sollen oder, besser, bedanken dürfen. Ich kann nicht akzeptieren, dass es falsch wäre, bewusster zu werden. Weshalb sollte das verderblich sein? Außer für Mächte, die mich dumm und gefügig halten wollen. Das aber widerspräche meinem Freiheitsdrang und kosmischer Geborgenheit. Ich will wissen. Ich will mich entwickeln. Ich verstehe Krankheit so, dass sie dazu da ist, mich zu diesem Wissen zu führen. Jeder von uns will dazulernen, auch jedes Tier will sich entwickeln, jede Pflanze will sich entwickeln, jedes Wesen will sich entwickeln, alle wollen wir auf den Gipfel des Glücks.

SCHMERZEN

Solange es mir unten im Tal gefällt, bekommen mich keine zehn Pferde dazu, auf den Gipfel zu klettern. Wozu? Das ist nur mühevoll. Erst wenn ich im Tal Probleme bekomme und denke, ich würde gerne mal meinen Horizont erweitern, mache ich mich vielleicht auf den Weg. Ganz sicher suche ich eine Veränderung, wenn mein jetziger Zustand weh tut. Kein Politiker setzt sich für eine Änderung, sprich Verbesserung der Zustände ein, wenn diese Zustände nicht schon zu Leid, Schmerz, meistens sogar zu Toten und Elend geführt hätten. Irgendeine Qual muss auftreten, damit etwas verbessert wird, sprich, wir uns entwickeln. Entwickeln heißt, wir wollen glücklicher werden, wir wollen es ein Stückchen weiter auf dem Weg zum Gipfel des Glücks schaffen. Das ist Entwicklung, das ist der Sinn unseres Daseins. Einen anderen gemeinsamen Nenner finden wir nicht für unser Menschsein. Es ist also die Qual, das Leid, der Schmerz, die uns antreiben, den Sinn unseres Daseins zu erfüllen.

Stellen wir uns einmal vor, es gelänge, die Qual, das Leid, den Schmerz abzuschaffen, sagen wir mal durch eine Genmanipulation. Das wäre doch genial – oder nicht? Der Erfinder bekäme sofort den Nobelpreis. Er hätte die Menschheit von der Geißel des Leids befreit. Schon heute versprechen leidende Menschen demjenigen ein Himmelreich, der ihnen ihre Schmerzen nimmt.

Schmerzkliniken schießen wie Pilze aus dem Boden. Manch einer fliegt dafür um die halbe Welt in der Hoffnung, irgendein Schamane, Guru oder Heiliger könnte ihm seine Schmerzen nehmen. Ich würde das dadurch erreichen, dass ich morgens prophylaktisch zwei Schmerztabletten einwerfe und so leidfrei durch den Tag komme. Bekäme ich Besuch, dem ich etwas zu Essen anbieten möchte, würde ich ihm eine Scheibe Brot abschneiden und mich dabei mit ihm weiter unterhalten. Ich würde mich aus Unaufmerksamkeit schneiden, die Scheibe Brot würde rot getränkt werden, ich aber hätte keinen Schmerz, allenfalls einen etwas kürzeren Finger. Als Schmerzunempfindlicher würde mich das nicht weiter beunruhigen und ich könnte eine weitere Scheibe abschneiden. Ich könnte mich ein zweites Mal verstümmeln, aber auch das wäre nicht weiter schlimm, denn ich bin kein Pianist und wäre auf die vollständige Länge meiner Finger nicht angewiesen und weh tut es sowieso nicht.

Welch Wahnsinn, denkt man. Sollen wir nicht dankbar dafür sein, dass wir Schmerz, Leid und Qual empfinden? Wozu haben wir denn den Schmerz? Wir sind so furchtbar sensibel, dass wir uns mit dem Brotmesser auch nur anzuritzen brauchen und schon die Handlung stoppen, denn es ist eine falsche Handlung, sie bringt uns unserem Glück nicht näher. Der Schmerz, der sich augenblicklich bei mir einstellt, will mir etwas sagen. Er will mir mitteilen: „Clemens ändere Dein Verhalten!" In diesem Fall ist die Botschaft leicht zu verstehen: „Brotmesser etwas nach rechts." „Danke lieber Schmerz", sage ich, „Du hast mein Verhalten verbessert. Hätte ich Dich nicht verspürt, ich hätte mich verstümmelt und das brächte mich meinem Glück kein Schrittchen näher – ganz im Gegenteil, auch wenn mich die verkürzten Finger nicht weiter stören würden, eine solche Handlung zeugt nicht gerade von Bewusstsein." In diesem Schadensfall versteht man relativ schnell, welche Aufgabe Schmerz hat und wie man aus ihm lernt. In einem Fall von Krebs, ist das schon nicht mehr so leicht, aber vom Prinzip her nicht anders. Auch das Leiden und die Schmerzen, die mir der Krebs zufügt, sollen mich lehren, mein Verhalten zu ändern. Das ist der ganze Sinn von Leid und Krankheit. Sie wollen mich lehren, weiter, höher auf den Berg des Glücks zu steigen und damit den Sinn meines Lebens zu erfüllen. Leid ist kein notwendiges Übel oder ein Fluch, der auf uns lastet, sondern ein willkommenes Geschenk für unsere Entwicklung. Oft erlaubt mir die Krankheit nicht länger, mein bisheriges Verhalten auszuüben. Die Krankheit, das Leid wollen mich davor bewahren, weiter in die falsche Richtung zu streben.

SEELE

Ich verdamme also nicht länger meine Krankheit, sondern begrüße sie und nehme ihre Lehre dankend an, denn nur so werde ich glücklicher. Die Krankheit ist das Sprachrohr meiner Seele. Die Seele nennen manche Menschen auch ihr Bauchgefühl oder ihr Gewissen. Ich betrachte sie als meinen individualisierten Geist. Der Geist ist auch der große Geist, wie ihn die Indianer nennen, oder die Allmacht, das All, Allah oder Gott. Stelle Dir diese Allmacht wie den Ozean vor, aus dem Du eine Tasse schöpfst. Das Wasser in Deiner Tasse ist Deine Seele und dennoch Ozeanwasser, aber nicht der Ozean selbst. Es gibt viele Bilder für die Umschreibung für Seele, sie ist beheimatet in der intuitiven Seite unseres Denk- und Fühlvermögens, lokalisierbar in der rechten Hemisphäre unseres Gehirns, im Gegensatz zur linken Hemisphäre unseres Gehirns, der Ratio, die wir vornehmlich trainieren.

Die gesamte Ausbildung vom Kindergarten über die Schule, Berufsausbildung bis zur Universität, am Arbeitsplatz und im gesamten sozialen Gefüge, überall wird lediglich die Ratio entwickelt, auf dass wir vernünftige, berechenbare, realitätsgläubige Menschen werden. Der intuitive Bereich ist Privatsache, von dem Frauen etwas mehr haben dürfen als Männer, der aber im gesellschaftlichen Leben keine Rolle spielen soll und deshalb auch nicht geschult wird. (Ausnahmen bestätigen die Regel.) Ohne unsere Seele sind wir aber keine Menschen. Unsere Seele ist unser wichtigstes Organ, um auf den Gipfel des Glücks zu gelangen. Unsere Seele weiß in jedem Moment, was uns guttut und was nicht. Wir schenken ihr nur kein Gehör oder wenn doch, dann folgen wir ihr dennoch nicht. Dabei hat die Seele kein anderes Interesse, als Stress zu vermeiden. Die Seele sucht in jeder Situation den Ausgleich, die Harmonie. Sie möchte mit einem Minimum an Aufwand Frieden, das heißt Liebe herstellen.

Bei allem, was so durch das Universum tobt, auch durch unser persönliches Universum, keine leichte Aufgabe, dennoch lösbar. Jedes Wesen, jedes Atom, jedes Elementarteilchen, jede Welle, jede Frequenz verhält sich letztlich ebenso und will keinen Stress. Unser Ego dagegen hat Pläne, ist an Macht, Konkurrenz und Materie interessiert. Unser Ego hat wenig Interesse, sich unserer Seele unterzuordnen. Es sucht nicht den Ausgleich, sondern den Vorteil. Es hat keine Skrupel, sich auf Kosten anderer Wesen zu behaupten, es ist aus Prinzip, wie sein Name schon sagt, egoistisch. Da hat es die Seele schwer, zu ihrem Recht zu kommen. Meistens wird ihr der Mund verboten, sie hat zu schweigen, zumindest solange wie wir im Verwertungsprozess stehen. Manche vertrösten die Bedürfnisse auf das Rentenalter, aber so lange wartet die Seele mit ihren Bedürfnissen meistens nicht. Sie glaubt auch nicht, dass sie dann wirklich zu ihrem Recht kommt. Es finden täglich, von klein auf, so viele Konflikte statt, die das Ego nicht lösen kann, die lediglich verdrängt, unterdrückt und durch größere Konflikte kompensiert werden, dass eine Rentenzeit nicht ausreicht, um das alles wieder zu harmonisieren.

Wir wissen ja eigentlich, was unsere Seele meint und will, aber wir setzen uns über sie hinweg. Die Seele schickt uns ständig Gedanken, Gefühle, Bauchgefühle, Einsichten, aber wir nehmen sie nicht ernst. Dann wird die Seele lauter, wir haben kleine Unfälle, Missgeschicke, Pech, Streit, Kampf, Verluste und so weiter, trotzdem folgen wir lieber unserem Ego, das uns weismacht, mit dem ganzen Mist fertigzuwerden. Und die kleine, zarte, feinfühlige Seele bleibt auf der Strecke. Eine Seele aber gibt nie auf. Sie hat ja keine Eile. Sie stirbt ja nicht, wenn das Ego am Ende und der Körper abgewirtschaftet ist. Eine Seele hat keinen Anfang und kein Ende. Eine Seele ist eine Schwingung, die komprimiert und dekomprimiert, sich verdichtet und sich löst. Da, wo sie sich am stärksten verdichtet, wird eine Form sichtbar, die wir Materie oder Körper nennen. Der Körper aber ist nie ohne Seele, eine Seele aber bisweilen ohne Körper. Mit dem Körper bilden wir ein Ego heraus, indem wir uns mit ihm, der Materie, und nicht mit dem ihn hervorbringenden Geist identifizieren.

Es ist hier nicht der Ort, um das Verhältnis von Geist und Materie zu vertiefen, das kann man auch in meinen Büchern nachlesen. Hier genügt das Bild von der Seele, die sich um unseren Frieden, um unsere Harmonie bemüht und in diesem Bemühen oft genug nicht ernst genommen wird. Genau dann zwingen wir unsere Seele dazu, mit immer stärkeren Mitteln, uns auf ihre Bedürfnisse aufmerksam zu machen. Wenn die Missgeschicke nicht reichen, uns wachzurütteln, so früh wie möglich zu erkennen, dass wir in unserem Verhalten etwas zu ändern haben, dann werden die Missgeschicke größer und wachsen sich zu handfesten Symptomen aus, die unsere Medizin Krankheiten nennt. Andere Kulturen, wie die chinesische oder tibetische zum Beispiel, kennen gar keine Krankheiten, das heißt, sie haben keine Begriffe dafür. Ihnen zeigen Symptome an, was energetisch nicht im Gleichgewicht ist, damit sind sie dem Seelenheil sehr viel näher als unsere Medizin, die das Harmoniebedürfnis der Seele in keiner Weise berücksichtigt. Deshalb kann unsere Medizin auch nur Symptome bekämpfen, aber nicht heilen. Symptome sind letztlich aber nur Hinweisschilder für Konflikte, die der Befriedung bedürfen. Wenn ich die Hinweisschilder bekämpfe, dann beraube ich mich der Orientierung, um diese ungelösten Konflikte zu finden. Solange solche Konflikte aber nicht gelöst sind, müssen sie sich so lange wiederholen, bis sie befriedet sind. Sie lassen sich auch durch Sterben nicht lösen, denn die Seele ist nicht an den Körper gebunden. Was ich nicht in diesem Leben geklärt habe, wird sich im nächsten wiederholen, und auch da kann ich sagen, leiden ist leichter als lernen und die Lösung des Konflikts weiter vor mir herschieben. Die Hoffnung, irgendwann läuft sich die Sache tot oder der Übermensch (Jesus oder ein anderer Prophet) kommt und tilgt mein Konto, ist ein nettes Märchen, auf dessen Verwirklichung wir schon 2000 Jahre warten. Selbstverantwortung für sein Glück ist etwas anderes. Dafür muss ich lernen und dabei muss ich mich bei den Symptomen bedanken und sie nicht bekämpfen, denn sie zeigen mir, was zu tun ist, um Frieden und Harmonie zu verwirklichen.

Gesundheit

Wäre ich ohne Leid, ich hätte keinen Grund, glücklicher und bewusster zu werden. Alles bliebe so, wie es ist. Warum sollte man etwas ändern, das in Ordnung ist? Es braucht also das Leid, die Qual, den Schmerz, um unseren Daseinszweck zu erfüllen. Andere denken, das Leid, die Qual, der Schmerz hindern uns daran, unseren Daseinszweck zu erfüllen. Diese Ansicht besteht nur, solange man Krankheit symptomatisch und nicht ursächlich betrachtet. Die Schulmedizin kümmert sich ausschließlich um die Symptome, feinere Methoden berücksichtigen psychische Ursachen, Mental Healing kümmert sich ausschließlich um die Lehre, die ein Symptom erteilt. Um diese Lehre zu erkennen, bedarf es keiner Medikamente, keiner Operationen, keiner energetischen Zuwendung, dafür bedarf es ausschließlich einer Bewusstwerdung. Wenn ich weiß, warum ich ein Symptom habe, das heißt, mir bewusst werde, was es mich lehren will, dann brauche ich die Lehre nur noch befolgen, das heißt, die Konsequenzen daraus ziehen und das Symptom hat seinen Zweck erfüllt und verschwindet. Die Schulmedizin nennt das dann eine Spontanheilung. Es hat aber mit Spontaneität kaum etwas zu tun. Es ist disziplinierte Erkenntnisarbeit. Es gilt, sich im intuitiven Bereich so stark wie möglich zu konzentrieren und vor keinem Schuldgefühl und keiner Existenzangst aufzugeben. Groteskerweise fühlt man sich für das seelische und körperliche Leid, das einem zugefügt wurde, oft auch noch schuldig.

Man bestraft sich selbst für die Qual, die man mal erlitten hat. Man will oft das Leid nicht loslassen, weil es mit einer Zuwendung verbunden ist, die einem in seelisch armen Zeiten als Liebesersatz dient. Es gibt viele Faktoren, weshalb wir lieber das Symptom unserer Leiden bekämpfen wollen, als seine Ursache aufzudecken. Nur wenn wir wagen, uns den Ursprung anzusehen, ungeschönt, so, wie es geschah, dann haben wir die Möglichkeit, eine große Tat zu vollbringen, uns und andere von Groll, Hass, Schuld und Sühne zu befreien, indem wir verzeihen und uns mit dem Täter versöhnen, wie auch umgekehrt, wenn wir der Täter waren, uns zu verzeihen, uns von Schuld zu befreien und uns mit dem Opfer zu versöhnen. So etwas hat große Auswirkungen, um auf dem Pfad zum Gipfel des Glücks weiterzukommen. Wenn wir so weit sind, hat die Krankheit ihre Funktion verloren und geht, löst sich auf. Solange wir nur an Symptomen herumdoktern und Schmerzen bekämpfen, lernen wir nicht und haben die Krankheit quasi umsonst. Die Seele wird neue Symptome produzieren, bis wir auf sie hören und von ihr lernen.

Dies ist ein intuitiver Vorgang, für den es keine gesellschaftlich oder gar staatlich geförderte Ausbildung gibt. Aus diesem Grund und aus Dankbarkeit dafür, dass ich wieder laufen kann, haben meine Frau und ich eine Akademie gegründet und arbeiten seitdem tagaus, tagein, um aus der Erkenntnis, wie Heilung zustande kommt, ein Bildungsprogramm zu machen. Wir meinen, man sollte mit diesem Programm nicht warten, bis die Symptome so stark sind, dass es einem schwerfällt, sein Leiden positiv zu sehen und sich bei ihm zu bedanken. Man sollte sein Bewusstsein diesbezüglich entwickeln, solange man gesund ist, um nicht erst krank werden zu müssen.

DANKBARKEIT

In unendlicher Dankbarkeit dafür, dass ich wieder laufen kann, stelle ich seit einigen Jahren mein Wissen und meine Erfahrungen in Vorträgen und Seminaren zur Verfügung. Hierfür haben Martin Steurer, meine Frau Astrid und ich 2007 die gemeinnützige Europäische Stiftung für Selbstheilungsprozesse ins Leben gerufen. Die SHP-Stiftung ist eine Einrichtung, die Hilfesuchende per Telefonberatung auf ihrem Selbstheilungsweg begleitet. Die SHP-Stiftung will zugleich eine Forschungsplattform sein, die Erkenntnisse über Selbstheilung jedermann und jederzeit zugänglich macht, per Internet und anderen Veranstaltungen.

Die Gesunden, die unser Bildungsangebot nutzen, sind bisher vor allem Menschen aus dem professionellen Heilbereich, Ärzte, Heilpraktiker, Psychotherapeuten, Krankenschwestern und -pfleger etc., andere sind bereits krank, teilweise schwer krank oder sogar austherapiert. Sie alle wollen lernen, sich selbst zu heilen. Da dies aber eine philosophische und keine medizinische oder körperliche Aufgabe ist, haben wir wunderbare Erfolge. Ohne, dass es unsere Aufgabe ist, zu wissen, an welchen Symptomen unsere Teilnehmer erkrankt sind, finden sie den Zugang zu ihrer Seele und lernen mit ihr zu kommunizieren. Niemand in diesem Universum kennt uns besser als unsere Seele und kann uns daher besser sagen, was wir zu tun oder zu lassen haben, um wieder gesund zu werden. Kein Heiler, kein Guru, kein Hellseher, kein Pfarrer, kein Arzt, kein Papst, kein Sai Baba, kein Dalai Lama, kein Jesus, keine Maria kann einem besser helfen als die eigene Seele.

Würden wir unsere intuitive Seite so stark trainieren wie unsere rationale Seite, hätte niemand Probleme, die Sprache seiner Seele genau zu verstehen. Die frohe Botschaft dabei ist, dass es für dieses Training nie zu spät ist. Wann immer ich die Sprache meiner Seele lerne und sei es am Vorabend meines Todes, wäre es nicht zu spät und nie umsonst. Die SHP-Stiftung bietet ein Programm der Selbsterfahrung in Selbstheilung. Das ist die Praxis der Seelenarbeit. Es ist eine Entwicklung in die eigene Kompetenz für das eigene Wohlergehen und sogar das meiner Seelenverwandten. Wer lernt, sich selbst als geistiges Wesen zu verstehen, versteht auch andere so und kommt daher mit ihren Seelen leichter in Kontakt, als wenn er sich selbst primär als materielles Wesen betrachtet und entsprechend isoliert von seiner Seele und der der anderen dahinlebt. Mit dem aktiven Bezug zu meiner Seele gehe ich meinen Weg auf den Gipfel des Glücks wesentlich leichter und erfolgreicher. Das kann ich auch dann tun, wenn alle anderen um mich herum das (noch) nicht tun wollen oder tun können. Ich brauche nichts und niemanden dafür, um mich selbst zu befreien, aus meinem Leid zu lernen und glücklicher zu werden.

Ja zu meinem Körper

UWE ALBRECHT

DEIN KÖRPER IST DER TEMPEL DEINER SEELE.

In Zeiten, in denen die klassische Medizin immer weniger sinnvolle Antworten geben kann und immer mehr Menschen alternative Wege suchen, ist es Zeit, Dein eigener Heiler zu werden und wenn möglich Dir selbst zu helfen.

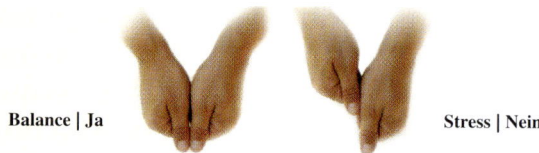

Balance | Ja   Stress | Nein

Mit dem Armlängentest hast Du ein fantastisches Testinstrument und es ist kostenfrei (in elektronischer Version zahlen Therapeuten oft über 20 000 Euro dafür). Und Du hast damit ein Instrument, dessen Genauigkeit die meisten Labortests nie erreichen werden. Ein EKG kann Durchblutungs- und Rhythmusstörungen des Herzens aufzeigen, aber kein gebrochenes Herz. Doch auch das tut weh. Wenn es nicht heilt, wirst Du Jahre später dann Veränderungen im Herzen finden. Schließlich zeigt auch das EKG Veränderungen. Der Weg zur Heilung ist dann sehr lang und vielschichtig. Ganz gesund bist Du nur, wenn Du auf allen Ebenen (körperlich, biochemisch, mental, emotional, energetisch und seelisch) frei von Blockaden bist. Wenn alles fließt.

Wenn Du auf Deine Leber tippst und dann mit den Armen testest, wie sie verschieden lang werden, kannst Du auch die kleinste Laus auf der Leber finden. Vielleicht aber auch, wenn die Leber im Bier ersäuft und stöhnt: „Ich kann nicht mehr."

Was glaubst Du, wie groß eine Struktur im Körper sein muss, bevor sie im Ultraschall zu sehen ist? Circa 0,5 Zentimeter. Das ist riesig, das sind zwei bis vier Millionen Zellen. Bei einem Tumor ist schon viele Jahre vorher ein Teil von Dir durch einen Verlust, ein Trauma gestorben. Willst Du immer noch warten, bis das Kind in den Brunnen gefallen ist, bevor Du wieder Deinen Gefühlen vertraust? Willst Du wirklich wissen, wann ein Zahnarzt im Röntgenbild sieht, dass unter einem Zahn, wo es seit Jahren wehtut, wenn Du dahin drückst, eine Entzündung ist? Er sieht sie erst, wenn die Hälfte des Knochens zerfressen ist. Sorry für diese Desillusionierung. Wer immer noch aufschauen will und auf Autoritäten steht, dem will ich hier nicht zu nahe treten. Wir sind ja alle erwachsen und selbst für unser Leben verantwortlich.

Mit dem Armlängentest kannst Du auch ermitteln, ob ein Heilmittel helfen kann oder es sogar Schaden zufügt. Wenn Du zum Beispiel ein Problem mit dem Darm hast und auf den Darm drückst, werden die Arme beim Armlängentest verschieden lang. Wenn Du jetzt Deine Medikamente in die Hosentasche steckst, die Du gegen die Darmprobleme einnimmst, sollten diese – zum Testen auch nur am Körper getragen – beim Drücken auf den Darm und anschließenden Testen mit den Armen den Stress eliminieren; die Arme bleiben gleich lang. Aber nur, wenn die Mittel auch helfen.

Nun mach das mit dem Schnupfen, Asthma oder was auch immer Du so an Problemen hast. Hast Du die richtigen Heilmittel, geht der Stress weg. Sind die Mittel ganz gut, aber nicht gut genug, wird die Armlängendifferenz nur kleiner werden. Wirken sie nicht, bleibt der Stress gleich groß. Wenn Du testen möchtest, ob die Heilmittel und Medikamente, die Du einnimmst, auch gut sind für Dich, geht das auch ganz einfach: Du denkst an nichts und steckst ein Mittel in die Hosentasche oder schaust einfach nur darauf und stellst Dir vor, es einzunehmen.

Schaden sie nicht, bleiben die Arme gleich lang. Mag Dein Körper sie nicht, bekommst Du verschieden lange Arme.

Allergie | Panik

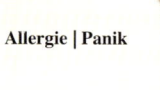
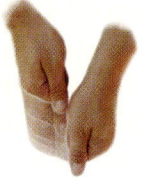

Nun haben wir noch den schlimmsten Fall, Du bist allergisch auf die Mittel (Es ist gar nicht so selten, dass ein Asthmatiker beispielsweise auf seine Asthmamittel allergisch reagiert. Da beißt sich die Katze in den Schwanz.). Bei Allergien wird die Armlängendifferenz immer größer, wenn Du gleich nacheinander mehrfach testest.

Selbst ist der Mann und selbst die Frau. Du testest selber aus und gehst beim Verordner reklamieren, wenn es nicht stimmt. Wenn möglich, findest Du selber Heilmittel aus der Natur, die Dir helfen. Das können Kräuter, Gewürze, Farben, Heilsteine, Vitamine, Mineralien, ... sein. Oft hilft auch Ehrlichkeit, endlich mal aussprechen, was Dir auf der Leber liegt. Was immer hilft: Die Kompromisse zu beenden, die in Deinem Leben so vor sich hin stinken. Das Herz zu öffnen und zu vergeben kann auch Wunder bewirken. Gib Dich nicht mehr mit der Medizin des letzten und vorletzten Jahrhunderts zufrieden. Die Medizin steht oft noch auf dem Stand der Mechanik, Informationszeitalter und vernetztes Denken sind da vielfach ein Fremdwort. Aber es gibt auch dort Lichtzeichen wie Homöopathie im Medizinstudium, Ganzheitliche Medizin und Masterstudiengänge für Energiemedizin, die zunehmend für Ärzte angeboten werden. Für Heilungen ist es nötig, die großen Zusammenhänge zu erfassen. Ich gebe Dir ein Beispiel: Ein kleines Kind hatte seit Tagen hohes Fieber. Nichts half.

Beim Testen stellte ich fest, dass das wirkliche Problem nicht beim Kind lag, sondern bei der Mutter. Die Mutter brauche in diesem Fall frischen Pfefferminztee, um gestaute Wut zu lösen. 30 Minuten, nachdem sie den Tee getrunken hatte, ging beim Kind ganz von selbst das Fieber weg. Das ist keine Zauberei, sondern systemisches Arbeiten. Und der Armlängentest, über den wir direkt mit dem Unbewussten kommunizieren können, hilft uns dabei. Kinder lieben ihre Eltern und tragen deren Last mit. Deshalb behandeln viele Therapeuten immer erst die Eltern, wenn ein Kind krank ist.

Hier noch eine Story:
Wenn Du Knieschmerzen hast, wirst Du das Problem am Knie normalerweise nicht lösen können. Das Knie meckert, weil es nicht in der Achse belastet wird. Deine Beine sind verschieden lang, das Becken steht schief, die Ein- oder Ausatmung ist blockiert, der Blick in bestimmte Richtungen ist unangenehm (da will ich nicht hinsehen). Du glaubst, das sind alles Einzelprobleme? Falsch, es ist alles der Ausdruck eines Problems. Die richtigen Heilmittel klären die Ladung des Langzeitspeichers für Emotionen – der Augenmuskeln – und lösen die Atemblockaden – so kann Altes losgelassen und Neues erlaubt werden. Das Becken stellt sich gerade, die Beinlängen werden gleich und Dein Knie kann endlich heilen. Und Du hast die Kraft, Dein Leben zu verändern, in eine neue Richtung zu gehen. Das Knie war auch nur die rote Lampe, die sagte: „Stopp, geh diesen Weg nicht weiter." Dass im Körper alles einander bedingt, kann der Spezialist nicht sehen. Es ist 500 Jahre her, dass der letzte große Arzt lebte, der noch alle Bereiche beherrschte: Paracelsus. Er war noch Arzt (Naturalis), Homöopath (Specificus), Psychologe (Characteralis), Magier (Spiritualis) und Priester (Fidelis) in einem. Das ist lang her und die Kunst ist fast vergessen. Symptome sind immer nur Zeichen, die Dir sagen: „Hier stimmt etwas in Deinem Leben nicht." Sie helfen Dir, innezuhalten und nachzudenken. Und dann müssen wir bereit sein, alles zu verändern, um wieder gesund

zu werden. Wirklich alles. Wer das nicht möchte, darf ja gerne weiter leiden und die Opferrolle spielen. Wer aber davon genug hat, kann erwachsen werden und Verantwortung für das eigene Leben übernehmen. Suche Dir einen Arzt oder Heilpraktiker, der Dich als gleichwertig ansieht. Jemand, der Dir auf Augenhöhe begegnet. Dich ernst nimmt und nicht sagt: „Das kann nicht sein, das darf nicht sein und hier ist die grüne Pille zum Glücklichsein und mehr Zeit habe ich eh nicht für Sie." Lerne, Deinem Gefühl zu vertrauen, lerne, selber auszutesten und, wenn nötig, hole Dir Hilfe.

Du meinst, Du lebst gesund. Achtest darauf, keine künstlichen Farbstoffe zu essen, hast die Amalgamfüllungen schon vor Jahren entfernen lassen, gehst Impfungen aus dem Weg, meidest Zuckerersatzstoffe, kaufst Bio – wenn möglich – und die alte Spanplattenschrankwand wurde gegen Vollholz aus Dänemark ausgetauscht. Schon ganz gut. Aber was ist mit anderen Giften in Deinem Leben? Den negativen Gedanken, unguten Gefühlen, schlechten Erinnerungen, belastenden Lebenssituationen, Arbeit – bei der Du längst innerlich gekündigt hast –, energetischen Manipulationen, Beziehungen – an denen Du nur noch aus Angst vor dem Alleinsein festhältst? Was war denn das größte Gift Deines Lebens? Nimm Dir einen Moment Zeit, darüber nachzudenken. Es wird ein Gift sein, welches immer noch in Dir wirkt. Ja, wenn Du richtig nachdenkst, war es nicht Amalgam und auch nicht Holzschutzmittel, sondern: Nicht-geliebt-worden-sein, Angst, kein Vertrauen, Nicht-gewollt-worden-sein. Diese Gifte sind so stark, dass sie unser ganzes Leben bestimmen können.

ZEIT FÜRS ENTGIFTEN.

Beseitige alle Gifte aus Deinem Leben. Keines von denen ist es wert, weiter wirken zu dürfen. Wenn Du Dir klar bist, wie viel Du Dir selber wert bist, Dein Glück, Deine Lebenserfüllung, Deine Freude – dann entgifte. Mit dem

Armlängentest kannst Du nun selber herausfinden, mit welchem dieser Gifte Du noch Stress hast. Wenn Du an etwas denkst und es erzeugt Stress mit einer Armlängendifferenz, ist es nötig, etwas zu tun. Wenn Du dann dazu an eine Lösung denkst und der Stress verschwindet, die Arme wieder gleich lang werden, hast Du die Lösung gefunden. Hier eine kleine Hilfe, was alles helfen kann:

VERGEBUNG
EHRLICHKEIT
DANKBARKEIT FÜR DIE ERFAHRUNG
ZEICHNEN
MUSIK
FARBEN
ESSEN ÄNDERN
GETRÄNKE ÄNDERN
KOMPROMISSE ÄNDERN
KOSMETIKA ÄNDERN
WASSER TRINKEN
NATURHEILMITTEL
BESUCH BEIM HEILPRAKTIKER,
GANZHEITLICHEN ARZT
VITAMINE,
MINERALIEN
…

Das Heilmittel, welches den Stress beseitigt, ist der richtige Weg für Dich, wieder ein Stück heiler und glücklicher zu werden. Nun noch die Frage, womit Du Dich nährst? Du wirst gleich an Essen denken, aber ich frage nach mehr. Nährst Du Dein Gehirn mit positiven oder negativen Gedanken? Nährst Du

Dein Herz mit Neid, Eifersucht, Gier, ... oder nährst Du es mit Demut, Liebe, Großzügigkeit und Offenheit? Umgibst Du Dich mit lichten oder dunklen Energien? Nährst Du Deine Seele, indem Du Deinen Lebensplan lebst? Was isst Du? Was trinkst Du? Wenn Menschen zum Beispiel wenig Energie haben oder überfordert sind, versuchen viele, sich mit Zucker, Kaffee, Zigaretten, ... zu dopen. Mit Alkohol und Drogen lassen sich gut Stress, Druck und Probleme wegdrücken. Es ist nicht so entscheidend, was Du zu Dir nimmst, sondern aus welchem Grund. Natürlich sollte es nichts sein, was Du gar nicht verträgst.

Hier die Checkliste der häufigsten Schrecklichkeiten zum Austesten:

Milcheiweißprodukte (inklusive Rindfleisch)

Hühnereiweiß

Weizen

Zuckerersatzstoffe

Farbstoffe

Du wirst Dich wundern, dass die gesunde Milch und Eier dabei sind. Über die Hälfte aller Menschen verträgt keine Milchprodukte; bei Eiweiß ist die Zahl nicht ganz so hoch. Viele Krankheiten stehen mit diesen Unverträglichkeiten in Verbindung. Bei Milch: Mittelohrentzündungen, Nebenhöhlenentzündungen, Bronchitis, Asthma, Durchfall und Bindegewebsveränderungen. Beim Hühnereiweiß: Neurodermitis, Mandelentzündung, Darmentzündungen. Da bleibt nur Weglassen. Teste es einfach wieder mit Deinen Armen aus. Du weißt doch: Vorher „Ja" sagen und testen. Jetzt „Nein" sagen und testen, um sicher zu sein, dass Dein Körper antworten kann.

Dann kannst Du zum Beispiel Nahrungsmittel testen. Gleich lang heißt verträglich. Nicht gleich lang heißt: „Das mag ich nicht". Immer größere Differenz heißt: „Niemals, ich bin allergisch darauf". Du kannst das schon im

Supermarkt machen. Stelle Dich vor die Nahrungsmittel, stelle Dir vor, sie zu essen, zu trinken ... und teste, was Du verträgst. Nun probiere noch mal Folgendes zu testen: „Ich bin auf allen Ebenen genährt, der körperlichen, mentalen, emotionalen, energetischen und seelischen." Was nützt es Dir, wenn Dein Körper wohl genährt ist, Dein Herz aber verhungert? Wenn da etwas fehlt, teste aus, auf welcher Ebene, und sorge für Dich.

MEDITATIONS- UND HEILSYMBOL
Lege die Hände darauf, schließe die Augen, lausche und erlaube.

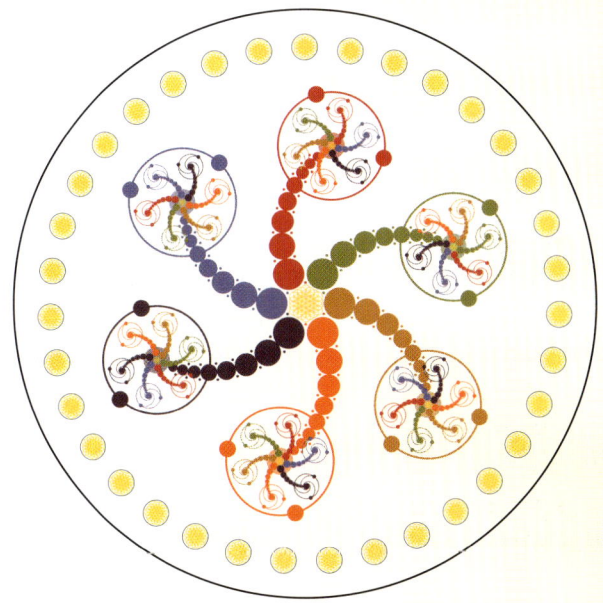

Flowmaker by Uwe Albrecht. „Ich liebe meinen Körper.
Ich bin es wert, gesund und glücklich zu leben."

221

SÄE EINEN GEDANKEN
UND DU WIRST EINE TAT ERNTEN,
SÄE EINE TAT UND DU WIRST
EINE GEWOHNHEIT ERNTEN,
SÄE EINE GEWOHNHEIT
UND DU WIRST EINEN CHARAKTER ERNTEN,
SÄE EINEN CHARAKTER UND DU WIRST
EIN SCHICKSAL ERNTEN.

AUS CHINA

V

FÜLLE
&
WOHLSTAND

Wie wohl die meisten Menschen hatte ich früher immer von Wohlstand und Reichtum geträumt. Aus verständlichen Gründen – finanzieller Reichtum oder Millionär zu sein ist wunderbar, denn mit Geld kann man sehr viele tolle Dinge machen und wunderschöne Sachen kaufen. Natürlich war das auch in meinen jugendlichen Träumen ein wichtiger Aspekt, zumal ich so etwas nicht kannte. Allerdings war mir doch schon als Jugendlicher klar, dass Reichtum allein zwar wunderbar sein kann, aber noch lange kein Garant fürs Glücklichsein. In meinen Tagträumen spielte zwar die Vorstellung von Traumautos, schönen Häusern und luxuriösen Reisen eine große Rolle, dennoch hatte viel Geld eine ganz andere, übergeordnete Bedeutung für mich: Es bedeutete Freiheit. Und zwar die Freiheit so leben zu können, wie ich wollte, ohne gezwungen zu sein, irgendeinen Job zu machen, der mir nicht gefiel, nur um meinen Lebensunterhalt zu bestreiten.

Wie Sie bereits aus den vorangegangenen Kapiteln wissen, erfüllten sich meine Jugendträume. Ich wurde Millionär und leistete mir alle Autos, alle Häuser, alle Reisen und auch sonst fast alles, was ich mir als Junge erträumt hatte. Kurt Tepperwein sagt in seinem Kausaltraining: „Eine Million bleibt selten allein. Sie lädt ihre Freunde ein." Und es stimmt – in meiner geschäftlich erfolgreichsten Phase habe ich das erlebt. Ich hatte sozusagen einen „Lauf" oder ein goldenes Händchen, denn als ich sowieso schon sehr viel Geld verdiente, kam immer noch mehr hinzu.

So legte ich mir zum Beispiel mehrere Immobilien zu, die eigentlich lediglich als langfristige Anlage gedacht waren und gar nicht schnelle Gewinne zum Ziel hatten, und trotzdem stiegen einige der Wohnungen innerhalb von zwei bis drei Jahren so sehr im Wert, dass ich sie völlig unerwartet mit sechsstelligem Gewinn verkaufen konnte. Ein anderes Mal kaufte ich ein sehr exklusives Auto, mehr rein aus Faszination und Neugier, und binnen kurzer Zeit war das gute Stück wegen limitierter Auflage so begehrt, dass ich es schließlich ebenfalls mit einem sehr hohen Gewinn wieder verkaufte. Während ich derlei Dinge machte, weil ich ein gutes Gefühl dabei hatte und nicht die Erwartung, Geld damit zu verdienen, war ich doch auch in dieser sehr erfolgreichen Zeit manchmal der Verlockung erlegen und hatte Geschäfte allein aus der Motivation heraus gestartet, mir ein zweites oder drittes Standbein aufzubauen. Alle diese Geschäfte liefen allerdings nur bedingt gut. Ich glaube, weil ich nicht mit dem Herzen und dem Gefühl dabei war und nicht wirklich dahinter stand.

In der schwierigen Phase meines Existenzkampfes, als ich alles wieder verloren hatte, erlebte ich es dann noch offensichtlicher, wie das mit dem Geld so funktioniert. Wie ich bereits erzählte, tat ich alles, um nur schnell wieder aus dem Leid herauszukommen und Geld zu verdienen. Mein Antrieb war jedoch bestimmt von Existenzängsten, finanziellem Druck und der verzweifelten Hoffnung auf eine schnelle Veränderung meiner Situation. Wie ich jetzt weiß, sind dies keine wirklich guten Weggefährten zum Erfolg. Aufgrund meiner aussichtslosen Situation und des unerträglichen Drucks konnte ich einfach keine Entscheidungen mehr aus einem echten Gefühl heraus treffen – schlimmer noch, ich wusste nicht einmal mehr, ob ich überhaupt noch in der Lage war, mein Gefühl wahrzunehmen.

Ich war beherrscht von Panik und mein Verstand suchte zwanghaft nach schnellen Lösungen. Die Visualisierungen und Tagträume aus meiner Jugend, die entscheidend zur Verwirklichung meiner Träume beigetragen hatten, waren längst vergessen und hatten in meiner von Angst und Kampf bestimmten Welt keinen Platz mehr. Geld an sich ist etwas Positives und es liegt an mir, wie ich es einsetze und was ich damit mache – und: was es mit mir macht! Ich habe die positiven Seiten von materiellem Wohlstand kennengelernt und es genossen, weiß aber auch um die Verlockungen der Materie, die Ablenkungen von mir selbst und die Einladungen in die Oberflächlichkeit des Reichseins. Ich habe selbst erlebt, wie viel Zeit des Tages man mit materiellen Dingen beschäftigt sein kann, schließlich muss man sich ja um all die Geschäfte, Häuser und Immobilien und Autos kümmern. Außerdem weiß ich, wie es ist, ständig auf irgendwelchen „tollen" Events und Veranstaltungen eingeladen zu sein und das ganze Jahr bereits im Januar mit Toskana, Miami, Sylt, Cote d'Azur etc. voll verplant zu haben. Jeder, der das noch nicht selbst erlebt hat, denkt jetzt wahrscheinlich: „Was redet der denn da?" oder „Wo ist das Problem?"

Viele glauben, dass sie automatisch glücklich wären, wenn sie reich wären. Aber das ist ein Irrtum. Die meisten glücklichen Menschen habe ich nicht in Beverly Hills oder Monaco getroffen, sondern eher in vorwiegend armen Ländern wie Venezuela oder auf den Inseln der Karibik. Und die meisten sehr reichen und berühmten Leute, die ich kennengelernt habe, sind keineswegs glücklicher als ihre weniger wohlhabenden Mitmenschen. Ich habe im Bezug auf Wohlstand und Fülle mehrere Phasen durchlebt. Zu Anfang hatte ich kein Geld, dann sehr viel und anschließend wieder nichts. Meine Erkenntnis aus allen Erfahrungen lautet, dass es schön ist, viel Geld zu haben, weil man leben kann, wie man möchte. Eine Garantie für Glück ist es aber nicht. Geld kann in beiden extremen Ausprägungen zu einem Problem werden.

Habe ich sehr viel, bin ich sehr der Verlockung ausgesetzt, mich in der Materie und der Oberflächlichkeit zu verlieren. Habe ich kein Geld, wird es auch zu einem Problem, denn dann bin ich ständig mit dem Kampf ums Überleben beschäftigt und das Thema Geld nimmt auf diese Weise die Hauptrolle in meinem Leben ein. Eine Rolle, die es nicht verdient hat. Nie werde ich vergessen, wie mein Tagesablauf über Wochen und Monate in der Zeit meiner existenziellen Krise aussah: Nach dem Aufwachen wäre ich am liebsten sofort wieder eingeschlafen, da die Angst vor den Problemen und der Druck sofort präsent waren. Mit Mühe und großer Überwindung stand ich schließlich auf und saß oft fast den ganzen Tag auf meinem Sofa, immer auf der gleichen Stelle, wippte stundenlang mit dem Bein und rauchte eine Zigarette nach der anderen. (Irgendwann war der Sofabezug so abgenutzt, dass schon der Schaumstoff zum Vorschein kam.) Den ganzen Tag kreisten meine Gedanken dann um nichts anderes als darum, wie ich Geld auftreiben und meine Situation ändern konnte. Sie können sich vorstellen, wie viel Zeit ich damals bewusst gelebt und mein Dasein wirklich genossen hatte – nicht viel, wenn ich mir nicht meine persönlichen Glücksmomente nach 18 Uhr gegönnt hätte. So kann sowohl der Besitz von viel Geld als auch die gänzliche Abwesenheit davon sehr leicht dazu führen, von sich selbst, dem Glücklichsein und vielen schönen, wertvollen Dingen des Lebens abgelenkt zu werden.

Das Beste, was man tun kann, ist beruflich das zu tun, was einem Spaß und Freude macht, und seine Fähigkeiten voll einzusetzen. Denn alles, was mir Freude bereitet, mache ich gut, und was ich gut mache, wird von selbst erfolgreich. So war es zumindest immer bei mir – wenn ich das Geld in den Vordergrund gestellt hatte und ihm nachgelaufen bin, war es nie gekommen. Habe ich allerdings etwas wirklich aus ganzem Herzen und mit Gefühl gemacht, ohne über Geld oder Gewinn nachzudenken, kam das Geld von selbst. Dabei ist wirklicher Reichtum sowieso noch etwas ganz anderes und hat mit Geld nur bedingt zu tun. Selbst nachdem ich materiell alles verloren hatte, konnte ich innerlich zu mir finden und war auch ohne Geld und Erfolg glücklich. Damals sagte ich oft folgenden Satz, und das aus echter Überzeugung: „Ich bin heute reicher als je zuvor, nur habe ich gerade noch nicht wieder so viel Geld wie früher.“

Geld, Fülle und Wohlstand

NATASCHA LANDURIS

Geld ist nur ein buntes Stück Papier, umhüllt mit Deinem Gewissen. Ob Du Geld hast oder nicht, hängt einzig und allein von Deinem Gewissen ab. Wie ist Deine Einstellung zu Geld? Menschen, die immer genug Geld haben, um sich all ihre Wünsche zu erfüllen, haben ein reines Gewissen damit. Sie haben keine Angst davor. Sie nehmen Geld als etwas völlig Selbstverständliches. Diejenigen, die kein Geld haben oder große Schwankungen in ihren Finanzen erleben, haben immer ein schlechtes Gewissen, Geld zu besitzen oder zu behalten; entweder sich selbst oder einem beziehungsweise mehreren Familienmitgliedern gegenüber. Auch Deine Ahnen und sogar Gott können dabei eine Rolle spielen. Geld spiegelt immer Dein Gewissen und Deine Angst wider. Frag Dich doch gleich einmal selbst: Bist Du es wert, viel Geld zu haben, darfst Du es? Was wäre das Unangenehmste dabei? Wovor hast Du Angst oder wo würdest Du vielleicht nicht mehr dazugehören, wenn Du es hättest?

In meiner Praxis erlebe ich täglich, wie viele Existenzängste durch falsche Glaubenssätze entstanden sind. Hier sind einige Beispiele. Prüfe doch gleich, ob eine oder mehrere dieser Einstellungen in Dir schlummern.

Wenn man reich ist, wird man fies und unsympathisch. Geld macht doch unglücklich. Geld macht einsam. Reiche haben keine wahren Freunde. Geld stinkt. Seit meine Tante geerbt hat, ist sie unglücklich. Wer Geld hat,

lebt gefährlich. Geld ist unchristlich. Für Geld muss man hart arbeiten. Reiche sind unspirituell. Ich bin Künstler, kein Kapitalist. Die Reichen sind schuld an der Finanzkrise. Meine Familie hatte nie Geld. Mir steht das nicht zu. Wir Frauen dürfen nicht mehr Geld haben als unsere Männer. Wenn man reich ist, hat man immer Probleme mit dem Finanzamt. Ich will nie so werden wie meine Eltern. Dann lieber kein Geld.

Nichts auf der Welt spiegelt Deinen Selbstwert und Dein Gewissen so sehr wie Geld. Ein leeres oder verschuldetes Konto zeigt Dir nur, dass irgendwo in Dir Schuld und Leere schlummern wie bei Deinem Konto. Auf Deinem Kontoauszug ist Deine Biografie beziehungsweise alles, was Dein Unterbewusstsein über Dich und das Leben abgespeichert hat, abgedruckt. Kontoauszüge sind Auszüge aus verschiedenen Stadien Deines Lebens, deshalb variiert es, je nachdem, in welcher Situation Du Dich befindest, wie positiv Du bist, wie viel und was Du Dir selbst erlaubst. Sollte Dein Konto nicht genug Geld aufweisen, stell Dir vor, Du bekämst jeden Ersten im Monat eine Überweisung von 20 000 Euro.

Frage Dich jetzt, wem gegenüber Du ein schlechtes Gewissen hättest? Wo in Deinem Körper kannst Du eine Abneigung wahrnehmen? Wovor hättest Du Angst? Wem würdest Du es verheimlichen? Spüre, was es in Dir auslöst. Was steht und fällt mit diesem Kontoauszug? Was würdest Du verlieren und vor allem was würdest Du gewinnen? Wie würden Deine Verwandten Dich sehen oder Deine engsten Freunde? Wer würde es Dir gönnen, wer würde sich mit Dir freuen? Wer wäre neidisch? Manche Menschen haben Angst, von der Familie ausgegrenzt zu werden, weil die Geschwister oder die anderen Familienmitglieder ihnen den Reichtum nicht gönnen könnten. „Woher hat der auf einmal so viel Geld? Der macht bestimmt krumme Sachen." „Die kann sich ja alles leisten." „Wir haben nun mal nicht so viel Geld wie Du, wir können uns keinen Urlaub leisten." „Wir haben für unser Geld noch hart gearbeitet." „Ich habe nun mal keinen reichen Mann, der mir alles zahlt." „Du hattest ja immer Glück." „Ich muss selber putzen." ... Mit diesen Vorwürfen ist es oft sehr schwer, Wohlstand anzustreben und wenn man den Luxus hat, kann man ihn wohl kaum genießen. Und so versucht man, ihn unbewusst wieder loszuwerden, um wieder in die Familie aufgenommen zu werden. Manche kreieren sogar, ohne es zu merken, eine Ehekrise, um sich des reichen Mannes zu entledigen und endlich wieder Teil der Familie zu sein. Sie nehmen dafür Armut für sich und ihre Kinder in Kauf.

Bei anderen Geschwisterkonstellationen kann die Geldblockade aus dem genauen Gegenteil entstanden sein. Sie nehmen unbewusst Rücksicht, wenn beispielsweise die Schwester sehr unglücklich ist. Vielleicht hat sie, im Gegensatz zu Dir, keine erfüllte Partnerschaft, ist kinderlos, depressiv und einsam. Das Einzige, was sie für sich geschaffen hat, ist ihre große Karriere mit viel Geld. Somit entsteht oft unbewusst das Gefühl, man würde ihr das Einzige, was sie geschaffen hat, das, was sie so besonders macht, wegnehmen, wenn man auch noch wohlhabend und erfolgreich wäre. Das habe ich bei meinen Klienten nicht selten als Ursache aufgedeckt. Das Unterbewusstsein will dem Geschwister dann wenigstens das Geld ganz überlassen quasi als einen Ersatzpartner und Lebenssinn. So hat er oder sie wenigstens das der Familie vorzuweisen. Diese falschen Beschlüsse entstehen oft schon in frühester Kindheit, lange bevor die Geschwister ihre Karrieren beginnen. Bei Familien mit mehreren Kindern bekommt jeder eine bestimmte Wertschätzung verliehen. Man könnte es sogar mit einer Art Rollenverteilung vergleichen. Wie etwa „der einzige Sohn" oder „das einzige Mädchen", „die Schöne", „der Kluge", „Mamas Liebling", „der Einfühlsame", „die Sensible", „der Einzige, der immer für die Familie da ist". „Der Künstler", „der Fleißige", „der Komiker", „die Hochbegabte", ... Unbewusst glaubt man, es stünde jedem nur dieser eine Platz oder dieses eine Talent zu. Man kann dem Geschwister nicht das wegnehmen, was es auszeichnet und einzigartig macht. So kann „die Schöne" beispielsweise nicht auch noch „die Kluge" sein, oder „Mamas Liebling" nicht noch reich sein wie „der ehrgeizige Fleißige". Das fühlt sich für den einen ungerecht an. Für den anderen wiederum als etwas Unerreichbares. Es ist, als stünde einem nur diese eine Identität und Gabe zu, die die Eltern und Verwandtschaft in verschiedenen Rollen unter den Geschwistern verteilt haben. Durch das Gefühl der Minderwertigkeit und durch falsche Rücksichtnahmen unter Geschwistern ist der Geldfluss bei vielen Menschen blockiert.

Bei Einzelkindern können ähnliche Blockaden entstehen, nur dass es durch die Eltern selbst ausgelöst wurde. Wenn beispielsweise die Mutter in der Ehe sehr unglücklich und vielleicht noch auf ihre eigene Tochter eifersüchtig ist, traut sich die Tochter nicht auch noch, erfolgreich und wohlhabend zu sein. Ein anderes Beispiel ist, wenn beide Eltern sehr ums Überleben kämpfen mussten, trauen manche sich nicht, es anders zu machen, weil sie vielleicht dann nicht mehr dazugehören könnten. Oder bei einem erfolglosen „Loser-Vater" traut sich der Sohn kein großes Imperium aufzubauen, damit der Vater nicht noch kleiner wirkt, und so weiter. Vielleicht hast Du das eine oder andere bei Dir erkannt und kannst Dir bewusst machen, dass es weder Deinen Eltern noch Deinen Geschwistern wirklich etwas bringt, wenn Du arm bist. Du bist nur für Dich und Dein Lebensglück verantwortlich. So wie die anderen für ihres. All diese Beispiele habe ich von meinen zahlreichen Klienten in den letzten Jahren. Nach Auflösung dieser Verstrickungen konnten die meisten ein sehr glückliches und luxuriöses Leben genießen. Auch Du bist jetzt ganz nah dran.

Geld ist nur Energie, nicht mehr und nicht weniger. Es hört ganz genau auf Dich und reagiert auf Deine Gedanken und Gefühle. Geld ist überall vorhanden und es ist genug für alle da. Es steht Dir jederzeit grenzenlos zu. Du musst es nur einladen, bei Dir zu sein, und mit Deinem schlechten Gewissen aufhören. Sollte Dir dies nicht gelingen, mach eine kinesiologische Sitzung oder Aufstellung zu diesem Thema und Du wirst sehen, wie die Energie sich blitzschnell ändern kann. Nach einer Sitzung können dann die falschen Glaubenssätze in positive „Programme" umgewandelt werden.

Hier einige Beispiele meiner Klienten:

Auch wenn ich viel Geld habe, bleibe ich ein guter Mensch. Auch wenn ich durch meine Bilder viel Geld verdiene, bleibe ich ein hervorragender Künstler. Auch wenn mein Bruder bis jetzt immer erfolgreicher war, darf ich ab sofort auch erfolgreich sein. Auch wenn meine Schwester es sehr schwer hat, darf ich reich und glücklich sein. Auch wenn ich das Lieblingskind war, darf ich reicher sein als meine Geschwister. Auch wenn ich immer der Einfühlsame, Sensible war, darf ich ein guter Geschäftsmann sein. Auch wenn ich sehr christlich lebe, darf ich viel Geld verdienen. Auch wenn mein Bruder ein eiskalter, fieser Geschäftsmann ist, darf ich viel Geld verdienen und ein guter Mensch bleiben. Auch wenn meine Ahnen alle im KZ umgekommen sind, darf ich reich, satt und wohlhabend sein. Auch wenn mein Opa ein großer Nazi war und viele Menschen auf dem Gewissen hat, darf ich gut für mich und meine Familie sorgen. Auch wenn meine Mutter sehr hart arbeiten musste, um uns durchzubringen, darf ich auf leichte und schöne Weise viel Geld verdienen. Auch wenn ich meiner Exfrau sehr weh getan habe, dürfen ich und meine neue Familie wohlhabend und glücklich sein. Auch wenn meine Eltern mich nicht wollten, bin ich es wert, viel Geld zu verdienen.

Geld ist nur Papier wie Deine eigene kleine Leinwand und Du inszenierst Dich als Hauptdarsteller darauf. Da wir unsere eigenen Regisseure sind, können wir unsere Projektion zu jeder Zeit ändern und unseren Film über Geld, Liebe und falsch verstandene Solidarität ganz neu gestalten. Probiere es aus. Das Schlimmste, was Dir passieren kann, ist, dass Du Dich unwohl fühlst, dann kannst Du ja das Geld schnell spenden oder ausgeben und Dich ganz schnell wieder in den Mangel zurück begeben. Dann bist Du Dir wenigstens bewusst, dass Du Dich so am wohlsten fühlst. Wichtig ist, als Erstes die Angst und Verkrampfung herauszunehmen. Geld ist wie eine Pflanze, wenn ich sie vor lauter Panik nicht gieße, wächst sie nicht. Wenn ich sie aber vor lauter Angst, dass sie nicht wächst, ständig gieße und gieße, bis sie völlig übergossen ist, wächst sie auch nicht. Erfülle ich regelmäßig meine Sorgfaltspflicht, kümmere ich mich mit Freude und Leichtigkeit um meinen Samen, dann wächst und gedeiht er prächtig. Nachdem Du Deine Pflanze kurz versorgt hast, denkst Du auch nicht den ganzen Tag und die ganze Nacht darüber nach, was wohl rauskommen wird. Soll ich sie mehr gießen? Soll ich sie weniger gießen? Was werden meine Freunde, meine Verwandten dazu sagen? Du gießt sie und Schluss, und die Pflanze ist selbstverständlich da und bereitet Dir Freude, nicht mehr und nicht weniger. So solltest Du es mit Deinem zukünftigen Vermögen auch handhaben.

Einmal am Tag bewusst etwas für Deine Geldquelle tun. Wenn Du eine feste Arbeit hast, dann brauchst Du Dir darüber nicht weiter Gedanken zu machen. Solltest Du Freiberufler, Künstler oder arbeitslos sein, geht es darum, sich konzentriert, aber mit Leichtigkeit und Spaß zu einer gewissen Uhrzeit und zeitlich begrenzt mit der Planung neuer Projekte zu befassen, Ideen zu sammeln für eine gute, erfüllende Saat und Ernte. Das Wichtige jedoch ist, dass Du es wirklich zeitlich begrenzt. Nach getaner Arbeit solltest Du es komplett loslassen und das Leben genießen. Die Ernte von Familie, Freunden und Selbstwert und vor allem von Deinen Ängsten, ob es hoffentlich erfolgreich wird, abkoppeln und Dich ganz dem Genuss des Lebens hingeben. Wenn Du voller Lebenslust und Vertrauen bist, wirst Du vom Leben getragen und Deine Projekte und Geschäfte fließen von selbst, denn sie werden genauso strahlen wie Du.

Menschen, die ihre Arbeit lieben und sie dadurch mit Leichtigkeit verrichten, haben in der Regel keine Geldprobleme. Sie beschäftigen sich mit ihrer geliebten Tätigkeit, ihrer Berufung und nicht mit dem Geld, das damit verbunden ist. Solltest Du Deine Berufung noch nicht kennen oder Schwierigkeiten haben, sie zu finden, empfehle ich Dir, eine Einzelaufstellung oder Kinesiologische Sitzung bezüglich Deiner Berufung zu machen. Wenn Du dann frei von Blockaden endlich Deiner Berufung nachgehen kannst, Dich kreativ und frei entfaltest mit dem, was Du tust, lässt sich Geld leicht und schnell verdienen. Lass die Gedanken an Geld erst einmal los: „Ich will Geld." „Ich brauche ganz dringend Geld", damit erreicht man das genaue Gegenteil, wie mit dem Übergießen der Pflanze.

Hier eine hilfreiche Übung.

Geh immer wieder in die Vorstellung, dass Geld nur aus einem Stück Papier besteht. Es gibt unendlich viel davon und es ist auf der ganzen Welt verteilt. Es ist für jeden genug da. Wir können sogar Unmengen davon einfach nachdrucken, wie man an der Finanzkrise sieht. Ob für Banken in Amerika oder in Deutschland, man hat es einfach milliardenfach nachgedruckt, und als es hieß, die Kassen seien leer, hat man für Griechenland noch mehr gedruckt. Klar, es ist ja nur Papier. So, und damit Deine Geldenergie genauso einfach ins Fließen kommt, erzähle ich Dir von einer sehr wirkungsvollen, kraftvollen, heilenden Aktivierung Deiner Geldquelle. Hebe ein paar 100-Euro-Scheine ab und verteile sie überall in Deiner Wohnung und in Deinen Taschen. Am Eingang, auf der Küchenkommode, in Deiner Hose, Jacke, im Wohnzimmer, neben Deinem Bett, im Kleiderschrank, sogar im Bad, auf der Waschmaschine, sodass

Du überall Scheine siehst. Lass es mehrere Wochen auf Dich wirken. Lass es liegen, und wenn Du davon unbedingt etwas brauchst, schau, dass Du es so schnell wie möglich wieder ersetzt oder wenigstens das Wechselgeld dorthin zurücklegst. Diese Energie ist sehr kraftvoll und sehr entspannend zugleich. Du trainierst die Selbstverständlichkeit des Geldes. So wie mit Deiner Pflanze, die Du täglich gießt, aber ohne große Gedanken darüber ist sie einfach nur da und macht Dir Freude. Du kannst es mit 5-, 10-, 20-, 50- oder mit 100-Euro-Scheinen machen; was Dein Konto Dir erlaubt. Solltest Du von Hartz IV leben oder Ähnliches, kannst Du einfach Papier ausschneiden und Euro-Scheine darauf malen, das funktioniert genauso. Lege aber ein bisschen Kleingeld dazu, ein paar 10-Cent-Stücke zum Beispiel. Sobald das Geld selbstverständlich in Deinen Alltag integriert wird, wirst Du nie wieder einen Mangel erleiden oder Angst davor haben. Weder hat es aus Dir einen schlechten Menschen gemacht, noch hat es Deinen Charakter verändert. Das kann Papier gar nicht. An alle Künstler: Eure Kunst ist wunderbar und Ihr seid auch dann wahre Künstler, wenn Ihr in Geld schwimmt. Gewöhnt Euch lieber daran! Ein guter Künstler muss nicht arm sein! An alle Spirituellen: Ihr seid es weiterhin, auch wenn Ihr überall um Euch Geld versammelt, das werdet Ihr nach dieser Übung sehen. Eure Meditationen werden euch genauso gelingen, vielleicht sogar noch besser. Man kann Gott, Jesus, Allah, Buddha und sämtlichen Erzengeln des Universums auch mit viel, viel Geld ganz nah sein.

Mit Deinem Reichtum könntest Du ja auch viel Gutes tun, und wenn es von Gott nicht gemeint wäre, dass Du Geld besitzen sollst, wärst Du nicht hier auf der Erde, sondern irgendwo im Universum, wo es gar kein Geld gibt. Geld kann Dich weder glücklich noch unglücklich machen. Es gibt Dir weder Sicherheit noch Geborgenheit. Es kann Dich nicht sexy oder wertvoll machen. Das Glück entsteht anders. Aber es kann Dich in allem sehr unterstützen. Versprich Dir heute, hier und jetzt, dafür offen zu sein. Wenn das Geld dann bei

Dir ankommt, wirst Du das Beste daraus machen für Dich, für Deine Liebsten und schließlich für Deine Erde, die Dein Zuhause ist und Dich mit all ihrer Fülle und ihren Wundern versorgt und trägt. Vergiss nicht, Geld ist nur Papier und die Münzen sind Metall, wie Dein alter Kleiderbügel. Ich wünsche Dir viel Kreativität, Phantasie und Leichtigkeit, damit umzugehen.

GELD, FÜLLE
& WOHLSTAND

Geld, Fülle und die Seele

RUEDIGER DAHLKE

In 30 Jahren Beratung habe ich wenige getroffen, die durch Geld glücklich, aber viele, die dadurch unglücklich wurden. Während wir beim Partnerspiel wenigstens beide Optionen haben, meist werden wir dabei erst glücklich und dann unglücklich, schaut es beim Geldspiel trist aus. Wir haben dem Geld seinen sinnlichen Bezug, den es als Goldtaler noch hatte, inzwischen weitgehend genommen. Dabei ist uns auch das Gefühl für seine Qualität zunehmend abhandengekommen. Viele Menschen sind mit Scheckkarten großzügiger als mit Bargeld, dessen sinnlich qualitativen Aspekt sie noch deutlicher spüren. Bei virtuellem Geld dürfte die Qualitätseinbuße noch ausgeprägter sein, wenn man der Milliarden gedenkt, mit denen Politiker immer sorgloser hantieren. Zuerst haben sie damit die Spielschulden der Investmentbanker saniert, dann die Großkonzerne der Autoindustrie mit Abwrackprämien gesponsert, um schließlich Pleitestaaten zu retten. Wo diese Geldmassen herkommen, weiß so recht niemand und es interessiert auch immer weniger.

Allerdings ist unsere Seele viel langsamer und hat die entsprechenden Schritte noch nicht mit vollzogen beziehungsweise richtet sich weiter nach uralten Werten. Sie bewertet nach einer uralten, archetypischen Moral, während der moderne Mensch immer moralfreier, um nicht zu sagen amoralischer agiert. Der Qualitätsverlust des Geldes wird an der Börse besonders deutlich. Dort „verdientes" oder vielmehr „erspieltes" Geld wäre nach geltendem deutschem Recht, das Zinsen oberhalb von 16 Prozent als Wucher einschätzt, moralisch verwerflich. An der Börse aber ist alles erlaubt und deutlich höhere Gewinne sind erwünscht und häufig. Wer sich überlegt, wie es dazu kommt, erkennt, dass dieses Zusatzgeld vor allem auf dem Buckel leidender Menschen

„erwirtschaftet" wird. Insofern wird es zu einer Art Blutgeld und bekommt dessen besondere Qualität. Diese sorgt – nach meinen Erfahrungen – dafür, dass niemand mit solchem Geld glücklich wird. Jedenfalls hat dieses Geld – auch in den Augen und Seelen vieler Betroffener – einen ganz anderen Charakter als mit „ehrlicher Arbeit" verdientes. Ob Spekulation ehrliche Arbeit ist, mag man diskutieren, die Seele ist längst entschieden. Sie bestimmt unsere Lebensqualität.

Das macht die Börse noch nicht schlecht. Im Gegenteil ist sie als Bank der Industrie notwendig. Wer Anteile einer Firma kauft, weil er sich mit dieser und den erzeugten Produkten identifiziert und auf diesem Weg zum Mitbesitzer der Firma wird, folgt einem auch für die Seele akzeptablen Weg. Er wird in der Regel aber keine horrenden Gewinne einheimsen, sondern von guten Zeiten der Wirtschaft profitieren und schlechte mit „seiner" Firma durchleiden. Die modernen Börsenspieler, denen es ums schnelle Geld der Spekulation geht, gewinnen mit ihrem auch „Abzocken" genannten Verfahren Geld ganz anderer Qualität. Dieses wird für ihre Seele zum Problem, obwohl sein Erwerb juristisch legal ist.

Letztlich kann Geld jede Qualität annehmen, die Menschen ihm geben. Als die Mafia Chicago zur reichsten katholischen Diözese machte, erschien das verdächtig. Aber ist Geld, das ein Priester dort zur Unterstützung notleidender Slumkinder nutzt, schlecht? Ethik existiert unabhängig von Geld. Geld verdirbt auch nicht den Charakter, aber es macht einen schlechten deutlich. Wichtig ist, neuerlich zu erkennen, dass Geld überhaupt Qualität hat. Die Gesetze, denen Geld folgt, sind dieselben, denen alles andere folgt, die Schicksalsgesetze, an erster Stelle das Gesetz der Polarität und an zweiter das Gesetz der Resonanz. Beide lernt man weder in einer Banklehre noch in einem Betriebswirtschaftsstudium. Der Volksmund aber kennt sie, etwa wenn er respektlos formuliert, der Teufel scheiße immer auf den größten Haufen. Dass Geld zu Geld tendiert, ist noch vielen bekannt. Dass es im Überfluss eher unglücklich macht, hat mit dem Polaritätsgesetz zu tun, das ja auch heiße Liebe oft in kalten Hass umschlagen lässt.

Eine Regel, die wir früh im Leben lernen, nämlich Zeit = Geld, ist definitiv falsch. Leider merken das viele erst sehr spät, wenn nämlich Ärzte ihnen die Lebenszeit beschneiden. Wer bei solcher Gelegenheit und angesichts drastisch reduzierter Lebenserwartung versucht, sein vieles Geld gegen Zeit einzutauschen, wird enttäuscht. Zeit war nie Geld und wird es auch nie sein. Eine Gleichung müsste umkehrbar sein, diese ist es nicht. Auch dass es herrenloses Geld gäbe, von dem man sich nehmen könnte, ohne sich die Hände schmutzig zu machen, ist eine, wenn auch weitverbreitete Illusion. Klagen wie „er bringt nicht genug nach Hause", „es kommt nicht genug herein" zeugen davon. Geld wird nie von selbst kommen, man muss es immer holen und letztlich direkt oder indirekt jemand anderem wegnehmen, weil es kein herrenloses gibt. Wer sich dafür zu gut ist, sollte nicht über Geldmangel klagen. Nichts aber spricht dagegen, ethisch vertretbare Wege zu finden, das Geld anderer Leute zu nehmen. Selbst Beamte nehmen das Geld des Staates und damit das aller.

Wer in Fülle und Wohlstand leben will, ist gut beraten, die Schicksalsgesetze zu beachten und sie in für die Seele akzeptabler, am besten sogar Freude machender Weise anzuwenden. Körperliche Fülle statt seelischer Erfüllung führt offensichtlich zu Krankheitsbildern wie Typ-II-Diabetes, Übergewicht und Gelenkproblemen und ist nicht zu empfehlen. Der Wunsch nach finanzieller Überfülle führt oft zu (Hab-)Gier und (Selbst-)Sucht, wohingegen bewusst erstrebter Wohlstand die Selbst-Verwirklichung unterstützen kann. So wie wir gut sein sollten zu unserem Körper, damit die Seele gern in ihm lebe, könnten wir auch achtsam und bewusst die finanziellen Grundlagen schaffen, um der

Seele Entwicklung und Wachstum zu ermöglichen. Das aber bräuchte Verständnis der „Schicksalsgesetze" und des „Schattenprinzips".

CHANCEN DES GELDES

So kann man sich und andere und über sie wieder die eigene Seele beschenken, kann sich für Projekte finanziell einsetzen, die der eigenen Seele wichtig sind. Die beste Geldanlage ist sicher dort, wo es Menschen Freude bereitet und natürlich auch einem selbst. Was immer wir in die Entwicklung der eigenen und der Seele anderer investieren, ist absolut krisensicher und über den Tod hinaus bestens angelegt. Die beste Pensionsvorsorge wäre, es zu schaffen, bis dahin immer noch ein lebendiger glücklicher Mensch zu sein. Der Feierabend des Tages ist wie der Lebensabend die Chance, ein gutes Ende zu finden. Ausreichend Geld kann das unterstützen. Finanzielle Überfülle aber ist wie körperliches Übergewicht ein Ungleichgewicht, das der Seele offensichtlich schaden kann.

Natürlich sollte das Geld reichen, aber auch diesbezüglich ist es am wichtigsten, dafür zu sorgen, eine Arbeit zu finden, die Freude macht und erfüllt, denn das wird für ein entsprechendes Entgelt sorgen. Wer aber aus Freude arbeitet, dessen Geld braucht weniger zu arbeiten und kann mehr Freude machen. Kindern sollte man aus meiner Sicht nicht das Leben belasten, indem man ihnen viel Geld vererbt. Das bewährt sich vom seelischen Standpunkt aus nicht. Erbschaften sorgen vor allem für Unglück und Unwohlsein, schlechtes Gewissen und unfrohe Lebensstimmung, schlimmstenfalls behindern sie sogar das Selbstbestimmungsrecht der nächsten Generation und führen dazu, endlos auf die Früchte anderer Leben zu warten, während das eigene verschoben wird. Ungleich besser wäre es, Kindern in der armen Welt durch überschaubare monatliche Zahlungen eine hungerfreie Zukunft zu schenken. Aus eigener Erfahrung bin ich davon überzeugt, dass solche „Projekte" insgesamt und auf lange Sicht für alle die beste „Rendite" erwirtschaften. Wer „Die Psychologie des Geldes" verstehen und mit den eigenen seelischen Bedürfnissen in Übereinstimmung zu bringen lernt, kann sich viel ersparen auf allen möglichen Ebenen.

Literatur zum Thema von Ruediger Dahlke:

„Die Psychologie des Geldes – Erfolgreicher und glücklicher mithilfe der Lebensgesetze", Buch und CD, Nymphenburger Verlag
„Die Schicksalsgesetze – Spielregeln fürs Leben: Polarität – Resonanz – Bewusstsein", Buch und drei CDs, Goldmann Arkana
„Das Schatten-Prinzip", Goldmann Arkana

GELD, FÜLLE UND DIE SEELE

Wie sie Burn-out, Pleite oder Jobverlust als Chance für neuen Erfolg und eine erfüllende Partnerschaft nutzen

EVA-MARIA & WOLFRAM ZURHORST

Von einem Tag auf den anderen kann alles zusammenbrechen, was bisher unsere berufliche Identität ausgemacht hat. Eva-Maria und Wolfram Zurhorst haben selbst jeweils eine Kündigung als Einschnitt in ihrer beruflichen Karriere und auch als extreme Belastung für ihre Partnerschaft erlebt. Das brachte sie zu der Überzeugung, dass eine berufliche Krise uns helfen kann, zu unserer wahren Berufung zu finden. Dass Burn-out und Jobverlust Samen für einen erfüllenderen und erfolgreichen beruflichen Neustart in sich tragen und dass sie große Chancen für die Erneuerung und Vertiefung einer Partnerschaft bieten. In ihrem Buch „Liebe dich selbst auch wenn du deinen Job verlierst" zeigen sie neue Wege auf, wie wir eine berufliche Krise nutzen können, um eine neue Art von Erfolg in unser Leben zu bringen und unser Beziehungsleben zu stärken. Hier an dieser Stelle zeigen sie, wie eng Beruf und Beziehung zusammenhängen und ineinander wirken.

Es wackelt im Job und auch privat ist gerade eher Flaute … Wir möchten Ihnen Mut machen und Ihnen eine neue Sicht vermitteln, dass genau das die ideale Zeit ist, um endlich Freude, Echtheit, ganzheitlichen Erfolg und Verbindung ins Berufs- und ins Beziehungsleben zu bringen. Wir möchten Sie dazu ermutigen, sich gerade in Zeiten der Krise wieder auf Ihr inneres Potenzial und tiefer in Ihre Partnerschaft einzulassen. Sie ahnen vielleicht gar nicht, wie sehr unsere Beziehungen heutzutage davon belastet sind, dass einer oder beide Partner sich beruflich auslaugen, und wie eng Erfüllung und Erfolg in Beruf und Partnerschaft miteinander verbunden sind. Sie können als Paar noch so bemüht um den Erhalt und die Wiederbelebung Ihrer Beziehung sein – wenn der Beruf des einen oder beider Partner wie ein Parasit von außen alle Kräfte zieht, dann sind meist alle Bemühungen um die Beziehung zum Scheitern verurteilt. Nur wenn zwei den Mut haben, ihrer Partnerschaft Priorität zu geben und Grenzen ins Berufsleben zu bringen, kommen sie wieder zu Kräften und ihre Partnerschaft zu neuer Lebendigkeit. Sie können die Gefühle unter die Lupe nehmen, Ihre Kommunikation verändern, offener über Ihre Sexualität reden und alte Verletzungen aufarbeiten. Wenn Sie aber einfach wie bisher ohne jede Grenze all Ihre Kräfte im Job verbrauchen, ihm Ihre Sensibilität opfern und dort mit immer härteren Bandagen kämpfen, sich verschließen und verhärten, dann überschattet das Ihre Partnerschaft und laugt sie hinterrücks aus, während Sie sich vordergründig um ihre Genesung bemühen. Vor diesem Hintergrund kann eine berufliche Krise zu einer großen Chance für die Partnerschaft werden. Viele Frauen zerren an ihren Männern, weil sie hautnah miterleben, wie sie sich selbst ausbeuten. Sie sehen klar, dass das, was er da tagein, tagaus mit sich, seinem Herz, seiner Seele und seinem Körper tut, ein Weg in die Sackgasse ist. Sie spüren, dass dieser Mann in der Beziehung und in der Familie kaum noch präsent ist. Dass er oft nur noch zum Auftanken nach Hause kommt oder um irgendwo all die aufgestauten Spannungen loszuwerden.

Die Frauen sehen das Dilemma und leiden oft mit. Aber außer Meckern und Zerren haben sie der langsamen Erstarrung und Selbstzerstörung ihrer Männer nichts entgegenzusetzen. Sie können ihnen keine Alternativen aufzeigen. Haben selbst noch nichts gewagt. Haben keine Erfahrung, wie man auf echtere

und erfüllendere Art Erfolg haben und seine Talente verwirklichen kann. Wie
man auf beziehungs- und familienfreundlicheren Wegen ausreichend Geld verdienen kann.

An dieser Stelle können wir betroffene Partnerinnen – und natürlich auch Partner – nur warnen: Sie können nicht andauernd meckern und jammern oder
einen leidenschaftlichen Vortrag nach dem anderen halten, der Ihren Partner
endlich in die Veränderung oder gar zum Ausstieg aus dem Karrierekarussell
bewegen soll, ohne ihm entweder eine Rückfallposition zu bieten oder den
Mut, einen langen Atem und die Bereitschaft zu haben, gegebenenfalls auch
einen deutlich niedrigeren Lebensstandard und einen radikalen Wandel des
gemeinsamen Lebens zu akzeptieren.

Wenn Ihr Partner in eine berufliche Krise gerät, die auch Ihr Leben ins Wanken bringt, für die Sie aber noch kein Werkzeug haben, dann sind auch Sie
gefordert. Dann heißt es auch für Sie, sich den aufkommenden Ängsten zu stellen und loszulassen von Gewohnheiten, Sicherheiten und vertrauten Mustern.
Wenn Sie ehrlich hingucken, war aller Wahrscheinlichkeit nach nicht nur sein
Leben, sondern auch Ihr Leben nicht mehr wirklich tragfähig, lebendig und
gesund. Und alles drückt und zwickt wie eine zu enge Hose, weil Ihr Inneres
nach neuem Raum und einer neuen, passenderen natürlichen Ordnung sucht.

Wenn Sie den Druck, der durch die Krise Ihres Partners in Ihr Leben gekommen ist, jetzt zur persönlichen Inventur nutzen, dann können auch Sie Ihren
neuen Platz finden. Wenn Sie aber gegen die Entwicklungen anrudern, ängstlich klammern oder gar Schuldzuweisungen verteilen, dann schwächen Sie Ihren sowieso schon angeschlagenen Partner nur noch weiter und machen sich
von jemandem abhängig, der selbst das Steuer nicht mehr in der Hand hat.
Tatsächlich haben Sie aber vielleicht genau die Fähigkeiten, die es braucht,

um Ihren Partner auf einen neuen Weg zu bringen und zu unterstützen. Voraussetzung: Sie gehen beide über Ihre alten Begrenzungen und Gewohnheiten hinaus. Vielleicht sagen Sie sich: „Das kann ich nicht. Ich weiß gerade selbst nicht, wie es bei uns weitergehen soll." Sie müssen es auch nicht wissen. Aber Sie können mit Ihrem Abstand vielleicht klarer sehen, was Ihr Partner jetzt braucht, als er es selbst unter dem Druck seiner Krise kann. Auf jeden Fall gilt: Auch wenn die Krise scheinbar Ihren Partner betrifft – auch Sie müssen sich bewegen. Eine Beziehung funktioniert immer in Polaritäten. Wenn der eine sich sehr stark in die eine Richtung bewegt hat, dann, weil der andere sich komplett in der entgegengesetzten Ecke eingerichtet hat.

Ihr Partner ist Allein- oder Hauptverdiener und steckt im Burn-out? Ist immer beruflich unterwegs? Wird von der Karriere aufgefressen? Und Sie träumen davon, dass er endlich wieder zur Ruhe kommt, endlich mehr Zeit für Sie, die Familie, die Kinder, sich selbst hat … Dann fragen Sie sich, was Sie übernehmen können, damit er wagt, loszulassen.

Wovon müssten Sie loslassen? Vielleicht von Ihrem Glauben, dass Sie ihn nicht wirklich auffangen und Teile von seiner Verantwortung übernehmen können? Dass die Kinder ohne Sie nicht klarkommen? Dass gerade jetzt auf keinen Fall Geld da ist für mehr Unterstützung im Haushalt? Dass Sie nicht wissen, womit Sie Erfolg haben könnten? Dass Sie sich nicht trauen, Ihrer eigenen Berufung nachzuspüren? Dass Sie nicht glauben, jemals ohne Überforderung und Selbstausbeutung für einen großen Teil des Unterhalts Ihrer Familie sorgen zu können? Dass Sie ohne die große Wohnung, dieses Haus, den Zweitwagen, die gesellschaftliche Anerkennung nicht leben können? Sie glauben gar nicht, was Sie alles können und vor allem, wie befreiend es sein kann, die gewohnten Ansprüche und Einschränkungen loszulassen. Und vielleicht können Sie jetzt noch gar nicht erahnen, wie sehr Sie zu zweit das perfekt ineinandergreifende

Instrumentarium haben, um sich gegenseitig zu inspirieren, zu motivieren und durch schwierige Phasen zu bringen. Gerade wenn Sie sehr unterschiedlich in Ihren Fähigkeiten und Ihrer Art sind, mit dem Leben und seinen Herausforderungen umzugehen; gerade wenn Sie sich ehrlich und kontrovers herausfordern und nicht aus falscher Rücksicht schonen, kann aus dem Zusammenwirken Ihrer unterschiedlichen Kräfte etwas Neues entstehen, das für alle Beteiligten einen Schritt voran bedeutet.

Unsere Erfahrung ist es, dass es nicht nur die Berufung eines jeden Einzelnen gibt. Sondern dass jedes Paar etwas Einzigartiges in die Welt bringen kann. Vielleicht liegen Ihre Nerven blank. Vielleicht sind Sie beide komplett erschöpft und versuchen nach allen Kräften, etwas am Leben zu halten, was nicht mehr am Leben zu halten ist: Die alte Sicherheit, die alten Kontakte, den gewohnten Lebensstandard, die Fassade der erfolgreichen Familie. Vielleicht streiten Sie nur noch und machen sich gegenseitig Vorwürfe, nicht endlich für eine Lösung zu sorgen. Vielleicht schleichen Sie nur noch resigniert umeinander herum …

Sie glauben gar nicht, was möglich ist, wenn Sie an diesem Punkt gegenseitig kapitulieren und vor dem anderen die Hosen herunterlassen. Trauen Sie sich! Sagen Sie, dass Sie gerade keine Ahnung haben, wie es weitergehen soll. Wagen Sie es, Ihrem Partner zu gestehen, dass Sie Ihre Bewerbungen halbherzig schreiben. Dass Sie am liebsten alles hinschmeißen und etwas ganz Neues machen würden. Dass Sie nicht mehr können und sich wünschen, dass der Partner das Ruder übernimmt. So eine Kapitulation ist nicht nur befreiend. Sie kann für eine Nähe zwischen Ihnen beiden sorgen, an die Sie schon lange nicht mehr geglaubt haben. Dafür ist eine Beziehung da, dass Menschen es wagen, füreinander ihr Herz aufzuhalten, wenn scheinbar nichts mehr geht. In solchen Phasen entwickelt sie ihre wahre Stärke. Sie glauben gar nicht, wie aufregend es ist, wenn Sie mitten in diesem bedrohlichen Auflösungsprozess sitzen, einmal alles auf den Tisch gebracht haben und sich einen Moment den Raum geben, über geheime Träume zu reden und die Sehnsüchte nicht länger wegzuschieben. Wenn Sie sich erlauben, Existenzangst, Pflichtbewusstsein und Sicherheitsdenken für einen Moment in die Schranken zu weisen und sich gegenseitig darin ermutigen, auszudrücken, was jenseits der Erfüllung Ihrer Pflichten in Ihrem Inneren darauf wartet, endlich ins Leben zu treten. Dann kann noch mal ein ganz neues Lebenskonzept entstehen und für beide ein neuer, aufregender Lebensabschnitt beginnen. Schauen Sie sich die vielen Paare an, die sicher, aber immer lebloser in den einmal gesteckten Bahnen die Jahrzehnte hinter sich bringen.

Vielleicht beneiden Sie die Nachbarn oder Freunde gerade, denen das Schicksal nicht den Boden unter den Füßen weggezogen hat wie Ihnen. Aber wir können Ihnen versichern: Sie beneiden sie garantiert dann nicht mehr, wenn Sie gemeinsam mit Ihrem Partner durch diese Krise gegangen und beide an ihr gewachsen sind. Im Laufe dieses Abenteuers könnten Sie beide eines der Geheimnisse einer lebendigen Partnerschaft entdecken, in der die Krisen nicht nur überstanden, sondern zur persönlichen Erweiterung genutzt wurden: Ein Paar kann zusammen nicht nur doppelt so viel ins Leben bringen wie einer von beiden alleine.

Wenn die Kräfte beider auf ein gemeinsames Ziel einwirken, potenzieren sie sich um ein Vielfaches. Beide fühlen sich unterstützt, nicht mehr so einsam, immer mehr an ihrem individuell richtigen Platz und doch tiefer in Verbindung als vorher. Vor allem werden beide wagemutiger und abenteuerlustiger als vorher. Unsere Erfahrung ist es: Sie wollen hinterher garantiert nicht mehr so leben, wie die, die Sie jetzt gerade um ihre Sicherheit beneiden! Wir beide haben selbst durch Kündigung und Burn-out radikale Einschnitte in unsere berufliche Karriere erlebt. Aber genau diese Erfahrung bildet heute ein wichtiges Fundament für unsere Arbeit, unser Leben und unseren Erfolg. Heute sind wir überzeugt, dass Arbeitslosigkeit, Kündigung, Konkurs und Burn-out manchmal äußerst hilfreich sein können. Dass sie uns aufwecken aus unserem Trott und schützen vor weiterer Selbstausbeutung. Dass sie uns oft genau den Schubs liefern, den wir brauchen, um endlich unseren eigenen Weg zu gehen und unsere wahren Fähigkeiten zu entdecken und ins Leben zu bringen. Um endlich wieder Spaß an der Arbeit zu haben und wahren ganzheitlichen Erfolg zu erleben. Deshalb hier noch ein paar Tipps, wie sich berufliche Tiefschläge mit dem richtigen Verständnis, Mut und Engagement in großartige Möglichkeiten persönlicher Entwicklung verwandeln lassen.

FÜNF WEGE AUS DEM BURN-OUT
1. MEIN JOB MACHT MICH FERTIG

Wer wirklich raus will aus dem Burn-out, zurück in seine Kraft, der muss bereit sein zu einem radikalen Bewusstseinswandel. Nichts da draußen beutet oder laugt Sie aus – nicht Ihr Chef, Ihre Mitarbeiter, die Wirtschaftskrise oder die Konkurrenz. Es sind nicht die äußeren Umstände, die Sie fertigmachen, sondern Ihre alten Prägungen und unbewussten Glaubensmuster, die Sie gefangen halten: Ihre alte Angst, Fehler zu machen. Ihre Sehnsucht nach Anerkennung. Ihr Festhalten an der perfekten Fassade. Ihre Angst, Grenzen zu setzen, Nein zu sagen und die eigenen Bedürfnisse ernster zu nehmen als Leistungsdruck und Erfolgsspielregeln.

2. ICH HAB'S VERMASSELT

Sich selbst zu verurteilen, ist genauso wenig zielführend. Wer im Burn-out gelandet ist, hat vorher viel zu lange viel zu viel gegeben. Nur an der falschen

Stelle für die falschen Ziele. Es nützt jetzt nichts, sich auch noch selbst fertigzumachen, wenn's im Job nicht mehr weitergeht und Körper oder Seele streiken. Es geht darum, die Signale ernst zu nehmen und die eigenen Wege der Selbstausbeutung und Selbstsabotage endlich ehrlich zu entlarven. Stattdessen: Selbstkenntnis und Selbstwertschätzung helfen, klare Prioritäten und Grenzen zu setzen, und sind dauerhaft die echten Erfolgsgaranten.

3. ICH MUSS ARBEITEN, UM MEINE EXISTENZ ZU SICHERN

Damit sind Sie in der Um-zu-Falle. Die meisten von uns tun dies, um mehr Geld zu verdienen, jenes, um die Karriere abzusichern, und das, um die Krise zu überstehen oder die Konkurrenz auszuschalten. Nur eins tun sie nicht: In diesem Moment aus voller Leidenschaft und voller Kraft die eigenen Gaben und Talente in ihr Tun einbringen. Wenn Um-zu Ihre zentrale Motivation bei der Arbeit ist, dann sind Sie angstgesteuert und befinden sich in einem permanenten Überlebensmodus. Da können Körper und Seele auf Dauer nur streiken. Langfristig erfolgreiche Menschen finden bei ihrer alltäglichen Arbeit das, wonach die anderen mit ihren Um-zu-Deals immer nur streben: Erfüllung. Sie sind mit Spaß bei der Sache und haben das Gefühl, etwas Sinnvolles zu tun.

4. ICH MUSS MEHR ARBEITEN, UM MEHR ERFOLG ZU HABEN

Wenn Sie mit dem, was Sie tun, permanent Ihr Ziel nicht erreicht haben, dann sollten Sie nicht vom Gleichen noch mehr tun. Sondern das, wovor Sie am meisten Angst haben: Nämlich nichts tun und für einen Moment den Mut aufbringen, den alten sicheren, aber auszehrenden Weg infrage zu stellen. Und sich stattdessen fragen: Was wäre es, was ich jetzt, in diesem Moment, aus voller Leidenschaft am allerliebsten tun und wo es meine Kraft am meisten brauchen würde. Und: Was ist der erste, konkrete Schritt, den ich aus meiner momentanen Sackgasse in diese Richtung tun kann? Dabei geht es um einen Impuls in eine neue Richtung und nicht um eine Flucht ins Traumland.

5. JOB UND PRIVATLEBEN GEHÖREN NICHT ZUSAMMEN

Beziehungs- und Arbeitsleben hängen untrennbar zusammen. Wer versucht, beides voneinander zu trennen, gehorcht zwar einer weitverbreiteten Überzeugung, fährt aber in den zwei entscheidenden Lebensbereichen jeweils nur auf halber Kraft. Zu Leuten im Burn-out gehören oft auch ausgelaugte oder entfremdete Beziehungen. Sie geben im Job mehr; als sie haben; und versuchen, diesen Mangel privat wieder reinzuholen. Dabei verkommen Beziehungen zu Erholungsheimen und Auftankstationen. Das geht auf Dauer meist schief und frustriert jeden Partner. Es ist dann nur eine Frage der Zeit, dass die Beziehung zum nächsten zehrenden Burn-out-Faktor wird. Dauerhafter Erfolg entsteht, wenn sich Geben und Nehmen privat und beruflich die Waage halten.

FÜNF WEGE AUS DEM JOBVERLUST IN DIE BERUFUNG
1. DER JOBVERLUST IST MEIN ENDE

Kündigung, Konkurs und Arbeitslosigkeit können der Anfang von etwas Echterem und langfristig Erfolgreicherem sein. Aus einem neuen, mutigen Blickwinkel betrachtet können sie sogar äußerst hilfreich sein. Vorausgesetzt, wir sind bereit, sie zu erforschen, zu verstehen und anzunehmen. Manchmal reicht nicht weniger als existenzieller Druck, um uns endlich aus Trott oder Selbstausbeutung aufzuwecken und auf einen neuen, authentischeren Weg zu katapultieren, auf den wir uns freiwillig nicht gewagt hätten. Wenn wir uns nicht in der Rolle des armen Opfers festbeißen, kann eine berufliche Krise uns genau den Schubs liefern, den wir brauchen, um über alte Grenzen hinauszugehen, neue oder verborgene Fähigkeiten zu entdecken und etwas zu wagen.

2. ICH MUSS SO SCHNELL WIE MÖGLICH EINEN NEUEN JOB HABEN

Sie sollten sich selbst lieber so klar und detailliert wie möglich einige Fragen beantworten: Welcher Teil in mir wollte das alles selbst nicht mehr? Wie viel Prozent von mir haben nur noch aus Routine, Sicherheits- oder Prestigegründen funktioniert? Wenn Sie ohne einen echten Klärungsprozess gleich mit Vollgas nach dem nächsten Job suchen, wird das nur begrenzten Erfolg entsprechend Ihrer eingefahrenen Muster und Modelle bringen und eine schleichende Rückkehr in die alten Sackgassen bedeuten. Jetzt nützt weder hektische Betriebsamkeit noch panisches Klammern. In Zeiten beruflicher Krisen geht es immer um Aufräumen und Erweiterung – darum, überholte Glaubenssätze und eingeschränktes Denken hinter sich zu lassen und überhöhte Ansprüche zu lockern. Das ist Grundvoraussetzung, um neue Kräfte und neue Lösungen zu entdecken. Und braucht einen Moment Zeit und Abstand.

3. ICH KANN NUR DAS, WAS ICH GELERNT HABE

Sie mögen das eine oder das andere gelernt oder nicht gelernt haben. Auf Ihrem Gesellenbrief steht vielleicht eine Berufsbezeichnung, auf Ihrer Bürotür stand ein Titel, in der Schublade liegt ein Studiendiplom einer bestimmten Fakultät. Aber das alles sind nicht Sie. Sie sind auch all das nicht, was Sie als Mangel definieren: Ihre gescheiterte Existenz, Ihr fehlender Abschluss, Ihre eingeschlafene Kreativität. Sie sind eine unverwechselbare Kombination aus Talenten, Fähigkeiten und Lebensaufgaben. Vielleicht ist Ihnen Ihre Einzigartigkeit nicht bewusst. Aber das heißt nicht, dass es sie nicht gäbe. Ihre berufliche Krise zeigt nur, dass sie noch nicht die richtigen Wege kennen, Ihr volles Potenzial zu leben.

4. Gefühle im Job sind unprofessionell

Gefühle sind die einzig verlässlichen, inneren Indikatoren auf dem Weg in die Berufung. Wer aus dem starren Funktionieren und aus dem leeren Um-zu-Spiel einen Ausweg sucht und seinem eigenen Weg folgen will, der braucht seine Gefühle als Wegweiser und als verlässliche Rückmeldungen. Nur unsere Gefühle zeigen uns unmittelbar, wann wir anderen gegenüber klar Grenzen setzen und besser für uns sorgen müssen. Wer im Berufsleben ohne Gefühle durchkommen will, der ist wie ein Schiff ohne Steuer. Viele, die von der beruflichen Krise erwischt und über Bord geworfen werden, haben sich vorher komplett von ihren Gefühlen abgetrennt und stattdessen immer weiter angepasst, kontrolliert und oft aus Angst und Erfolgsdruck ausgebeutet.

5. Da komm ich nur alleine raus

Damit Ihre berufliche Krise wirklich zum Startpunkt für einen neuen Erfolg wird, braucht es oft drastische Veränderungen und die Bereitschaft, ein Wagnis einzugehen. Da können Rollenmodelle und Vorbilder eine tragende Kraft haben, die einem zeigen, dass das scheinbar Unmögliche geht. Gerade in der Sackgasse gilt die Devise: Gucken Sie ab! Dabei geht es nicht darum, so zu werden wie ein anderer. Menschen, die Sie begeistern und als Vorbilder dienen könnten, repräsentieren Ihre inneren Potenziale. Mit einem Vorbild treten Sie mit hilfreichen, unterstützenden und erweiternden Kräften in Verbindung. Vorbilder sind Wegweiser. Und die kann man in den Irrungen der Wirtschaftskrise gut gebrauchen.

Vertiefendes zum Thema finden Sie im Buch von Eva-Maria und Wolfram Zurhorst: Liebe dich selbst auch wenn du deinen Job verlierst, Goldmann Arkana 2009

DIE REALITÄT IST NUR EINE ILLUSION,
WENN AUCH EINE SEHR HARTNÄCKIGE.

ALBERT EINSTEIN

VI

ENERGIE, REALITÄT & QUANTENPHYSIK

Hätte mir jemand vor 10 Jahren gesagt, dass ich mich eines Tages mit Quantenphysik beschäftigen würde, hätte ich wahrscheinlich geantwortet, dass ich heilfroh wäre, mich seit dem Ende meiner Schulzeit nicht mehr mit Physik beschäftigen zu müssen. Überraschenderweise bin ich aber dann immer öfter beim Lesen esoterischer und spiritueller Bücher auf die Quantenphysik gestoßen. Schon zwei Grunderkenntnisse der Quantenphysik machten mich dabei extrem neugierig. Die erste war, dass bei wissenschaftlichen Experimenten der Beobachter (Experimentator) das beobachtete Objekt beeinflusst, dass also das Bewusstsein durchaus Einfluss auf die Materie hat. Ich habe das oft im Leben erlebt, wie zum Beispiel mit meinen jugendlichen Tagträumen, die sich alle erfüllten, oder aber auch in täglichen Kleinigkeiten, wenn man beispielsweise mit negativen Erwartungen an eine Sache, eine Situation oder an einen Menschen herangeht und sich später genau diese Befürchtung bewahrheitet.

Im Positiven geht das natürlich genauso, ich erinnere mich da an einen geschäftlichen Termin mit einem Lieferanten, mit dem die Zusammenarbeit sehr schlecht und das Risiko sehr groß war, dass unser Treffen in einem Streitgespräch enden würde. Ich hatte deshalb unser Treffen vorher genau visualisiert und mir in meinen Gedanken alles vorgestellt, von der freundlichen Begrüßung bis hin zum positiven Gesprächsverlauf. Letztendlich kam es weder zu einem Streit noch zu einem richtigen Gespräch, denn mein Geschäftspartner war von Anfang an sehr freundlich und unterbreitete mir sehr schnell einen Lösungsvorschlag, der noch weit besser für mich war, als ich es mir erhofft hatte.

Die zweite Erkenntnis der Quantenphysik, die mein Interesse weckte, war folgende: „Teilchen und sogar Atome, die ehemals einen engen Kontakt aufwiesen, sind auch nach ihrer Trennung weiterhin als Einheit anzusehen. Ist eines der Teilchen weit vom anderen entfernt, dann reagiert es instantan (augenblicklich) mit dem anderen Teilchen, das hier und von uns gerade in diesem Augenblick beeinflusst wird" (Quelle: Dr. Anonymus, Glaube und Erwartung, siehe Kapitel 1). Da wir alle aus Atomen bestehen, bedeutet dies, dass wir alle miteinander und auch mit den Dingen verbunden sind. Sie kennen das sicher selbst aus dem täglichen Leben: Man denkt an jemanden, den man schon sehr lange nicht mehr gesprochen oder gesehen hat, und plötzlich ruft er an. Für mich lässt das ganz konsequent den Schluss zu, dass keiner allein ist und sich einsam und getrennt fühlen braucht, auch wenn uns das unser Ego in Momenten der Angst immer wieder einzureden versucht.

Dabei bestätigen die Erkenntnisse aus der Quantenphysik nicht nur unsere täglichen Erfahrungen, sondern ebenso die jahrtausendealten spirituellen Lehren und Weisheiten und das esoterische Weltbild (Veränderungen im Inneren beeinflussen und erschaffen die äußere Welt.) Ich fand das so faszinierend, dass ich mich über zwei Jahre intensiver mit dem Thema beschäftigt habe, auch wenn die Quantenphysik sehr komplex wird, sobald man tiefer einsteigt. Das hat mir sehr geholfen, denn mithilfe der Quantenphysik kann ich meinen Verstand und den Denker in mir befriedigen, wenn er gegen meinen Glauben an die Zusammenhänge des Seins rebelliert und mich zum Zweifeln an neuen Erkenntnissen bringen will.

Unser Sein, unsere Realität wird von unserer Wahrnehmung bestimmt, von unseren Gedanken. Da Gedanken wie alles im Universum reine Energie sind, haben sie eine große Wirkung auf mich und meine Welt. Sie spielen eine wesentliche Rolle in meinem Leben, weil ich dazu neige, mich über sie zu definieren und mich von ihnen leiten und bestimmen zu lassen. Die Wissenschaft hat herausgefunden, dass wir am Tag circa 60.000 bis 85.000 Gedanken haben. Dass Gedanken nützlich sind, versteht sich – ich glaube aber trotzdem, dass wir viel mehr als nur Gedanken oder Persönlichkeiten sind. Gedanken sind nur das Produkt meiner Erfahrungen und Erlebnisse. Viele Informationen, die mein Gehirn erhält, sind aber nur die Meinungen und Einstellungen anderer Menschen, insbesondere von meinen Eltern, von Familienangehörigen, Lehrern, Freunden, der Gesellschaft oder den Medien. Oft haben sie nicht wirklich etwas mit mir zu tun. Und doch wurden sie gerade in jungen Jahren angenommen, ohne hinterfragt zu werden, und damit zu Glaubenssätzen, Prägungen und Mustern. Man kann sich bei 85.000 Gedanken täglich schnell hochrechnen, wie viel Müll und unsinniges Zeug dabei ist, das mich nur anstrengt in Momenten, wenn ich einfach nicht mehr abschalten kann und meine Gedanken sich ständig um negative Dinge drehen.

Ich habe in meinem Leben oft erfahren, was das Zulassen von negativen Gedanken bei mir bewirkt und wie es mich in die Irre geführt und belastet hat. Oft habe ich mich von ihnen einladen lassen und lasse mich auch heute noch manchmal von ihnen verführen. Als ich total pleite war, wachte ich morgens schon mit den Gedanken an meine finanzielle Notsituation auf und diese Gedankenwelt bestimmte meine Realität. Ich konzentrierte mich nur auf die Gedanken der Angst und der Verzweiflung und machte mein Leben damit zu meiner persönlichen Hölle.

Alle meine Gedanken kreisten von morgens bis abends immer um das gleiche Thema, was mir allerdings kaum half, meine Probleme zu lösen, sondern immer noch mehr Unangenehmes in mein Leben zog. Ich nahm die Wirklichkeit oft nur noch aus dem Blickwinkel meiner Krise wahr, doch gab es selbst in dieser schwierigen Situation in Wirklichkeit natürlich noch andere Realitäten für mich: Ich war gesund, hatte wunderbare Freunde, lebte immer noch in einer schönen Wohnung, hatte zu Essen, bekam viel positive menschliche Reflexion, lebte in einer tollen Stadt in einem friedlichen Land und vieles mehr. Heute weiß ich, dass es selbst in der vermeintlich schlimmsten persönlichen

Situation immer noch mehr positive als negative Dinge gibt – ich muss sie mir nur ehrlich bewusst machen, mit meinen Gedanken sehr aufmerksam sein und Herr meiner Gedanken bleiben. Ich weiß ebenso, dass sich negative Gedanken nicht verwirklichen, außer ich lasse mich von ihnen beherrschen. Das trifft auch auf Befürchtungen zu. In meiner Karriere als Reiseveranstalter für die Karibikinsel Margarita erlebte ich einige Krisensituationen, die mir sehr viel Angst machten, dass mein erfolgreiches Unternehmen zusammenbrechen und ich alles wieder verlieren würde.

So gab es in Venezuela (zu dem Margarita gehört) einen Militärputsch mit blutigen Unruhen und einer Ausgangssperre; nicht gerade einladend für deutsche Touristen. Ein andermal ereignete sich ein Flugzeugabsturz im Landesinneren, bei dem bedauernswerterweise auch vier unserer Gäste ums Leben kamen – die deutschen Zeitungen waren voll von Berichten über die Katastrophe. Schließlich folgte 1991 der erste Irakkrieg und alle Menschen hatten grundsätzlich Angst zu verreisen – unsere Telefone waren für zwei bis drei Wochen wie tot, es gab keine Reisebuchungen mehr. Und so könnte ich die Liste der schwierigen Situationen und schlimmsten Befürchtungen noch endlos fortsetzen, trotzdem trat meine schlimmste Befürchtung, der Zusammenbruch meines Unternehmens, nie ein.

Das Ganze spielte sich nur in meinem Kopf ab. Dennoch war die Auswirkung der Befürchtungen so schlimm für mich, als ob der „worst case" schon eingetreten wäre. Für Tage war ich von der Angst bestimmt und konnte mein Leben nicht mehr genießen, obwohl sich ja noch nichts in meinem Leben tatsächlich verändert hatte – ich war weiterhin wohlhabend und lag sogar mit meiner Freundin vielleicht gerade noch an einem traumhaften Karibikstrand. Mein Leben hat mir gezeigt, dass 99 Prozent meiner Befürchtungen niemals eingetreten sind. Deshalb versuche ich, mich bei ihrem Auftreten nicht oder so wenig als möglich auf sie einzulassen und besser erst mal abzuwarten, was wirklich passiert – oder mich sogar zu fragen, was es mir Positives bringen könnte. Durch meine schwierige familiäre Situation hatte ich in meiner Kindheit wenig Sicherheit und versuchte daher später, sie mir mit finanzieller und materieller Abgesichertheit zu verschaffen. Als ich vermögend war, legte ich dann mein Geld breit gestreut nur in „sicheren" Investitionen an. Und für den Fall, dass in Deutschland alles schlecht für mich laufen sollte, auch im Ausland – am liebsten hätte ich mir noch ein Haus auf dem Mond zugelegt, für den Fall, dass es auf der Erde schlecht läuft.

Trotzdem kam in all den wirtschaftlich sehr erfolgreichen Jahren und trotz all meiner Sicherheitsinvestments immer wieder die Angst in mir hoch, alles wieder zu verlieren. Ich glaube heute, dass diese Angst einer der Gründe war, warum ich dann tatsächlich auch alles Finanzielle und Materielle wieder verloren habe. Damals empfand ich diese schmerzliche Erfahrung als eine unverständliche Strafe vom Schicksal. Heute weiß ich, dass es keine Strafe war, sondern ein Geschenk.

Man kann jegliche Angst nur überwinden, wenn man die Situation der Angst erlebt, durchlebt und überlebt. Erst wenn man sie überwunden hat, weiß man, dass man sie auch künftig wieder überwinden kann und sich nicht mehr vor ihr fürchten muss. Ironischerweise kam ich genau durch die schwierigste Situation meines Lebens zu dem Gefühl der Sicherheit. Wenn man alles oder vieles im Außen verliert: Das Vermögen, das Haus, die materiellen Dinge, den geschäftlichen Erfolg, die Partnerschaft etc. dann bleibt am Ende das Schönste und Wertvollste übrig, nämlich DU SELBST!

ENERGIE, REALITÄT & QUANTENPHYSIK

Der Mittelpunkt des Universums sind Sie

ANDREW BLAKE

Jeder von uns lebt in seiner Welt. Die kleine Geschichte vom bayerischen Alm-
bauern veranschaulicht dies auf lustige Weise: Dieser Bauer kam Jahr und Tag
nicht von seiner Alm herunter, aber er spielte regelmäßig beim Gewinnspiel
des Kreuzworträtsels mit. Eines Tages gewann er ein Wochenende in Paris.
Also machte er sich auf den Weg. Er lief zur Straße, wo ihn das Milchauto mit
ins Dorf nahm. Dort stieg er in den Postbus zur nächsten Kleinstadt, von wo
ihn der Zug nach München und schließlich die S-Bahn zum Flughafen brachte.
Er flog nach Paris, genoss seine zwei Tage dort und gondelte dann das Ganze
wieder zurück auf seine Alm. Dort angekommen fragte ihn sein Nachbar: „Na,
wir wars in Paris?" „Ja schä wars, aber is fei gscheid abgleng, des Paris." (Zu
Deutsch: Ja, schön war es. Aber dieses Paris ist schon sehr abgelegen.)

JEDER VON UNS IST DAS ZENTRUM SEINES UNIVERSUMS.

Wenn wir unser Leben und unsere Realität aus quantenphysikalischer Sicht
betrachten, stellen wir fest, dass wir nicht in einem physischen, sondern einem
energetischen Universum leben. Unsere Sinne sagen uns zwar, dass wir einen
feststofflichen Körper haben, der sich durch eine Welt von soliden Objekten

bewegt, aber die Physik zeigt uns ganz klar, dass alle Stoffe aus Molekülen, Atomen, subatomaren Teilchen und letztlich nur Schwingung bestehen. Mit anderen Worten: Unser Körper mit all seinen Zellen, Molekülen und Atomen ist in Wirklichkeit ein energetisches Schwingungsfeld in ständigem Wandel, ebenso wie unsere Emotionen und Gedanken Energie sind, die wir ausstrahlen. Dies wurde mittlerweile auch schon hinreichend belegt (Placeboeffekt, Teleki-nese, Telepathie, die Wirkung von Gedanken auf Wasser oder Pflanzen, und so weiter). Wenn wir uns diese Tatsache der energetischen Beschaffenheit unserer Welt bewusst machen, sie verstehen lernen und dieses Verständnis gezielt ein-setzen, können wir nahezu unbegrenzte Veränderungen in unser Leben brin-gen. Wir können gesund, reich, mit liebevollen Beziehungen unsere Berufung leben und ein erfülltes, glückliches Leben führen. Das alles aus einem ganz einfachen Grund: Es ist unsere grundlegendste Bestimmung, dies zu tun und es ist alles schon in uns vorhanden, wenn wir es nur zulassen.

Fangen wir von vorne an. Alles in diesem Universum ist Energie, auch unser Körper, unsere Emotionen und Gedanken, ja selbst unsere Seele. Energie und Bewusstsein sind direkt miteinander verbunden. Je höher die Schwingungsrate der Energie, umso feiner das Bewusstsein und je niedriger die Frequenz, desto gröber der Ausdruck von Bewusstsein. Energie drückt sich grundsätzlich ent-weder als Partikel oder Welle aus und folgt ein paar grundlegenden Gesetzen. So wie wir auf der scheinbar physischen Ebene Dinge wie Schwerkraft erle-ben, so folgt Energie zum Beispiel dem Gesetz der Resonanz. Einfach ausge-drückt heißt das: Gleiches zieht Gleiches an. Wenn unser Körper eigentlich Energie ist, ebenso wie unsere Emotionen und Gedanken, dann bedeutet das, dass die feinstoffliche Energie unserer Seele, die durch unsere Persönlichkeit hier auf Erden wirkt, zusammen mit jedem Gedanken, jeder Emotion und dem jeweiligen Körperzustand ein Schwingungsfeld erzeugt, welches wir ausstrah-len. Wir sind eigentlich wie wandelnde Radiosender, die jeden Augenblick eine bestimmte Frequenz herausschicken. Dass Menschen eine Ausstrahlung haben, wird wohl kaum einer bezweifeln. Wir alle kennen charismatische Persönlichkeiten, die ganze Menschenmengen nur durch ihre Anwesenheit in eine gute Stimmung versetzen können und andere Miesepeter, die einem sogar den schönsten Tag verderben können.

Wenn uns also bewusst ist, dass wir jeden Augenblick eine bestimmte Frequenz ausstrahlen, dieses ganze Universum Energie ist und Energien sich aufgrund des Resonanzgesetzes anziehen beziehungsweise abstoßen, dann wird es offensichtlich, dass die Dinge, die in unserem Leben geschehen, nicht zufällig stattfinden. Oder eigentlich doch, sie fallen uns zu, weil wir sie durch unsere Ausstrahlung angezogen haben. Aber das hat nichts mit Glück oder Pech zu tun, sondern nur mit physikalischen Grundgesetzen, die wir in der Regel geflissentlich ignorieren.

Man kann also unsere Welt und unser Erleben in ihr als Spiegel unserer Ausstrahlung bezeichnen. Nun, was macht ein Spiegel? Er zeigt einfach nur das, was ihm vorgehalten wird. Wenn uns das, was wir im Spiegel sehen, nicht gefällt, hilft es nichts, den Spiegel zu zertrümmern, sondern wir müssen an uns etwas verändern, wenn wir ein anderes Spiegelbild sehen wollen. Anfangs mag einem diese Spiegelidee nicht so recht behagen, denn sie fordert uns auf, Eigenverantwortung für unser Leben zu übernehmen, aber wenn man diese bittere Pille schluckt, kommt man in den Genuss der Vorteile des Spiegelgesetzes. Es ist nämlich ein hervorragendes Bio-Feedback-System.

Es zeigt uns jeden Augenblick, wo wir gerade stehen. Wenn wir also negative Situationen in unserem Leben haben, dann heißt das, dass wir diese Negativität vorher unbewusst ausgestrahlt haben und wir nun ihre Widerspiegelung erleben. Folglich ist die einzige wirkliche Befreiung von diesen Umständen die, in uns diese Negativität aufzulösen. Das ist, Gott sei Dank, mittlerweile viel einfacher als früher, da wir in Zeiten von schnellem Wandel leben und uns Mittel und Methoden zur Verfügung stehen, welche schnelle Veränderung in unserem Energiefeld und Bewusstsein bewirken können. Auf diese werde ich später noch eingehen. Schauen wir uns erst ein paar Bereiche an, in denen wir Menschen uns üblicherweise das Leben schwer machen.

Nehmen wir unsere Gesundheit als Beispiel. Wenn wir den energetischen Ansatz bis zum Ende durchdenken, dann haben wir keinen physischen Körper, der krank ist, sondern wir erleben uns in einem Energiefeld, genannt Körper, welches permanent im Wandel ist. Wenn die Energie richtig fließt, ist alles in Ordnung, wir sind gesund und fühlen uns wohl. Wenn die Energie nicht optimal fließt, geht es uns nicht gut und wir werden bei längeren Blockaden krank. Folglich brauchen wir nur einen Weg finden, wie wir die blockierten Energien wieder zum Fließen bringen und das Problem ist gelöst. Darauf kommen wir gleich noch im Detail zu sprechen.

Ein anderes Erlebensfeld, in dem wir Menschen uns gerne Dramen erschaffen, sind Beziehungen. So komplex diese erscheinen mögen, so einfach ist es im Grunde. Wir haben nämlich nicht viele verschiedene Beziehungen, sondern nur eine und zwar zu uns selbst. Diese Eigenbeziehung haben wir höchst erfolgreich blockiert und sabotiert und nun strahlen wir diese Blockaden als Frequenzmuster in die Welt, auf dass sie Menschen mit ähnlichen Energiefeldern anziehen können. Die diversen Beziehungen spiegeln uns einfach nur unterschiedliche Aspekte unserer Eigenbeziehung wider. Da haben wir andere Themen mit unseren Eltern als mit Partner/in, oder Kindern, Freunden, Nachbarn und Arbeitskollegen. Aber alle haben eines gemeinsam, sie zeigen uns einen Teil von uns selbst, und wenn wir an diesen Beziehungen etwas verändern wollen, hilft nur die Eigenbehandlung. Werfen wir noch einen Blick auf das Thema Geld. Eigentlich geht es nicht um Geld, sondern um unser Füllebewusstsein. Wenn wir in unserer natürlichen Fülle sind, werden wir vom Leben mit allem unterstützt, was wir brauchen, um unsere Bestimmung umzusetzen. Dann haben wir genug Zeit, Geld, Ressourcen, Menschen, Know-how und Informationen, um den Zweck unseres Lebens zu gestalten. Aber oft haben wir diese natürliche Fülle blockiert. Das beginnt schon mit dem grundlegenden Gedanken des Egos von Trennung von der Quelle unseres wahren Seins. Da wir uns größtenteils mit dem Ego identifizieren, halten wir diese Trennung für wahr und erleben sie unter anderem als Zustand des Getrenntseins von Menschen und Dingen. Wir erleben also eine Emotion, genannt Mangel, und da wir diesen Glauben von Trennung und das Mangelempfinden ausstrahlen, spiegelt unsere Realität dies wider, zum Beispiel in Form von Geldknappheit.

Da hilft auch kein härteres Arbeiten oder Lotto spielen, denn, da wir uns im Mangel erleben, kann der Spiegel uns nichts anderes zeigen. Da helfen auch kein Wünschen, Visualisieren und kein Affirmieren. Denn mit jedem Wunsch strahle ich gleich den Mangel mit aus und der Spiegel meines Lebens reflektiert ihn. Selbst wenn Wünsche manchmal in Erfüllung gehen, so kommt doch gleich der nächste Wunsch daher und so bleiben wir immer im Hamsterrad der Egowünsche gefangen. Das Einzige, was wirklich Abhilfe schafft, ist das Entfernen der Blockaden gegen unser Füllebewusstsein. Also das Auflösen des Trennungsgedankens und all der begrenzenden Glaubensmuster, die darauf aufbauen. Da Gedanken auch nur Energie und negative Glaubenssätze nur blockierte Energie sind, geht es essenziell darum, diese Blockaden zu lösen und Energie wieder zum Fließen zu bringen.

Schauen wir uns mal an, wie das geht. Wir sind in Wahrheit mit der Quelle allen Seins verbunden, wir sind eins damit. In diesem wahren Sein sind wir reine bedingungslose Liebe, die sich durch Freude, Frieden und Fülle immerwährend ausdrückt und erschafft. Das kann nichts ändern, auch nicht unsere Illusion von einem getrennten Ich in einer Welt der zehntausend Dinge. Auch wenn dieses Universum und unser getrenntes Persönlichkeitsselbst eine Illusion sind, so ist es doch eine recht überzeugende. Wir glauben ständig daran und erschaffen uns so eine Erfahrung von Trennung mit Emotionen wie Schuld, Angst und Aggression und tausend Variationen dieser Grundemotionen. Wenn wir nun ganz praktisch in unserem Alltagsleben etwas verändern wollen, müssen wir die Spielregeln verstehen und sie klar einsetzen. Wir nehmen erst einmal an, was ist, denn nur dann haben wir die Wahlfreiheit, etwas zu verändern. Wenn wir die Dinge, die sich uns präsentieren, nicht annehmen, sondern davor wegrennen oder mit ihnen kämpfen, verheddern wir uns mit der Illusion und habe keine Chance, wirklich etwas zu ändern. Durch das Annehmen, was ist, schaffen wir inneren Abstand und können eine freie Wahl treffen.

Dann erinnern wir uns, dass alles Energie und die äußere Erscheinung nur das Spiegelbild unserer Innenwelt ist. Das heißt: Die Negativität im Außen spiegelt die Negativität in unserem unbewussten Geist wider und da dies nur Energieblockaden sind, müssen wir nun einen Weg finden, diese Blockade zu lösen. Dies können wir auf verschiedene Arten tun, aber die effektivste, die ich in über 23 Jahren spiritueller Entwicklung gefunden habe, ist die Zwei-Punkt-Methode. Eine uralte Methodik zur Transformation von Energieblockaden, die kinderleicht zu lernen ist und mit der man alle Themen und Lebensbereiche schnell und einfach bearbeiten kann. Bei dieser Methode erschafft man durch das Finden von zwei Energiepunkten am Körper oder im Energiefeld der Person eine Öffnung und stellt so eine Verbindung zur reinen Geist-Ebene her, wodurch ein Informationsimpuls ausgelöst wird, der die Energieblockaden löst und die Person wieder in Einklang mit ihrer Bestimmung bringt. Um sich das besser vorstellen zu können, gibt es ein Demonstrationsvideo auf der Startseite meiner Website: **www.qct-seminar.com.**

Wenn wir anfangen, die Dinge so zu sehen, spielen wir plötzlich in einer ganz anderen Liga. Anstatt Probleme zu haben, haben wir nur noch Energieblockaden, die wir lösen können; egal, ob wir diese Blockaden Krankheit, Geldmangel, Beziehungskonflikt oder mangelnde Klarheit über unsere Bestimmung nennen. Anstatt im Außen etwas verändern zu wollen, was letztlich nie wirklich funktioniert, ändern wir uns und werden immer freier. Wir werden vom Opfer zum Schöpfer. Je mehr wir unbewusste Blockaden lösen, umso mehr kann unsere wahre Natur durchscheinen und umso mehr strahlen wir Glück, Frieden und Fülle aus. Dies zeigt sich natürlich in unserer äußeren Realität, da sie ja nur ein Spiegel ist.

So kommen wir Schritt für Schritt in Einklang mit unserer Bestimmung. Wir sind zur rechten Zeit am rechten Ort und tun das Richtige, was einen tiefen inneren Frieden mit sich bringt. Damit geht Freude Hand in Hand, was uns zu einem kreativen Ausdruck unserer Lebensfreude motiviert. Lebensfreude zieht Menschen und Ressourcen magnetisch an, was uns in die Fülle bringt, als Widerspiegelung unserer inneren Fülle. Letztlich erkennen wir immer mehr, dass wir Liebe sind und da wir diese mit der Welt teilen, werden unsere äußeren Beziehungen harmonisch und liebevoll.

So wird dieser Traum von einem getrennten Universum immer schöner, bis wir eines Tages aufwachen und lachen.

Ja zu Ehrlichkeit und Lebensenergie

UWE ALBRECHT

Ich bin ehrlich zu mir und anderen. Ist doch ganz einfach: Du sagst immer, was Du denkst. Du tust nur, was sich für Dich gut und richtig anfühlt und es ist Dir egal, was andere davon halten.

Jaja, da kommt das große ABER ...
Das kann ich doch nicht tun. Dafür ist unsere Welt nicht gemacht. Die Gesellschaft funktioniert nur, wenn sich alle anpassen. Die Regeln ... Was denken wohl die anderen? Alles Ausreden! Wie viel bist Du Dir selbst wert? Wie viel ist es Dir wert, dass es Dir gut geht, dass Du glücklich und authentisch bist? Schon wieder ist das ABER da: Die anderen erwarten aber doch ..., ich kann sie doch nicht enttäuschen, wenn das alle so machen würden ..., die Welt ist nun mal so eingerichtet, das muss man so machen, es machen alle so.

SCHON WIEDER AUSREDEN.

Deine Umwelt hast Du Dir selbst erschaffen. Die Menschen hast Du selbst angezogen und erzogen. Erwartungen anderer hast Du genährt oder akzeptiert. Wenn Dein Selbstwert gesund wäre, würde es Dich nicht groß interessieren, was die anderen machen. Lass Dir doch einmal das Wort ENTTÄUSCHEN auf der Zunge zergehen. Jemanden enttäuschen heißt doch nur, jemanden von einer Täuschung zu befreien. Nur zu, herunter mit den Masken. Wo wir gerade bei Worten sind: Was glaubst Du, ist die ursprüngliche Bedeutung des Wortes

Persönlichkeit? Es kommt aus dem Lateinischen und leitet sich von der Berufsbezeichnung für Schauspieler ab. Persona = durch die Maske gesprochen. Warum gehst Du zur Arbeit, obwohl Du sie hasst und davon krank wirst? 84 Prozent aller Deutschen haben innerlich bereits gekündigt. Warum gehen sie immer noch hin und werden krank davon? Warum haben sie nicht den Mut, für sich einzustehen? Warum wollen sie sich nicht wieder wohlfühlen und damit ihr Leben leichter, erfreulicher und liebenswerter machen. Das ganze Land würde lebenswerter werden.

Warum gehst Du sonntags zur Schwiegermutter (es gibt auch tolle Schwiegermütter), wenn es Dir dort und anschließend immer schlecht geht? Warum trägst Du Sachen, in denen Du Dich nicht wohlfühlst, nur weil es üblich ist? Warum sagst Du etwas anderes als Du denkst? Du kannst das natürlich gerne so weitermachen, aber dann beschwere Dich auch nicht, dass Du krank wirst, Deinen Lebenssinn nicht gefunden hast und unglücklich bist. Wenn Du aus Feigheit, oder nennen wir es falsche Rücksichtnahme, Deinem Gegenüber nicht die Wahrheit sagst, weil Du ihn nicht verletzen möchtest und Du herunterschluckst, was Du wirklich sagen oder tun möchtest, verletzt Du Dich selbst. Die Laune wird schlechter, Deine Energie fällt ab, Deine Körperhaltung verändert sich. Deine Ausstrahlung: Kann eh nicht lügen.

Die ersten Organe, die es abbekommen und krank werden, sind Magen, Leber, Galle und Bauchspeicheldrüse: Laus über die Leber gelaufen, Galle kommt hoch, etwas Unverdautes liegt mir im Magen ... Unsere Worte sagen es. Dein Gegenüber spürt natürlich, dass etwas nicht stimmt, und fragt sich, ob er etwas falsch gemacht hat. Er fängt an, sich selbst die Schuld zu geben, dass Du so anders bist. Nun haben wir auf dem Schlachtfeld der Unwahrheiten zwei Verletzte: Dich und Dein Gegenüber. Na super. Dabei wäre es doch so einfach gewesen, ehrlich zu sein und Deinem Gegenüber zu vertrauen, dass er damit klarkommt, Dich verstehen kann, oder durch den Prozess, den Du in ihm auslöst, klarkommt und daran wachsen kann. Mache ihm ein Geschenk fürs eigene Wachstum, sei ehrlich. Damit es mit der Ehrlichkeit nicht nach hinten losgeht, hier noch ein wichtiger Hinweis.

Schlage Deinem Gegenüber nicht ins Gesicht, wenn Du die Faust nicht auch in Deinem Gesicht haben möchtest. Welche Reaktion erwartest Du von jemandem, wenn Du ihm sagst: „Wegen Dir habe ich immer Kopfschmerzen, Du bist schuld." Verständnis? Natürlich gibt es immer wieder Menschen mit einer negativen Ausstrahlung. Die dürfen sie auch haben, wenn sie es so wollen, aber Du hast Dich auf die Begegnung mit ihnen eingelassen.

REDE IN ICH-BOTSCHAFTEN:

„Für mich ist es besser, ... zu machen." „Wir haben entschieden, Weihnachten mit den Kindern allein zu bleiben." „Ich werde mir eine neue Arbeit suchen, die mich mehr fordert und erfüllt." „Ich danke Dir für alle gemeinsamen Erfahrungen und werde nun meinen Weg allein fortsetzen ..."

HAST DU DEN MUT DAZU?

Was glaubst Du, ist Pubertät? Etwas Normales? Es ist das Aufbegehren gegen die irrtümlichen Wahrheiten und Lügen der Eltern und der Umwelt. Einmal frei machen davon, um danach den eigenen Lebensweg herauszufinden. Pubertät ist normal in einer verlogenen Welt und ist das Aufbegehren unserer Kinder für eine ehrlichere Welt. Nimm die Pubertät als Spiegel für das eigene Verhalten und als Motivation, Dein Leben zu verändern. Was möchtest Du Deinen Kindern weitergeben? Kinder werden immer versuchen, unserem Vorbild zu folgen. Lebst Du Unehrlichkeit vor, werden sie sie auch leben. Lebe ihnen vor, was Du möchtest, dass sie es leben. Das sage ich als Vater von sechs Kindern, von denen die drei ältesten fast erwachsen sind.

HABE DEN MUT, ZU DIR ZU STEHEN. LEBE DEIN „COMING OUT" ALS MENSCH IN WÜRDE.

Stelle Dir vor, alle Menschen sagen die Wahrheit, sagen alles so, wie sie es denken. Das ist sehr fremd für uns, die wir es gewohnt sind, nur gefiltert zu sprechen. Es gibt den Film „Lügen machen erfinderisch". Da sagen alle Menschen in einer Stadt absolut ehrlich, was sie denken. Das ist so ungewohnt für uns, dass es wie von einem fremden Planeten klingt. Sie lügen einfach nicht.

Mache eine Liste aller Kompromisse Deines Lebens. Mache eine To-do-Liste daraus. Ein Kompromiss nach dem anderen: Befreie Dich, beende ihn, streiche ihn durch. Wenn Du Dich wirklich liebst, lebst Du als Vorbild für andere Menschen und inspirierst sie mit Deinem Mut. Ja zur Lebensenergie. Als welcher Engel möchtest Du Dich fühlen? Und als welcher fühlst Du Dich gerade?

DAS SIND DIE LEBENSENERGIEENGEL.

Wie viel Lebensenergie hast Du zwischen null und 100 Prozent? Bei null Prozent liegst Du in der Kiste und bei 100 Prozent fliegst Du. Finde die Antwort in Dir, vertraue Deiner Intuition. Hier ist die Liste der Lebensenergien. Allen Menschen geht es so. Ich habe die Lebensenergie bei Tausenden von Patienten getestet.

Lebensenergieskala

100 Prozent: Ist wie fliegen, frisch verliebt.
80 Prozent: Voll leistungsfähig, man erreicht seine Ziele.
70 Prozent: Normal leistungsfähig, es war schon besser.
50 Prozent: Man hält durch, aber Spaß macht es nicht mehr.
40 Prozent: Vier bis sechs Stunden leistungsfähig.
30 Prozent: Erschöpft nach zwei Stunden Arbeit, weinen.
25 Prozent: Schwere Erschöpfung, alles wird egal.
20 Prozent: Die Batterie ist leer.

Nun hast Du vielleicht 30 Prozent Lebensenergie und fühlst Dich depressiv. Du kannst Dich selbst als Opfer sehen: „Ich habe nur 30 Prozent. Ich armes Menschlein. Gib mir Pillen für das Glücklichsein." Oder Du kannst erwachsen werden und Dich fragen, wo die 70 Prozent, die Dir fehlen. Sie sind nicht weg. Es sind immer 100 Prozent da, die Frage ist nur, wie Du diese 100 Prozent nutzt. Du kannst sie für Dich und Deinen Lebensweg nutzen. Das ist die Lebensenergie. Und Du kannst sie gegen Dich nutzen. Das sind die Destruktivenergie, die Zerstörungsenergie, Deine Kompromisse und Lügen. Pech gehabt: Mit dem Opfer kommst Du nicht weiter als bis zu den Pillen für das Glücklichsein, wirst ein Drogenabhängiger der Industrie. Werde erwachsen, übernimm die Verantwortung für Dein Leben. Beende alle Kompromisse, die Deine Energie rauben, und ändere Dein Leben. Hole Dir Deine Energie zurück, Du bist es wert, denn Deine Seele ist wunderschön und liebenswert.

Nun kannst Du den Armlängentest nutzen, um selber auszutesten, wie viel Lebensenergie Du hast. Mache zuerst die Vortests: Sage „Ja" und bringe die Arme vor dem Körper zusammen. Haben die Daumen die gleiche Länge? Wenn nicht, steht Deine Waage schief und Du musst sie erst einmal selbst ausbalancieren, indem Du mit Farben und Düften austestest oder das Meditations- und Heilsymbol am Ende des Textes nutzt. Wenn sie gleich lang sind, nimmst Du die Arme wieder zur Seite und sagst „Nein". Bringe sie gleich wieder vorne zusammen und nun sollte die Länge der Daumen verschieden sein. Wenn das klappt, kannst Du testen. Wenn nicht, bist Du in der Starre und solltest Dich davon erst mal befreien. Das machst Du, wie bei 1. beschrieben.

SO, NUN KANNST DU TESTEN.

Sage „Ich habe 50 Prozent Lebensenergie" und teste mit den Armen. Kommt als Antwort ein „Ja", bleiben die Daumen gleich lang. Sage „Ich habe 60 Prozent Lebensenergie" und so weiter, bis Du die Zahl genau ermittelt hast. Wenn dann zum Beispiel bei 80 Prozent ein „Nein" als Antwort kommt, liegt Deine Lebensenergie zwischen 70 und 80 Prozent. Hast Du bei 50 Prozent bereits ein „Nein" – ungleichlange Daumen –, dann frage mit 40 Prozent … immer weiter herunter mit der Prozentzahl, bis die Arme mit „Ja" antworten und Du so den Wert ermittelt hast. Nun weißt Du, wie viel Deiner Energie Du für Dich nutzt als Lebensenergie nutzt. Das, was nun bis 100 Prozent fehlt, ist das, was Du gegen Dich nutzt. Damit zerstörst Du Dich selbst, das sind Deine Kompromisse.

Nun kannst Du Dich selbst behandeln und wieder austesten, was für Dich gut ist. Teste aus, was Du verändern musst, um Deine Lebensenergie deutlich zu erhöhen. Dein Körper antwortet durch Deine Arme immer nur mit Ja oder Nein. Stelle Dir am besten vor, dies oder das zu machen und frage Dich, ob dann die Lebensenergie damit höher wird. Neben den großen Veränderungen können es auch kleinere Veränderungen sein, zum Beispiel die Farbe der Kleidung wechseln, das Bett an eine andere Stelle stellen, ein Bild malen, Musik hören, ein Gespräch. Oder Du meditierst mit dem Meditations- und Heilsymbol und lässt Dir so helfen.

MEDITATIONS- UND HEILSYMBOL
Lege die Hände darauf, schließe die Augen, lausche und erlaube.

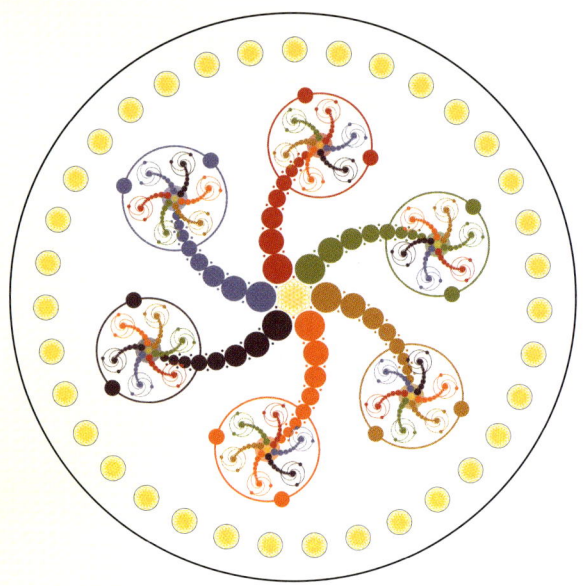

Flowmaker by Uwe Albrecht. „Ich bin ehrlich zu mir und anderen.

Ich nutze meine Energie für meine Lebensfreude."

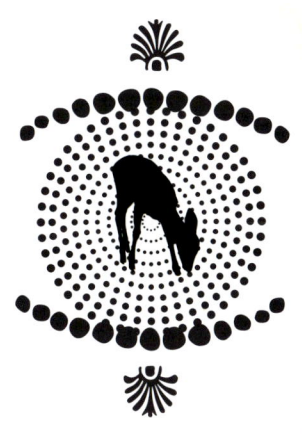

JA
ZU EHRLICHKEIT
UND LEBENSENERGIE

Aufwachen aus dem Traum, wach zu sein.

KURT TEPPERWEIN

Irgendwann erkennen wir, dass wir schlafen und träumen, wach zu sein. Erst wenn wir das erkennen, können wir einen Weg suchen, wirklich aufzuwachen. Zum Erwachen gehört Erfahrung, dass ich Energie bin, Bewusstsein. Ich sage ja auch: „Das ist mein Körper." Also kann ich nicht der Körper sein, ich bin der Besitzer des Körpers. Das Bewusstsein, dass ich bin, ist das Leben. Sobald das Bewusstsein den Körper endgültig verlässt, beginnt er im gleichen Augenblick zu zerfallen. Ich bin der Denker und kann meine Gedanken und Gefühle bestimmen. Ich werde nicht länger von meinem Programm gesteuert, sondern von dem erwachten Bewusstsein, dass ich bin.

Damit beginnt ein ganz neues Leben mit ganz anderen Ereignissen und Lebensumständen, frei von Karma, denn Bewusstsein hat kein Karma. Bewusstsein lebt in der „Unmittelbarkeit des Jetzt". Das Leben wartet auf meine Anweisungen und ich kann alles jetzt bestimmen, verändern und gestalten. Ich bin der Herr meines Schicksals, bestimme bewusst meine Zukunft. Mit meinem Innen bestimme ich das Außen. Das Außen ist nur ein Spiegelbild meiner inneren Wirklichkeit, eine Auftragsbestätigung meines Soseins.

Erst wenn ich zu mir selbst, meiner Wirklichkeit, erwacht bin, kann ich meine Aufgabe erkennen und erfüllen. Alles bis zu dem Augenblick des Erwachens ist nur Vorbereitung auf das eigentliche Leben, das auf mich wartet. Das Ego bin nicht „ich", es ist nur eine Vorstellung von mir, die sich für mich hält. Sobald die „Illusion des Ichs" als Illusion erkannt wird, löst sie sich auf und an die Stelle der Vorstellung von mir tritt die Wirklichkeit des Seins.

Wichtig ist es, sich bewusst zu machen: Wer handelt, wenn „ich" handle? Wer hört, wenn „ich" etwas höre? Wer sieht, wenn „ich" sehe? Wer spricht, wenn „ich" spreche? Wer erlebt das, was „ich" erlebe? Bin ich das wirklich selbst, dann bin ich „bei Bewusstsein", und das sollte der Fall sein, bei allem, was „ich" tue und erlebe.

Wir geben unserem Leben Bedeutung durch den Grad unseres Bewusstseins. Dadurch wird unser Leben „wesentlich". Der wichtigste Teil unserer Lebensabsicht ist, zu erwachen und bewusst zu sein. Das Erwachen ist das Ergebnis einer bewussten Entscheidung, indem wir bereit sind, uns zu „erinnern". Das ist in jedem Augenblick möglich. Ihr Erwachen ist zu wichtig, um es dem Zufall zu überlassen. Erwachen heißt, dass Tun und Sein im Ein-Klang sind. Freude entsteht nicht aus dem, was Sie tun oder erreichen, sondern aus dem Bewusstsein, mit dem Sie es tun. Es ist die Freude, bewusst zu sein.

Das Leben bietet uns in jedem Augenblick die Erfahrung an, die für die individuelle Evolution am hilfreichsten ist. In jedem Augenblick. Schauen Sie doch einmal auf die Erfahrung, die Ihnen das Leben in diesem Augenblick anbietet. Viele Menschen glauben, dass ihr Glück von dem abhängig ist, was geschieht, aber es gibt keine Umstände, die glücklich machen, ebenso wenig wie es Umstände gibt, die unglücklich machen. Das müssen Sie schon selbst tun und Sie können alles zum Anlass dafür nehmen, für Ihr Glück oder Ihr Unglück, es ist Ihre Wahl. Die Freude am sein ist das einzig wahre Glück, alles andere ist nur eine Vorstellung. Oft steckt der größte Zauber in ganz alltäglichen Dingen. Sie alle haben schon erlebt, dass Sie einem Freund oder Bekannten irgendwo unvermutet begegnet sind. Das passiert so oft, dass es uns gar nicht als etwas Besonderes erscheint. Aber machen Sie sich einmal bewusst, wie unwahrscheinlich eine solche Begegnung ist. Es gibt Millionen von Orten, an denen man sich begegnen könnte. Wenn Sie sich nur um einige Meter verfehlen, merken Sie die Begegnung gar nicht. Aber selbst, wenn Sie beide am gleichen Ort sind, aber nicht zur gleichen Zeit, bemerken Sie es ebenfalls nicht und es gibt Millionen Zeitpunkte.

Verfehlen Sie sich nur um ein paar Sekunden, geschieht ebenfalls nichts und eine Begegnung findet nicht statt. Eigentlich dürfte so etwas gar nicht passieren und wenn, dann einmal im Leben, aber es passiert immer wieder, oft sogar gerade dann, wenn wir eben an den anderen gedacht haben und vielleicht an einem Ort, wo wir beide sonst nie sind. Es ist ein Wunder, dass es geschieht, aber das Wunder wird uns nicht bewusst. Manchmal geschieht das Wunder während der Begegnung. Wir kennen den anderen vielleicht schon viele Jahre und plötzlich, in einem besonderen Augenblick, erkennen Sie sich, erkennen Sie Ihr wahres Sein. Stehen staunend und fassungslos vor Ihrer wahren Größe und treten einfach aus Ihrem „Bisher" hervor. Alles scheint wie immer, und doch ist alles ganz anders. Von einem Augenblick zum anderen erkennen Sie die „Wirklichkeit hinter dem Schein" und fragen sich, warum Sie das nicht schon früher bemerkt haben.

So geschehen im Leben jedes Menschen immer wieder Wunder, aber wir bemerken sie nicht und sie erscheinen uns ganz normal. Sobald wir aber die Augen wirklich öffnen, erkennen wir, dass wir von Wundern umgeben sind. Allein zu leben ist ein Wunder und niemand weiß bisher, was das eigentlich ist. Wenn jemand „gestorben" ist, ist jedes Atom seines Körpers noch vorhanden, nichts fehlt und trotzdem ist er tot. Das Leben ist ein unglaubliches Geschenk. Allein unser „Denkinstrument" ist ein Wunder und wir nutzen kaum zehn Prozent seiner fast unbegrenzten Möglichkeiten. Wir können damit etwas aus dem

Nichts schaffen, zum Beispiel einen Gedanken. Eben gab es ihn noch nicht und nun haben Sie ihn „erdacht". Vielleicht ist er Ihnen auch „eingefallen", aber woher und wie? Es ist einfach unglaublich. Und Sie können sogar machen, dass der Gedanke Gestalt annimmt. Wenn Sie die Idee zu einer Firma hatten, können Sie sie gründen und ausbauen zu einem großen Unternehmen. Oder Sie haben die Idee zu einem Haus, lassen es bauen und nach einiger Zeit wohnen Sie in Ihrer Idee. Leben ist einfach unglaublich und voller Wunder.

AUFWACHEN
AUS DEM TRAUM,
WACH ZU SEIN

Conditio humana – Schlüssel zu den Geheimnissen des Mensch-Wesens

DR. ANONYMUS

Der Schlüssel ist für jeden Menschen verwendbar. Was früher allein Glauben war, können wir heute verstehen. Das Verstehen und der Gebrauch des Schlüssels stammen aus drei sicheren Quellen: **1.)** der neuen Physik (Quantenphysik und Quantenphilosophie); **2.)** der intuitiven Ankopplung an ein universelles Informationsfeld, vergleichbar mit uralten Mysterienschulen (Die Veden, Taoismus, Hinduismus, Buddhismus, Schamanismus) und **3.)** dem prinzipiellen Aufbau und der Funktion des Gehirns als Werkzeug des Bewusstseins.

Wenn wir also fragen, wie ist die Welt aufgebaut und wo ist die Funktion des Menschen und das Wesen des Lebens eingegliedert, dann gibt jeder der eben aufgezählten Punkte einen wichtigen Aspekt.

Zu 1.) Neue Physik: Ohne die Quantenphysik kann nichts Grundlegendes beantwortet werden. Diese Physik geht inzwischen davon aus, dass alles, wirklich alles, aus Information hergeleitet ist. Erst einmal ist diese Information nicht greifbar, sondern ausschließlich potenziell, also eine mögliche Information. Wird diese potenzielle Möglichkeit konfrontiert mit einer Art Resonanz oder Assoziation – dies kann eine Messung, eine Beobachtung sein – dann unterbricht dieser Prozess die Möglichkeit und die Information wird schlagartig konkret. Folglich wird jede mögliche Information immer dann zu konkreter

Information, wenn ein Bewusstsein nach „Sinn und Bedeutung" fragt. Genau in diesem Moment entsteht ein Muster von Elementarteilchen, also eine Quantenfeldstruktur. Viele Quanten zusammen bilden in einer Art Gleichschritt Domänen von Quantenfeldern und dann geschieht etwas Kraftvolles. Jedes einzelne Quant besitzt nun die Information für bestimmte Kräfte und einige andere Eigenschaften. Da Kräfte gemessen werden können oder unsere Sinne auf diese Kräfte ansprechen, passiert aus unserer bewussten Sicht nun ein reales Ereignis.

Wir bestehen zweifellos aus Materie, wozu brauchen wir diese überhaupt? Sie ist im Mikro- und Makrobereich Resonanzkörper und sie sorgt dafür, dass wir an der Erdoberfläche festgehalten werden und nicht in den Kosmos schweben. Materie setzt sich zusammen aus Massen und Raum zwischen den Massen. Massen-Grundelemente sind Atomkerne und Elektronen. Wir spüren diese Massen als Gewicht, weil sie der Schwerkraft unterliegen. Massen sind aber – entgegen unserer Sinneserfahrung – nichts Festes, sondern Energiewirbel. Eine Masse verbindet sich mit einer anderen Masse über Kraftbrücken. Diese Kraftbrücken mit Fernwirkung sind elektrostatischer und elektromagnetischer Natur. Derartige Kräfte sind immer und ausschließlich an Massen gebunden. Im masselosen Raum gibt es keine Kräfte. Da das oben erwähnte reale Ereignis Massen verändert, also zum Beispiel Moleküle formt, entsteht nun auch der uns bekannte Raum. Wenn ein Ereignis passiert, dann gibt es natürlich auch ein Vorher und ein Nachher, und deshalb entsteht nun auch die Zeit.

Materie – auch die Materie unseres Körpers – ist somit immer eine spezielle Form aus Quanteninformation. Wo sitzt diese Information? Antwort: Im masselosen Raum, der auch mit Vakuum bezeichnet werden kann. Dieses Vakuum nimmt mehr als 99,999 999 Prozent des Materieraums ein – auch in unserem Körper. Es ist ein riesiges „Meer aller Möglichkeiten", das wir für gewöhnlich allerdings überhaupt nicht beachten. Dieses Feld aller Möglichkeiten wird in der Wissenschaft mit Psi-Feld bezeichnet. Das bedeutet: Einige wenige Masseteilchen schwimmen in einem riesigen Meer von unbestimmter Energie und Information. Wir können uns dies verdeutlichen, indem wir uns einen riesigen Hangar von 100 Metern Breite, 100 Metern Höhe und 100 Metern Länge vorstellen, in dem wir ein einziges Staubkorn oder eine kleine Mücke finden. Das nächste Staubkorn – vergleichbar mit dem nächsten Masseteilchen – wäre erst in einem ebenso großen anschließenden Raum zu finden und so fort.

Der „Schaltvorgang" von Virtualität (Potenzialität) zu Realität (aus unserer Sicht) wird durch Absorbieren einer ausgewählten Energiegröße, durch Resonanz eingeleitet. (Ein alter Weisheitsspruch aus den Upanishaden besagt: Gleiches kann nur durch Gleiches erzeugt werden). Durch Absorbieren, durch Resonanz kollabiert die Wahrscheinlichkeit (die Potenzialität) und es entstehen Quanten, die konkret Kräfte entwickeln. Um Resonanzen zu dirigieren, um also die richtigen Kraftbrücken aufzubauen, ist die Information notwendig. Alles materielle Sein und Geschehen beruht immer und ausschließlich auf Physik und Information. (Chemie, auch die unseres Körpers, ist grundlegend immer Physik und Information). Information in ihrer einfachsten Definition ist die Auswahl einer Größe oder eines Musters aus dem „Meer der Möglichkeiten", also aus einem Rauschen heraus. Dazu braucht es Resonanz und ein Bewusstsein.

Fazit: Quantenfelder bewirken Wechselwirkungen an Massen. Quantenfelder sind aus Quantenteilchen aufgebaut. Quantenteilchen sind aus Quantenbits (Qubits) aufgebaut. Materie ist im Prinzip aus demselben Stoff wie unsere Gedanken. Alles, was wir Menschen als Realität bezeichnen, muss aus einer virtuellen Energie und Information (codierte Energie ist Information) und im masselosen Raum (Vakuum) in eine konkrete Kraft und andere Eigenschaften umgewandelt werden. Nichts kann in unserer Raum-Zeit-Welt existieren, das nicht diesen Prozess durchgemacht hat. Es existieren zwei Wege, auf denen aus der Möglichkeit Wirklichkeit wird, das heißt aus virtueller, unbestimmter Energie und Information bestimmte Materie entstehen kann: Erstens die Resonanz von bereits bestehenden Materiestrukturen (deshalb brauchen wir unseren Körper, wie er konstruiert worden ist) und zweitens die Aktivität von Bewusstsein.

Zu 2.) Intuitive Ankopplung an ein universelles Informationsfeld: Wir übernehmen hier die Terminologie des dänischen Philosophen Martinus Thomsen (1890–1981), da sie am einfachsten die Wahrheit widerspiegelt und verbinden sie mit unserem Wissen.

DER AUFBAU DES UNIVERSELLEN GESCHEHENS UMFASST NEBEN DEM ANFANGSZUSTAND DREI EBENEN:

X^0 –„ Ein Etwas als Unendlichkeit und Ewigkeit. X^1 –„ Ein „Meer aller Möglichkeiten" – das „Ich" des Universums, verborgen im Bereich der Dunklen Energie und Dunklen Information. Es rekrutiert und moduliert sich aus der Summe von Myriaden „Ichs" jedes Einzelwesens. Das heißt: Jeder Mensch mit seinem ihm bewussten „Ich" ist Teil des Universums. X^2 -„ Die Schöpferkraft mithilfe eines Bewusstseins: Jedes Individuum erzeugt seine eigene Körperlichkeit sowie die ihm erscheinende Welt selbst. X^3 -„ Die konstruierte Welt, alles Erscheinende, sowohl äußerlich als auch innerlich. Die Außenwelt wird über Sinneswahrnehmung aufgenommen, dann innerlich umgeprägt und als Eindruck (oft als schöpferisches eigenes Bild) wieder an die Außenwelt zurückgegeben. Aber alles äußerlich Erscheinende ist immer und ausschließlich Ausdruck unserer Innenwelt. Die innere Welt (Psyche, Seele) wiederum resultiert maßgeblich aus Erlebnissen in der so projizierten vermeintlichen Außenwelt.

Alle Ebenen sind untrennbar miteinander verbunden. Es gibt in keinem einzigen Fall eine Erscheinung (Ebene X^3), die nicht aus dem Bewusstsein (Ebene X^2) hervorgegangen ist. Alles, aber auch wirklich alles, was wir kennen, ist immer und ausschließlich über die Brille eines menschlichen Bewusstseins in die Welt gesetzt worden. Wir machen uns das gewöhnlich nicht klar. X^1 und X^2 rufen zusammen die Bewusstseins-Erscheinungen hervor, sie sind aber niemals der Gedanke oder die Wahrnehmung selbst: „Ich" (X^1) + „Bewusstsein" (X^2) = Gedanke, Wahrnehmung, Informationserkennung, Geben von Sinn und Bedeutung (X^3). Das ist die Gleichung für unser Schöpfungsvermögen.

Stirbt der Körper, dann baut das „Ich" + das „Bewusstsein" einen neuen Körper ohne Materie, wie auch in Berichten von Wiederbelebten deutlich wird. Bewusstsein ist eine eigenständige Energie, die als Information codiert ist. Sie kann in Experimenten den Spin von Elementarteilchen beliebig im Raum ausrichten. Deshalb ist ein Bewusstseinsfeld ein Informationsfeld, das – soweit es elektromagnetische Feldenergie verwendet – universell ist. Dies bedeutet: Individuelles Erleben wirkt sich universell aus. Gedankenimpulse organisieren die Wirklichkeit unseres Lebens. Damit Gedanken nicht nur nutzlos drauflos plappern, quasi nur rauschen, sondern tatsächlich effektiv Realitäten erschaffen, muss das Zusammenspiel von Bewusstsein und Gedanken mithilfe unserer Körpermaterie gelernt werden.

Es gibt einen Parallelfall: Auch die richtigen Lautimpulse und Klangkombinationen, die schließlich unsere verständliche Sprache organisieren, müssen ebenfalls mithilfe der Materie gelernt werden. Sprache ist letztlich die Umsetzung von Gedanken in Schwingungen der Materie unserer Stimmbänder. **Lernziele:** Der Verstand steuert Gefühlsregungen, was normal nicht möglich ist, denn Gefühle können nicht willentlich an oder abgestellt werden. Und Gefühle zugunsten der Sache des Guten steuern schließlich den Verstand. Insgesamt kann man diesen Prozess als Einfühlungsvermögen bezeichnen. Gelingt dies, dann macht sich Intuitionsenergie bemerkbar und eine besondere geistige Welt erscheint. Wenn man schließlich Intuitionsenergie mit dem Willen beherrscht, passiert es, dass man universelles Bewusstsein bekommt, ohne Begrenzung durch das, was wir normalerweise als Raum und Zeit bezeichnen: In alten Schriften heißt dies „Gott sehen". Dies wirkt sich aus, indem diese so bewusstseins-veränderten Menschen alle Wirkmechanismen des universellen Netzes erkennen, die die gesamte Natur-Szenerie des Gebens und Nehmens aufrechterhalten, ein hochintelligentes System.

Zu 3.) Aufbau und Funktion des Gehirn-Werkzeugs. Vorab die Frage: Ist das Bewusstsein im Gehirn? Die Frage ist falsch gestellt, analog: Sind die Fernsehprogramme im Fernseher? Ist die Musik auf der CD? Fernseher und CD sind Empfänger beziehungsweise Werkzeuge zur Erzeugung der jeweiligen Eigenschaften, so auch das Gehirn. Es ist Werkzeug, um überhaupt Erfahrungen machen zu können und gleichzeitig, um Erinnerungen in ein Netz einspeichern zu können, sozusagen die Hardware. Bleiben wir beim Beispiel des Fernsehbildes. Die Information, die Aussage, den Sinn und die Bedeutung, die ein Fernsehbild enthält, kann von einem Messgerät nicht gemessen werden. Was nicht gemessen werden kann, ist nach wissenschaftlichen Kriterien eigentlich auch nicht relevant, eventuell nicht vorhanden.

Trotz dieses Widerspruchs würde das wissenschaftliche Establishment behaupten, dass die Information des Bildes objektiv vorhanden ist. Aber schon ergibt sich die nächste Schwierigkeit: Alle, die auf den Fernseher schauen, sehen zwar die Information, aber alle mithilfe ihrer geistigen Struktur – also absolut subjektiv. Wir leben in unserem Körper, um Erfahrungen zu machen, die wir allein mit den Bauteilen unseres Körpers, den Elementarteilchen, nicht machen könnten. Um Erfahrungen zu machen, brauchen wir ein Bewusstsein:

ein Ich-Bewusstsein, ein Tagesbewusstsein mit Speichereigenschaften zwecks „Erinnerungen", ein Unterbewusstsein mit unserer andauernd tätigen Gefühlswelt, ein Traumbewusstsein, ein Tiefschlafbewusstsein, ein Nahtodbewusstsein, und sicherlich sind weitere Bewusstseinsmodalitäten aktiv.

Mediziner, Psychologen, Neurologen und Physiker, alle benennen das Bewusstsein als zentralen Kern des menschlichen Seins und oftmals als Zentrum ihrer Forschungstätigkeiten und dennoch bewegen sich alle in Ahnungslosigkeit, wenn sie es erklären sollen. Sie alle machen den Fehler, dass sie annehmen, Bewusstsein sei eine Folge von Nervenaktivität im Gehirn. Richtig ist aber, dass Bewusstsein die Ursache der Nervenaktivität und nicht die Folge davon ist. Das Gehirn dient als Werkzeug zur Ankopplung des geistigen Prinzips Bewusstsein an die Materie. Die Hauptfrage dabei ist allgemein unbeachtet geblieben: Mein Wille und meine Gefühle sind rein geistige Prozesse. Sie beeinflussen aber materielle Strukturen. Wo nun finden wir den Mechanismus, der geistige auf materielle Prozesse umschaltet? Und wie funktioniert dieser Umschalter?

Die Lehrbuch-Darstellung besagt, dass Gefühle über Neuronen und Neurotransmitter ausgelöst werden. Diese Darstellung ist nicht ausreichend, denn die Anfangsproblematik bleibt offen. Das Dilemma ähnelt der Frage, was wohl zuerst da war, das Huhn oder das Ei. Es ist also unbeachtet geblieben, ob die Gefühle bewirken, dass Neurotransmitter und Hormone ausgeschüttet werden oder ob die Ausschüttung der Neurotransmitter die Gefühle erzeugt. Wenn nun Gefühle eine Neurotransmitterausschüttung bewirken – was ja tatsächlich stattfindet –, dann besteht die Frage: Was wiederum hat Gefühle ausgelöst? Wo ist der Beginn der Gefühle? Wir wissen inzwischen: Die Hauptgefühle sind angeboren. Und die uns angeborenen Gefühle sind quasi die Erfahrungen unserer Vorfahren. Diese Erfahrungen werden in unglaublich präziser Intelligenz mit Hilfe der Körpermaterie, auch des Gehirns, in uns hineingelenkt und verstärkt. Dann allerdings ermöglichen sie weit mehr als heute genutzt wird. Schauen wir uns kurz ein Prinzip dieses Systems an:

Wir unterscheiden ja erst einmal prinzipiell ein Logik-Bewusstsein, was wir auch als „Vernunft" bezeichnen, von einem Unterbewusstsein, das die gesamte Gefühlswelt repräsentiert. Beide Bewusstseinssysteme haben verschiedene Gehirnbereiche, die sie benutzen können: Vernunft verwendet den Kortexbereich, Gefühlswelt verwendet das Limbische System mit dem Hippocampus. Je nachdem, welches Areal stärker aktiviert ist, wird das Bewusstsein aus Sicht unseres täglichen Lebens eher normal oder paranormal moduliert.

Spannend ist, dass wir durch Rituale (zum Beispiel Kundalini-Yoga) lernen können, die paranormale Achse zu fördern: Dies wird möglich, indem wir die Kortex-Aktivität vermindern und die Aktivität des Limbischen Systems erhöhen. Ist dies eingetreten, dann wird ein Stoff von der Zirbeldrüse ausgeschüttet, der im Jahr 1972 im menschlichen Körper entdeckt wurde (Nobelpreis an Julius Axelrod) und der wahrlich phantastische Effekte liefert. Sein Name ist N,N-Dimethyltryptamin (DMT), ein Stoff, der unsere Träume paranormal gestaltet, der das Sterben erleichtert und der die Kontrollinstanz der Kortex weitgehend hemmt und damit den Zugang zu Informationen im oben beschrieben „Meer aller Möglichkeiten" freigibt. Wenn alles gut läuft und das richtige Bewusstsein in geeigneter Gehirn-Wechselwirkung eintritt, dann wird von der Zirbeldrüse auch noch Beta-Carbolin freigesetzt, das dafür sorgt, dass DMT nicht von Enzymen zerstört wird und somit länger und effektiver wirken kann. Das Pinolin zum Beispiel, das nun ausgeschüttet wird, lässt Menschen außerkörperliche Erfahrungen machen und luzide Träume haben. Sie können dann mit Engeln und anderen Wesenheiten in Kontakt treten und – so wie Charles Lindbergh während seines 22-Stunden-Fluges – ein Bewusstsein empfinden, das sich über das ganze Universum ausdehnt. Wohlgemerkt: Die erwähnten Drogen sind körpergemacht und nicht von außen zugeführt. Die Natur hat sie entwickelt, um uns Menschen besondere Erfahrungen zukommen zu lassen.

Wir wissen nun also: Das Bewusstsein ist der Prozess der Quanten-Wechselwirkungen mit dem universellen Informationsfeld; Information wird dadurch konkret. Das anschließende Geben von „Sinn und Bedeutung" setzt Wille und Gefühl voraus, was zusammen im Glauben mündet. Der Glaube ist die Komponente des aktiven Bewusstseins und Unterbewusstseins. Diese wiederum sind die Realitätsschalter und Kräftevermittler zur Materie.

CONDITIO HUMANA

Zwischen Glauben und Wissen

DR. WALTER H. MEDINGER

Heute ist so viel von „Ganzheitlichkeit" die Rede, aber es wird wenig verstanden, worin ihr Wesen besteht. Die Physik hat dafür den Begriff der Kohärenz geprägt. Kohärenz ist die Eigenschaft, die Laser-Licht von gewöhnlichem Licht unterscheidet. Normalerweise besteht Licht aus vielen Wellenzügen, die sich zu einem bestimmten Zeitpunkt in den verschiedensten Schwingungszuständen (Phasen) befinden (Abb. 1a). Beim Laser haben die Wellenzüge zu jedem Zeitpunkt alle die gleiche Phase (Abb. 1b). Das macht ihre Einzelschwingungen zu einem hochkoordinierten Geschehen. Sie verhalten sich nicht mehr individuell, sondern kollektiv. Die über die Phasengleichheit hergestellte Beziehung wird zur bestimmenden Eigenschaft.

Die übliche physikalische, chemische oder biologische Betrachtungsweise ist diesem Verhalten nicht mehr angemessen. Sie beruht ja darauf, ein Ganzes aus dem individuellen Verhalten seiner Teile zu verstehen. Man nennt das einen mechanistischen Ansatz. Das wäre etwa so, als würde man eine Maschine zerlegen und aus ihren Einzelteilen und deren Funktionen die Funktion des Ganzen erkennen wollen. Das mag in einfachen Fällen gelingen, versagt aber bei komplexen Systemen hoffnungslos. Wie sollte man auf diese Weise das komplexeste aller Systeme, den menschlichen Organismus, verstehen können? Die Wissenschaft, die Beziehungen zwischen den Einzelteilen eines Systems (und damit die Ordnung des Ganzen) in den Mittelpunkt stellt, ist die Quantenphysik. Kohärenz ist die höchste Form von Ordnung, die wir kennen. Sie begegnet uns in der Technik bei den sogenannten Supraleitern. Das sind Materialien, in denen bei tiefen Temperaturen der elektrische Widerstand völlig zusammenbricht. In diesen Supraleitern herrscht eine ganz bestimmte, kohärente Ordnung der Elektronen. Wenn dieses Phänomen bei gewöhnlichen Temperaturen auftritt, spricht man von Supraleitfähigkeit. Sie wurde mittlerweile in biologischen Systemen nachgewiesen.

1a.   1b.

Abb. 1a: Wellenzüge ohne Kohärenz. Die Phase (der Schwingungszustand)
zu einem bestimmten Zeitpunkt ist beliebig.

Abb. 1b: Kohärente Wellen. Zu jedem Zeitpunkt haben alle Wellenzüge die gleiche Schwingungsphase.

ENERGIE, MATERIE, REALITÄT, QUANTENPHYSIK

Die Physik hatte Ende des 19. Jahrhunderts ihren klassischen Entwicklungsstand erreicht: Mit den Newtonschen Gesetzen als Grundlage der Mechanik und mit den Maxwellschen Gleichungen als grundlegender Beschreibung des Elektromagnetismus schien ein umfassendes, in sich geschlossenes Weltbild vorzuliegen. Genauer besehen hatte allerdings die junge Atomtheorie, die Ludwig Boltzmann seinen brillanten Arbeiten zugrunde legte, diesem scheinbar fest gefügten Gebäude einen ersten leisen Riss zugefügt. Denn die klassische Weltbeschreibung der Physik hatte im Grunde kontinuierliche, beliebig teilbare Materie vorausgesetzt. Das Konzept einer Körnung, einer kleinsten Einheit, deren Größe man nicht unterschreiten konnte, den die Atomtheorie für die Materie eingeführt hatte, griff Max Planck in der Quantheorie für die Energie auf. Die Erklärung eines klassischen physikalischen Effekts (der sogenannten

Strahlung des Schwarzen Körpers oder Hohlraumstrahlung) zwang ihn zu der Annahme, die Strahlungsenergie sei aus kleinsten Paketen (Quanten) zusammengesetzt, deren Energie der Frequenz proportional sei. Wenige Jahre später beschrieben Einstein (in der Speziellen Relativitätstheorie) und Hasenöhrl die Gleichwertigkeit von Masse (als Wesenselement der Materie) und Energie.

Mit der Fähigkeit zur präzisen Beschreibung der Energiezustände der Elektronen in den Atomen und Molekülen trat die Quantenphysik ihren Siegeszug an. Es wurde erkannt, dass Teilchen auch Wellencharakter zeigen und Wellen sich umgekehrt wie Teilchen verhalten konnten. Die wesentliche Neuerung der Quantenphysik bestand darin, dass sie die Zustände von Systemen anhand von Wellenfunktionen beschreibt, die im Grunde Wahrscheinlichkeitsaussagen und geometrische Aussagen zum Beispiel über die Verteilung von Elektronen ermöglichen. War diese „Quantenmechanik" noch eine halbklassische Theorie, die das Konzept von Welle und Teilchen nicht preisgab, beschritt die „Quantenfeldtheorie" den konsequenten Weg einer reinen Feldbeschreibung auch für materielle Systeme. Die Wellenbeschreibung lässt Beziehungen zwischen Objekten gegenüber den Objekten selbst in den Vordergrund treten. Die Welt der Quanten ist zwar klein in Dimensionen (als charakteristisch ist die Planck-Länge von 10^{-35} m zu betrachten), aber riesig in der Informationsdichte. Informatorische, also ordnende, strukturierende Größen (Potenziale) erhalten in der Quantenphysik gegenüber den Kraftfeldern der klassischen Physik die entscheidende Bedeutung. Quantengesetze gelten im Grunde überall dort, wo unter den vorgegebenen Rahmenbedingungen Individuen oder Teile eines Systems in Beziehung zueinander treten und diese Beziehung die sich ausbildende Struktur entscheidend prägt. Es ist daher ein großer Irrtum, die Gültigkeit der Quantenphysik sei auf kleinste Dimensionen beschränkt. Die scheinbar paradoxen Eigenheiten der Quantenwelt sind folgende:

1. Superposition: Die Überlagerung (also gleichzeitige Existenz) mehrerer unterschiedlicher Zustände ist zulässig. Im Gegensatz zur normalen Informatik kommen bei Quantencomputern auch „Qubits" vor, die aus einer Mischung der digitalen Signale 0 und 1 bestehen. **2. Verschränkung:** Darunter versteht man die „spukhafte Fernwirkung" zwischen zwei ursprünglich verbundenen Teilchen, die auch dann ohne Zeitverlust eintritt, wenn die Teilchen beliebig weit voneinander entfernt werden. Jede Änderung an dem einen Teilchen zeitigt dann eine sofortige, entsprechende Änderung am anderen Teilchen. **3. Quantenkohärenz:** Das ist die Kondensation mehrerer Teilchen zu einer einheitlichen Entität, die durch ein ordnendes Feld beschrieben wird. Die Teilchen verhalten sich dann nicht mehr individuell, sondern kollektiv. Kohärente Systeme kommunizieren miteinander über die Phase ϕ, das ist der Schwingungszustand einer Welle(nfunktion), also eine informatorische Größe. Dieser Austausch hat keinen Energiebedarf, sondern nur einen Ordnungseffekt. **4. Unbestimmtheit:** Durch den Vorgang einer Messung oder Beobachtung kommt es zum Durchbrechen der Kohärenz. Dies hat zum Beispiel zur Folge, dass eine präzise Ortsmessung nur auf Kosten einer Unschärfe des Impulses oder umgekehrt möglich ist (Heisenbergsche Unbestimmtheitsbeziehung). Die Quantenfeldtheorie führt eine solche Unschärfebeziehung auch zwischen Teilchenzahl N und Phase ϕ ein. Unser Organismus als komplexes System. Es ist ohne Weiters (das heißt ohne besondere wissenschaftliche Theorie oder Messmethodik) erkennbar, dass in unserem Organismus alle Teilsysteme zusammenwirken müssen, damit wir gesund und überhaupt am Leben bleiben. Der Magen funktioniert nicht ohne Steuerung vom Gehirn aus, und das Gehirn kann nicht arbeiten, wenn es nicht durch den Stoffwechsel mit Nahrung und Sauerstoff versorgt wird. Die sogenannte willkürliche Bewegung von Muskeln setzt einen bewussten Willensimpuls und im Gefolge Nervenimpulse voraus, damit unsere Arme und Beine bewegt werden. Anatomie, Physiologie und zuletzt die Molekularbiologie haben eine Fülle von Details über die Einzelbestandteile unseres Körpers und ihre Funktionen zusammengetragen, bis hinunter auf die biochemische Ebene der kleinsten Funktionseinheiten in der Zelle und der biologisch aktiven Moleküle. Nun besteht unser Körper aus Billionen von Zellen und man fragt sich: Wer ist der Dirigent, der dieses riesige Orchester koordiniert?

Auf der Suche nach einer Antwort mag man zunächst an das Gehirn denken. Doch ist unser Denken viel zu langsam, um eine solch riesige Aufgabe bewältigen zu können. Ein bewusster Gedanke kann etwa eine halbe Sekunde benötigen. Bewegungsabläufe oder die Einleitung von Heil- und Abwehrprozessen bei Verletzungen sind viel schneller. Auch bei der unbewussten (unwillkürlichen) Steuerung von Prozessen wie Atmung und Verdauung spielen hormonelle und nervliche Prozesse eine wesentliche Rolle. Sie wären für eine gesamthafte Koordinierung in unserem Körper noch zu langsam. Der Herzschlag setzt beim Embryo bereits ohne solche Taktgeber ein. Wir kennen in der Physik nur einen Mechanismus, der die gestellte Anforderung erfüllt: Es ist die Kohärenz in Quantensystemen, die es ermöglicht, dass schlagartig (ohne Zeitbedarf für eine Signalübertragung) alle Teile des Systems in einen koordinierten Zustand fallen. Man nennt solche Ereignisse „zeitlos" oder „nonlokal". Da die Koordinierung zwischen den ursprünglich verbundenen Teilen null Zeitbedarf erfordert, ist sie über beliebig große Entfernungen mit einem Schlag möglich. Einstein erschien ein solcher Effekt (den er gemeinsam mit Podolsky und Rosen als Gedankenexperiment ersann) noch als „spukhafte Fernwirkung". Heute beschreibt ihn die Quantenphysik als „Verschränkung" (engl. entanglement) und längst ist dieses Phänomen (unter anderem durch den bekannten Wiener Physikprofessor Anton Zeilinger) experimentell bewiesen. Ebensolches gilt für die Abschnitte der Erbsubstanz DNS (engl. DNA), die keine Baupläne für Proteine (Eiweißstoffe) enthalten und daher vom molekulargenetischen Standpunkt wertlos sind. Junk-DNA nannte man sie im Wissenschaftsjargon verächtlich, bis die Epigenetik, die Wissenschaft von der in der

DNS codierten Information, zeigte, dass sie sehr wohl Bedeutung als Informationsträger (einschließlich der Erberinnerung) besitzen und die gesamte DNS als ein kunstvolles Hologramm zu betrachten ist. Daran mag man ermessen, wie fatal sich Eingriffe in Form sogenannter gentechnischer Modifikationen auswirken können. Im holografischen („ganzheitlichen") Wesen unseres Erbgutes steckt übrigens ein gewaltiges Heilungspotenzial, denn auch wenn wir zum Beispiel in Folge einer Blinddarm-Operation in unserem Körper keinen Wurmfortsatz mehr besitzen, ist in jeder unserer Körperzellen die vollständige Information über dieses Organteil noch vorhanden. Die Kohärenz zwischen den Teilen eines Quantensystems lässt uns noch mehr verstehen: Da durch kohärentes Verhalten einzelne Teile eines Systems gleichsam ihre Individualität aufgeben und eine zusammengesetzte Einheit auf höherer Stufe bilden, können diese komplexeren Individuen wieder untereinander in Kohärenz treten (man spricht von Superkohärenz), wobei sie noch komplexere Einheiten bilden und so weiter. Auf diese Weise entstehen abgestufte hierarchische Ebenen der Organisation, wie wir sie von unserem leiblich-seelischen Organismus kennen. Sie setzen sich in den sozialen, globalen und kosmischen Organismen oder Organisationsebenen fort, in die wir eingebunden sind (Abb. 2).

WAS IST LEBEN?

Mitte des 20. Jahrhunderts begannen sich die Physiker intensiv mit dem Phänomen Leben auseinanderzusetzen. In seiner berühmten, als Buch erschienen Vorlesungsreihe „Was ist Leben?" erkannte Erwin Schrödinger, einer der Väter der Quantenphysik, die besondere Bedeutung der Ordnung für die Aufrechterhaltung des Lebens. Die Zufuhr von Ordnungsstrukturen, so lehrte er, sei für unseren Körper noch wichtiger als das bloße Angebot an Nähr- beziehungsweise Brennstoffen („Wir essen Ordnung"). Später erkannte Fritz-Albert Popp, der Erforscher der Zellkommunikation über ultraschwache kohärente

Lichtsignale („Biophotonen"), dass sich lebendige Systeme an der sogenannten Laserschwelle zwischen Flexibilität und strenger Ordnung (Kohärenz) bewegen. Dadurch werden zwei Grundanforderungen an das Leben erfüllt: die Anpassungsfähigkeit an wechselnde Umweltbedingungen und die Grundbeständigkeit, die den komplexen lebendigen Organismus aufrecht erhält und geordnet funktionieren lässt.

KOHÄRENZ IM BIOLOGISCHEN SYSTEM

Im Falle höherer Lebewesen tritt als weitere Anforderung die Möglichkeit der Kohärenz über verhältnismäßig weite Entfernungen hinzu. Wir haben bereits die non-lokale Ausbreitung von Signalen als wichtigen Steuerungsmechanismus im Körper und die quantenmechanische Verschränkung als dessen Grundlage betrachtet. Der stoffliche Hauptbestandteil unseres Körpers ist Wasser. Es macht 70 Prozent unserer Körpermasse und 85 Prozent unserer Gehirnmasse aus. Mehr als 99 Prozent aller Körpermoleküle sind Wassermoleküle. Aus der von den italienischen Physikern Emilio Del Giudice und Giuliano Preparata durchgeführten Berechnung der quantenelektrodynamischen Eigenschaften des Wassers und mittlerweile auch aus Experimenten wissen wir, dass sich in Wasser kohärente Bereiche aus circa 13 Millionen Wassermolekülen bilden. Diese Kohärenzdomänen sind unter anderem in der Lage, elektromagnetisch eingestrahlte Information nach Art eines Mikrolasers in Form kohärenter Wellen zu speichern. Das Wasser in unseren Zellen ist zu 100 Prozent kohärent. Das bedeutet, dass es sich von dem gewöhnlichen Wasser, das wir kennen, in fast allen wichtigen Eigenschaften unterscheidet und in den Zellen selbst eine sehr aktive Rolle spielt. Über Superkohärenz zwischen den Kohärenzdomänen des Wassers in unserem Körper entstehen übergeordnete Korrelationen, die als Grundlage für ein einheitliches Körper-Bewusstsein dienen könnten. Nicht umsonst gilt Wasser (über den rein stofflichen Aspekt hinaus) als Träger des

Lebens und alle alten Religionen messen dem Wasser besondere kultische und spirituelle Bedeutung bei. Der Begriff der Kohärenz im biologischen System (als eines Quantensystems) hat viele wichtige Facetten: die Möglichkeit der non-lokalen Kommunikation, die ganzheitliche Betroffenheit des Gesamtsystems von einer Veränderung eines jeden seiner Teile (und umgekehrt). Die kollektiven Zustände des Systems werden durch wellenförmige Quantenfunktionen beschrieben und durch Informationsgrößen (Phase) bestimmt. Zwischen Zuständen des Systems sind quantensprungartige, diskontinuierliche Übergänge möglich (zum Beispiel zwischen den Grundzuständen Sympathicotonie und Vagotonie, die von den beiden Zweigen des vegetativen Nervensystems bestimmt werden). In isolierenden Schichten zwischen den kohärenten Bereichen fließen sogenannte Josephson-Ströme (benannt nach Brian Josephson, der diesen universellen Mechanismus als Ausgleichsmechanismus in nichtleitenden „Josephson-Verbindungen" zwischen superleitenden Bereichen erkannte).

Gesundheit ist also berechenbar, aber ist sie auch „machbar"? An dieser Stelle müssen wir uns vor einer reduktionistischen Auffassung hüten. Um tiefer zu verstehen, was uns gesund erhalten oder im Erkrankungsfall wieder gesund machen (heilen) kann, müssen wir die geistig-seelische Ebene einbeziehen. Gedanken, Gefühle, Emotionen.

Wenn wir das Wunder des Lebens bestaunen, stellt sich uns ein weiteres Rätsel, nach dem Philosophen David Chalmers das größte von allen: Wie kommt es dazu, dass wir unser Leben überhaupt bewusst erleben? Sinnesreize, die wir von unserer Umwelt empfangen, lassen sich noch durch physikalisch-biochemische Mechanismen erklären. Aber wie kommt es zum Beispiel zur bewussten Wahrnehmung eines Sinneseindrucks, zu einer bewussten Vorstellung oder Erinnerung, zu einem bewussten Gedanken oder auch zu einem aus dem Unbewussten (Unter- oder Überbewusstsein) aufsteigenden Traum?

DIE BEDEUTUNG DER PSYCHE

Etwa gleichzeitig mit der Umwälzung der Physik durch die Quanten- und Relativitätstheorie leitete Sigmund Freuds Erforschung des Unterbewussten eine „psychodynamische Revolution" ein. Schlagartig wurden der Naturwissenschaft die Bedeutung psychischer Prozesse und die Einheit von Körper, Geist und Seele bewusst. Allerdings waren die „harten" (also exakt messenden und berechnenden) Naturwissenschaften zu Freuds Zeiten nicht in der Lage, diese Einheit darzustellen. Das blieb so bis zur modernen Molekularbiologie. Freud selbst versuchte bereits – ganz Kind seiner Zeit – die Seele aus der dunklen Welt der chemischen Reaktionen abzuleiten.

Die Unzulänglichkeit der harten Naturwissenschaft, das Leben zu verstehen, folgt aus ihrer mechanistischen Auffassung biochemischer Reaktionen, die sie das Geschehen in der lebenden Zelle wie die Umsetzungen von Molekülen in einem technischen Reaktor sehen lässt. Dabei verhalten sich die Moleküle, wenn sie einen lebendigen Organismus aufbauen, ganz anders: Da gibt es spezifische Erkennungscodes, Gedächtnisphänomene und nahezu fehlerfreie Abläufe. Das Dogma der lokalen Kausalität - in diesem Fall, dass die einzelnen biochemischen Reaktionen im Wesentlichen voneinander unabhängig ablaufen und nur von Art und Menge der vorhandenen Reaktionspartner gesteuert werden - ist im biologischen System nicht haltbar. Die Moleküle werden Bestandteile eines ausgedehnten Objektes und folgen Signalen, die in einem Netzwerk mit langer Reichweite zirkulieren. Dieses Netzwerk erscheint als „innere Seele" des Ensembles von Molekülen. Unsere heutige Kenntnis psychosomatischer Erkrankungen zeigt uns, dass es auf der Ebene des Gesamtorganismus die Psyche ist, welche die Vielzahl biochemischer Reaktionen lenkt. Körper und Geist können ohne die Psyche keine Einheit bilden. Der Verstand benötigt den Willen, um den Körper zu steuern. Schon Spinoza schreibt: „Der kühle Verstand geht aus einer leidenschaftlichen Seele hervor." Emotionen sind aus physikalischer Sicht Anregungen, die den ganzen Körper erfassen. In der englischen Sprache bezeichnet der Begriff „excited" sowohl den Zustand psychischer Erregung oder Aufregung als auch den energetisch angeregten Zustand von Molekülen. Man gelangt in einen angeregten Zustand, wenn man emotional wird. Das gilt für Zustände der Rührung, der Begeisterung, der Leidenschaft, der Ergriffenheit, des tiefen religiösen oder musikalischen Erlebens, aber auch für die intensive Anteilnahme von Fans an einem sportlichen Wettkampf. Die messbaren Auswirkungen solcher Zustände – es handelt sich dabei um überindividuelle Bewusstseinskohärenz – sind umso stärker, je mehr Menschen daran beteiligt sind und je intensiver diese Menschen emotional beteiligt sind. Psychisches Geschehen, Emotionen schaffen also die Kohärenz, die gleichsam Körper und Geist zusammenhält und zur Einheit verbindet.

Ein zweigliedriges Konzept

Erst die psychodynamische Erzeugung von Kohärenz (zum Beispiel durch Willensakte und Emotionen) stellt die Ganzheit unseres Organismus her und verknüpft das körperliche Geschehen mit der geistigen Sphäre (Verstand, Bewusstsein) und mit übergeordneten Kohärenzbereichen (zum Beispiel sozialen Gebilden oder der planetaren Entität „Gaia" nach James Lovelock). Hier sind das Freudsche ICH und das Über-ICH angesiedelt. Nun ist auch der idealistische Standpunkt integriert. Wegen der zentralen Bedeutung dieses dualen Konzeptes von molekularer und psychischer Kohärenz sei hier noch ein Beispiel gegeben, wie eng beide Hand in Hand gehen: Kohärente Zustände sind auf physischer Ebene in Kohärenzdomänen, abgegrenzten räumlichen Bereichen, realisiert. Emotionale Erregung führt auf dieser Ebene zu angeregten Zuständen, die sich in Phasenverschiebungen äußern. Phasendifferenzen zwischen benachbarten Kohärenzdomänen drängen zum Ausgleich über

Josephson-Ströme. Wir erkennen nun in den Meridianen der Traditionellen Chinesischen Medizin solche bevorzugten Ausgleichsbahnen. Sie lassen sich mit Mitteln der modernen Elektrophysik als Zonen erhöhter Leitfähigkeit am Körper nachweisen. Eine Blockade dieser Ausgleichsströme wird in der Bioenergetik als „Energieblockade" bezeichnet. Wilhelm Reich (ursprünglich ein Schüler Sigmund Freuds) erkannte, dass solche Blockaden krank machen.

Auf zwei wichtige Aspekte ist besonders hinzuweisen:
1. Kohärente Systeme treten über die Phase in Wechselwirkung. Deshalb unterliegen sie subtilen Einflüssen, die in der herkömmlichen naturwissenschaftlichen Betrachtungsweise unberücksichtigt bleiben. Nach Klaus Volkamer können wir diese Einflüsse als Aufnahme oder Abgabe von Ordnungs- und Unordnungsquanten betrachten und sogar mit der Waage messen. Solche Prozesse laufen besonders an Phasengrenzflächen ab, wie sie im biologischen System in Form von Membranen und anderen Strukturelementen massenhaft vorkommen. Diese Erkenntnisse eröffnen einen rationalen Zugang zu „feinstofflichen" Heilmethoden, die bisher wissenschaftlich nicht nachvollziehbar waren. **2. Die Wechselwirkung kohärenter Systeme** über die Phase erfordert keinen Energie- oder Impulsaustausch. Sie unterliegt daher keiner Beschränkung durch die Lichtgeschwindigkeit. Das bedeutet, dass Effekte über beliebige Entfernungen gleichzeitig auftreten können. Fernheilungen sind unter diesem Blickpunkt keine unerklärlichen Wunder, sondern quantenphysikalisch fassbares Geschehen.

DIE FRAGE NACH DEM BEWUSSTSEIN

Wir haben in den kohärenten, materiell-energetisch verwirklichten Wechselwirkungen das gesuchte „vereinheitlichende" Feld gefunden, das die Einheit unseres Organismus herstellt, und die Bedeutung der übergeordneten Steuerung durch psychisches Geschehen hervorgehoben. Die wesentliche Frage blieb aber unbeantwortet: Wie wird uns das alles bewusst? Daran fügt sich eine zweite Frage: Unterstützen die materiellen Strukturen des Körpers unsere Bewusstseinsfunktionen? Beginnen wir mit der zweiten Frage, denn sie kann uns entscheidend weiterhelfen: Die Analyse der in biologischen Systemen immer wiederkehrenden Strukturen wie Cilien (Wimpern), Flagellen (Geißeln), Mikrotubuli (röhrenförmig aufgewundene Moleküle) und dergleichen zeigt uns, dass sie physikalisch gesehen perfekte Wellenleiter darstellen. Sie sind in der Lage, Quanteninformation aus Wellen (zum Beispiel Licht) zu extrahieren.

DAS BEDARF EINER ERLÄUTERUNG

Wie wir bereits ausführten, werden kohärente Systeme durch Informationsgrößen, zum Beispiel die Phase, bestimmt. Diese treten in der Quantenphysik an die Stelle energetischer Größen (Kräfte, Feldstärken und so weiter.), die in der klassischen Physik die entscheidende Rolle spielen. Biologische Moleküle wie die DNS mit der Eigenschaft der Quantensupraleitung und Proteine mit ihrer von Quanteneffekten abhängigen Dynamik bieten weiterhin geeignete Hebelmechanismen zur Verstärkung schwacher Quantenkräfte. Alle Detailstrukturen unseres Körpers scheinen dafür konstruiert, auf Quantenebene wirksame Information zu empfangen und zu verarbeiten. Das lässt uns vermuten, dass solche Quanteninformation bewusste und unbewusste Prozesse in unserem Körper beeinflusst. Der berühmte Physiker Sir Roger Penrose sieht in der „objektiven Reduktion (OR)" von Quantenzuständen das physikalische Korrelat zum Bewusstsein. Was verbirgt sich hinter diesem Fachchinesisch? Die Quantenphysik lässt das gleichzeitige Bestehen mehrerer Zustände eines Systems zu. Sie beschreiben gleichsam die Realisierungsmöglichkeiten des Systems. Die tatsächliche Realisierung eines konkreten Zustands wird als das „Kollabieren" (im Sinne von Verdichten, Konkretisieren) der Wellenfunktion bezeichnet. Der „Selbstkollaps" einer Wellenfunktion gilt den Physikern als eher seltenes Ereignis. Die Bezeichnung als OR bringt zum Ausdruck, dass dabei mehrere vorhandene Möglichkeiten auf eine Realisierung in unserer Wirklichkeit reduziert werden. Wir können – Penrose folgend – diesen Vorgang so verstehen, dass eine bewusste Auswahl getroffen wird. Es ist ein Bewusstseinsakt. Ist das Bewusstsein, das wir hier am Werk sehen, ein unpersönliches oder können wir es mit unserem persönlichen Bewusstsein identifizieren? Die neuzeitliche Bewusstseinsforschung begann mit der Erkenntnis von Descartes: Cogito, ergo sum (Ich denke, also bin ich). Das bedeutet: Die Selbstreflexion des Denkenden ist der Nachweis des Bewusstseins. Es handelt sich eindeutig um ein persönliches Bewusstsein. Die Identifikation des Bewusstseins mit der OR nach Penrose wirkt zunächst unpersönlich, weil sie eine physikalische Beschreibung benutzt, die in kleinsten Dimensionen (der Planck-Skala) auf eine unüberwindliche Schranke (die Heisenbergsche Unbestimmtheit) stößt.

Die Quantenwelt erscheint uns wegen der prinzipiellen Beschränktheit unserer messtechnischen Möglichkeiten zufällig und unbestimmt, somit auch unpersönlich. Es ist aber ein weitverbreiteter Irrtum, dass die Quantenwelt tatsächlich unbestimmt sei. Gott würfelt nicht, meinte Einstein zu dieser Frage. Das Zufallselement, die Unbestimmtheit, wird erst durch die Messung eingeführt. Es gibt also an dieser unüberwindbar scheinenden Schwelle die Möglichkeit der bestimmenden Entscheidung! Freeman Dyson sieht Geist und Intelligenz in das Geflecht des Universums eingewoben. In diesen Webfäden können wir Platos Ideen wiedererkennen, die geistigen Urbilder der von uns sogenannten, aber nur abbildhaften Wirklichkeit. Wenn es die Möglichkeit des Bewusstseinsaktes an der Schwelle zu dieser geistigen Welt gibt, dann werden unsere Entscheidungen, Handlungen und Wahrnehmungen auf der Planck-Skala an der äußersten Grenze der physikalisch erfassbaren Realität, durch quantische Platonische Werte beeinflusst. Die so unpersönlich erscheinende OR wird dadurch orchestriert, Klangfarben, Töne und Sequenzen tauchen auf. Dieses Modell unseres Bewusstseins, das vom Anästhesiologen und Bewusstseinsforscher Stuart Hameroff gemeinsam mit Roger Penrose entwickelt wurde, heißt daher „OrchOR"-Modell (orchestrierte objektive Reduktion). Ein solches OR-Ereignis findet alle 25 Millisekunden (tausendstel Sekunden) statt, wenn wir ein bewusstes JETZT erleben. Die Anregung zu diesem Modell fanden Hameroff und Penrose beim Philosophen Alfred North Whitehead, der das Bewusstsein als eine Folge von Ereignissen sah, die aus einem „vor-bewussten Erfahrungsfeld" auftauchen. Seinen Gedanken fortspinnend, definieren sie das Bewusstsein als eine Folge objektiver Reduktionen, die in einem weiteren Feld von vor-bewusster Erfahrung auftreten, das in die grundlegende Raum-Zeit-Geometrie eingebettet ist. Die besonders bei Kindern beliebten optischen Täuschungen und Vexierbilder führen uns buchstäblich vor Augen, dass die Realität, wie wir sie wahrnehmen, erst in unserem Bewusstsein zustandekommt. Die moderne sinnesphysiologische Forschung und Gehirnforschung zeigen uns mit noch größerer Tiefe, dass die von uns erzeugte Projektion der Realität mit den „objektiven" Gegebenheiten mitunter wenig gemein hat.

Die mechanistische Betrachtung lässt biologische Systeme als riesiges Orchester ohne Dirigenten erscheinen. Mit der Kohärenz langer Reichweite tritt ein Dirigent auf, der noch als reduktionistisches, rein physikalisch begründbares Konzept durchgeht. Die Orchestrierung aber, die erst die Musik unseres Bewusstseins zum Klingen bringt, stammt aus einer Sphäre, die jenseits der physikalisch zugänglichen Dimensionen liegt und von der wir annehmen müssen, dass sie in die grundlegende Struktur von Raum und Zeit eingewoben ist. Damit kommt das uralte Konzept der Ideen oder Platonischen Werte als eigentliche Wirklichkeit ins Spiel, das Land unserer Seele. Wenn wir uns nun wieder den eingangs angeführten Grundelementen der Spiritualität zuwenden, können wir ihnen folgende quantenphysikalische Korrelate an die Seite stellen: **(1)** der Verbundenheit von Lebewesen und Schöpfung/Universum: die Verschränkung als non-lokale, zeitlose Verbindung zwischen kohärenten Systemen – eine grundlegende Einheit alles Lebendigen, **(2)** der kosmischen Intelligenz als Voraussetzung bewusster Wahrnehmungen und Entscheidungen: die Nicht-Berechenbarkeit der objektiven Reduktion nach Penrose, **(3)** der Überzeugung von einer bewussten Existenz nach dem Tod (Unsterblichkeit der Seele): die in die grundlegende Raum-Zeit-Geometrie eingewobene Quanteninformation.

Damit kann die Quantenphysik der Wissenschaft wieder eine Seele geben, wie Hameroff formuliert, und den Weg zur Verständigung der Naturwissenschaft mit den Religionen und spirituellen Lehren ebnen. So dürfen wir auch hoffen, dass auf der Ebene der „Vor-Erfahrung", auf der unser Bewusstsein auftritt, der Bewusstseinswandel vorgezeichnet ist, den wir herbeiwünschen, damit der Mensch die ihm gegebenen Möglichkeiten im Sinne der Schöpfung, des Lebens, der Einheit alles Lebendigen nutzt.

STEHEN WIR VOR EINEM QUANTEN-SPRUNG DES BEWUSSTSEINS?

Die Beeinflussung der Materie-Energie durch kollektive Bewusstseinszustände eröffnet atemberaubende Möglichkeiten. Wir können heilen und Frieden stiften. Die Gestaltung unserer Zukunft ist uns in die Hände gelegt. Wir nehmen sie am intensivsten wahr, wenn wir die authentischen Energien unserer inneren Antriebe (E-motionen) in kohärenten Feldern zusammenführen: Durch Religion, Meditation, Rituale, Kunst, Sport ... die Wahrnehmung dieser Möglichkeit bedeutet einen Quantensprung für die Menschheit und für den Planeten Erde und bereitet den nächsten Erweiterungsschritt zu einem kosmischen Bewusstsein vor.

JEDE WAHRHEIT PASSIERT DREI STADIEN,
BEVOR SIE ANERKANNT WIRD:
IM ERSTEN WIRD SIE LÄCHERLICH GEMACHT,
IM ZWEITEN WIRD SIE VERWORFEN,
IM DRITTEN WIRD SIE ALS SELBSTVERSTÄNDLICH
ANGESEHEN.

ARTHUR SCHOPENHAUER

SEELE
&
BEWUSSTSEIN

Die Beschäftigung mit mir selbst, meiner Seele, dem Leben, dem Bewusstsein und der Spiritualität schenkt mir immer mehr Lebensfreude, Wohlgefühl und Glücksempfinden. Ich habe oft erlebt, wie viel besser mein Tag verläuft, wenn ich bewusst bleibe, wahrnehme und handele, als wenn ich mich verliere und nur noch reagierend und hektisch unterwegs bin. An Tagen und in Situationen, in denen ich nicht bewusst bin, passieren all diese kleinen Schusseligkeiten: Ich vergesse Dinge, mir fallen Sachen herunter, ich stoße mir den Kopf, schneide mir in den Finger, verstauche mir den Knöchel, verfahre mich mit dem Auto und manchmal noch Schlimmeres.

Ich habe festgestellt, dass mir all solche Dinge nicht passieren, wenn ich bewusst und ruhig durch den Tag gehe. Und ganz abgesehen von den negativen Dingen weiß ich, dass ich bei bewusstem Handeln einfach alles genießen kann und mir das, was ich gerade tue, viel besser gelingt. Ich genieße dann das wunderschöne München mit den vielen Bäumen und den traumhaften Parks, den Englischen Garten, die meist freundlichen Menschen, meine gemütliche Wohnung mit der tollen Aussicht auf die Alpen, mein Auto, das nie kaputt geht, ein leckeres Essen beim kleinen Italiener um die Ecke – und selbst unangenehme Dinge wie ein Stau, ein Drängler im Verkehr oder eine Warteschlange an der Kasse im Supermarkt können mich nicht nerven.

Je mehr ich an mir arbeite und versuche, jeden Tag bewusst zu erleben, umso weniger Tage gibt es, an denen es mir aus irgendwelchen Gründen nicht gut geht. Ich genieße fast jeden Tag und bin immer weniger davon abhängig, dass ich besonders tolle Erlebnisse und Anerkennung im Außen erleben muss. Je mehr ich mich intensiv und bewusst mit mir selbst beschäftige, desto unabhängiger wird mein Glücksgefühl von der äußeren Welt. In meiner tiefsten Krise bekam ich im beruflichen Bereich fast keine oder zumindest sehr wenig Bestätigung. Trotzdem erlebte ich viele glückliche Momente, die einfach nur aus meinem Inneren heraus kamen, weil ich mit mir, mit der Welt und meinen Mitmenschen im Reinen war. Und weil ich mich so sehr um mich selbst kümmerte und bewusst durch den Tag ging, genoss ich auch die kleinen schönen Dinge, die das Leben lebenswert machen: ein Blümchen am Straßenrand, spielende Kinder, ein schöner Song im Radio, das Lächeln eines Mitmenschen; leider fiel mir damals auch auf, wie wenig Menschen ihrerseits bewusst lebten oder sich ihrer selbst überhaupt bewusst waren. Als ich vor Jahren den spirituellen Weg begann, fühlte ich mich anfangs manchmal ein wenig einsam und unverstanden – bis ich im Laufe der Jahre plötzlich immer mehr Menschen traf, die auch auf diesem Weg oder zumindest offen dafür waren. Eigentlich ist jeder früher oder später offen dafür. Doch natürlich gibt es dabei auch Rückschläge und Zweifel, ich selbst weiß, dass ich täglich an mir arbeiten und immer sehr genau auf mein Ego und meinen Verstand aufpassen muss. Die Verlockung, in alte Muster und ins Unbewusste zu verfallen, ist sehr groß. Permanent besteht die Gefahr, dass mein Leben wieder aus unbewusstem Reagieren auf die Menschen, Situationen und Erlebnisse des Tages besteht, anstatt aus bewusstem Agieren. Doch je länger ich bewusster bin, desto sicherer werde ich. Ich glaube, wenn man erst mal diesen Weg begonnen hat, gibt es kein Zurück mehr. Man spürt einfach, dass es der richtige Weg ist, schon bevor die großen Veränderungen überhaupt eintreten.

Bin ich glücklich und in Freude, so ist auch die ganze Welt wunderbar. Ein schönes Beispiel dafür ist, wenn ich verliebt bin. Egal, an welchem noch so grauen Ort ich mich befinde, ob es regnet und stürmt – die ganze Welt um mich herum ist rosarot. So ergeht es einem auch, wenn man bewusst durch den Tag geht – man erhält positive Resonanz von überall und von jedem, ob auf der Straße oder beim Einkaufen, jedes eigene Lächeln erntet ein nettes Gegenlächeln, jede freundliche Geste wird mit etwas Positivem erwidert. Schon seit sehr langer Zeit habe ich persönlich nicht eine einzige negative oder aggressive Reaktion eines Mitmenschen erlebt, ob Sie's glauben oder nicht – es geht wirklich! Natürlich weiß ich auch, dass es in der Welt viel Unerfreuliches gibt – solange ich aber innerlich positiv und glücklich bin, erschaffe ich mir sozusagen meine eigene Welt. Ich treffe dann immer weniger oder gar nicht auf Unerfreuliches und Negatives. „Die Welt ist ein Spiegelbild meiner selbst" ist keine theoretische Spinnerei, das kann ich bestätigen. Allerdings kenne ich auch das Gegenteil sehr gut: Bin ich traurig oder frustriert und befinde mich gerade am schönsten Ort der Welt, nehme ich ihn vielleicht noch nicht einmal wahr, geschweige denn, dass ich ihn genießen kann. Sehr hilfreich für eine innere positive Grundeinstellung ist für mich dann immer, mich morgens nach dem Aufwachen nicht sofort in den Tag und die Dinge zu stürzen, sondern mir eine kurze Zeit für mich zu nehmen. Schon zehn Minuten reichen dafür aus. Ich habe dann zwar manchmal den Zwiespalt, bei einem gut gefüllten Terminkalender am liebsten gleich loszulegen, doch mittlerweile weiß ich, dass alles viel leichter und besser funktioniert, wenn ich den Tag bewusst starte. Nach dem Frühstück setze ich mich also bequem auf mein Sofa, schalte mein Handy auf lautlos, schließe meine Augen und entspanne mich. Dann beginne ich mit einer CD oder auch ohne, mich selbst und meinen Körper vom kleinen Zeh bis zum Ohrläppchen zu spüren. Mithilfe kleiner Affirmations-/Meditationsübungen gehe ich schließlich ins Bewusstsein und visualisiere alle positiven, schönen Dinge an mir und in meinem Leben und bedanke mich innerlich so lange dafür, bis ich die Dankbarkeit und Freude wirklich spüre und ein Lächeln in mein Gesicht kommt. Das hört sich vielleicht für Sie etwas seltsam an, wenn Sie es noch nie gemacht haben. Aber trauen Sie sich doch einfach mal mit einer der Übungen auf der beiliegenden Meditations-CD. Sie werden positiv überrascht sein. Ich jedenfalls bin für jeden Augenblick des Tages, den ich dadurch ganz bei mir und somit bewusst erlebe, dankbar. Und sollte ich dennoch einmal ins Unbewusste abdriften – was oft genug passiert – dann lächele ich immer über mich selbst und das Misslingen und freue mich über jeden noch so kleinen

Fortschritt. Schließlich ist keiner perfekt, und das ist menschlich. Selbst jetzt, in der Schlussphase meines Traumprojektes YOU! ruft mich immer mal wieder die Verlockung, mich selbst unbeobachtet zu lassen, denn es ist eine sehr turbulente Zeit und es gibt wahnsinnig viel zu tun. Manchmal erhalte ich fünf Anrufe zur gleichen Zeit und nebenbei noch zehn E-Mails. Da wir sehr bald auf den Markt gehen, ist alles absolut dringend, und ich merke, dass ich oft nur noch auf die Dinge reagiere, die auf mich einprasseln – eine Situation, die viele Menschen täglich in ihrem Job erleben. Ich persönlich sehe solche Situationen immer als eine Art Prüfung oder Übung, bei der ich feststellen kann, wo ich mit meinem Bewusstsein stehe und wo ich noch mehr auf mich aufpassen sollte. Ich nehme mich dabei kurz aus der Situation heraus und betrachte mich wie ein außenstehender Beobachter. Nach einer kurzen Atemübung geht es mir dann meist gleich viel besser und ich versuche herauszufinden, warum die Situation überhaupt entstanden ist, wo das eigentliche Problem unter der Oberfläche liegt, und wie ich die Thematik lösen kann. Dadurch lerne ich, besser mit solchen Situationen umzugehen – vor allem da ich weiß, dass es immer eine Lösung gibt. Dabei ist es durchaus nicht so, dass mich Belastungen überhaupt nicht mehr aus der Bahn werfen oder mir keine Angst mehr machen könnten, allerdings erlebe ich immer öfter, dass solche Momente nur noch Sekunden, Minuten oder Augenblicke andauern, während es mir früher einen ganzen Tag oder sogar noch längere Zeit schlecht gegangen wäre. Aus früherer Erfahrung weiß ich, dass mich fehlende Klarheit schnell in Angst- und Panikreaktionen verfallen ließ, was wiederum dazu führte, dass die negativen Emotionen nur noch stärker wurden. Das an der Oberfläche auftauchende Problem war dabei allerdings meist gar nicht das wirkliche Problem, auch wenn es so aussah, denn häufig lag die Ursache nicht im Außen, sondern bei mir. Ergo liegt auch in den meisten Fällen eine Lösung nie im Außen, sondern bei einem selbst, man braucht im Außen oft gar nichts verändern, sondern das Thema nur mit sich lösen – oft löst sich dann das Problem im Außen wie von selbst.

SEELE BEWUSSTSEIN

Auf den Spuren der Seele

RUEDIGER DAHLKE

Seit der Schulzeit interessiere ich mich für die Seele, weshalb ich psychoanalytische Literatur las, eine Analyse begann, meine Doktorarbeit bei einer Analytikerin machte und neben der Medizin noch Psychologie studierte. Erstaunt stellte ich, ständig mit Statistik-Scheinen konfrontiert, fest, dass man offensichtlich glaubte, der Seele mittels Mathematik näher zu kommen. Bei der psychoanalytischen Gruppe kam heraus, dass unsere Mütter an fast allem Schuld waren, bei der Doktorarbeit, dass es bei den Müttern der Asthma-Kinder haperte, und bei meiner Therapie erschien meine Mutter als das Problem. Mir dämmerte, es müsse noch andere Wege geben. Ich fing an, mich über das Medizinstudium hinaus für Psychosomatik zu interessieren und folgte den Spuren der Seele in die Welt des Körpers.

Letztlich entstand so jene umfassende Psychosomatik, die sich zuerst in „Krankheit als Weg" ausdrückte. Zu jeder Form suchte ich den Inhalt, ausgehend von der Erkenntnis, dass es weltweit keine Form ohne Bedeutung und Inhalt gibt. Warum sollte das ausgerechnet in der Medizin anders sein? Meine Patienten halfen mir mit ihren Lebens- und Krankengeschichten, die deutlich auf Sinn und Bedeutung zielten. Schließlich zeigte sich, dass nicht nur alle Krankheitsformen, sondern auch die gesunden Sinn und Bedeutung hatten. So kam es über Stationen wie „Krankheit als Sprache der Seele" und „Lebenskrisen als Entwicklungschancen" zu „Krankheit als Symbol", dem Nachschlagewerk mit Tausenden von Symptomen, die in seelische Aufgaben übersetzt wurden. Im ersten Teil gibt es hier die Deutungen gesunder Organe und Regionen, im zweiten, längeren die der Krankheitsbilder. Anschließend in Kurzform die zehn wichtigsten Krankheitsbilder und ihre Bedeutung:

1. Depression • **Thema:** Suizid-Gedanken;
Aufgabe: Aussöhnung mit dem Sterben, Leben im Hier und Jetzt.

2. Allergien • **Thema:** Aggression, Kampf;
Aufgabe: Sich dem Leben und dem Thema des Allergens mutig stellen, zum Beispiel bei Pollen, den männlichen Samen, der Sexualität.

3. Fettsucht • **Thema:** Fülle, Rundheit;
Aufgabe: Erfüllung finden, das Leben rund werden lassen.

4. Typ-II-Diabetes • **Thema:** Liebesdurchfall;
Aufgabe: Die Liebe durch sich hindurchfließen lassen, ohne sie festzuhalten.

5. Herz-Infarkt • **Thema:** Das Herz strangulieren;
Aufgabe: Sich auf die eigenen Herzensangelegenheiten konzentrieren.

6. Herz-Insuffizienz • **Thema:** Herzerweiterung;
Aufgabe: Sein Herz im übertragenen Sinn weiten, ein großes Herz der Liebe entwickeln.

7. Lungen-Krebs • **Thema:** Pervertiertes Wachstums auf der Kommunikationsebene;

Aufgabe: Den eigenen Weg gehen und offensiv mutige Kommunikation wachsen und gedeihen lassen.

8. Enddarm-Krebs • Thema: Pervertiertes Wachstum
auf der Ebene des Gebens;
Aufgabe: Selbstverwirklichung durch mutiges,
kompromissloses Loslassen und Schenken.

9. Brust-Krebs • Thema: Fehlgeleitetes Wachstum
im Bereich von Mond und Venus;
Aufgabe: Radikal und mutig auf dem eigenen weiblichen Weg wachsen.

10. Malaria • Thema: Zerfall der Lebenskraft, Wechselfieber;
Aufgabe: Generalmobilmachung und bis aufs Blut fürs eigene
Leben und seinen Rhythmus kämpfen.

Der nächste Schritt führte über Krankheitsthemen hinaus zum „Körper als Spiegel der Seele", um zu den Spielarten von Figuren und Aspekten unseres Körpers Inhalt und Bedeutung zu finden. Nicht umsonst fragen wir: „Wie steht's, wie geht's?", und erkundigen uns damit nach seelischen Befindlichkeiten. Erstaunt stellte ich fest, dass bei den Wahlen des US-Präsidenten bis auf ein einziges Mal immer die größeren Kandidaten gewonnen hatten, dass Mozart, wohl, weil er winzig klein und Linkshänder war, gegen den (körperlich) großen Salieri und seine minderwertige Musik zu Lebzeiten nie einen Fuß auf den Boden bekam. Ganz offenbar war die Körperform viel wichtiger als allgemein angenommen, weil sie auf Schritt und Tritt Seelenthemen verkörpert. So war es nur noch ein kleiner Schritt, nach dem Pars-pro-toto-Gesetz, das davon ausgeht, dass in jedem Teil das Ganze zu finden ist, sich einzelnen bedeutungsschwangeren Aspekten des Körpers intensiv zuzuwenden wie etwa Händen und Füßen. Aus dem in Jahren angesammelten Wissen meiner Partnerin, Rita Fasel, die sich auf Augen- und Fußdiagnosen spezialisiert hatte, entstand „Die Spuren der Seele – was Hand und Fuß über uns verraten". Tatsächlich sagen uns unsere Hände einiges über unser Verhältnis zur Welt und unseren Zugriff auf sie. Die Füße verraten dagegen unser Weltverständnis. Bedenken wir, dass mindestens ein Drittel von uns eigentlich Linkshänder wären und durch das früher übliche Umtrainieren stattdessen linkisch wurden, mag deutlich werden, wie wichtig es ist, dass wir das Leben richtig anpacken. In jedem Alter wäre es noch gut, herauszufinden, zu welcher Seite man ursprünglich neigte und sich danach zu richten, denn geschickt sind wir nur dort, wo uns das Schicksal hinschickt. Ein einfacher Test wie Klatschen kann Aufschluss geben. Ein Mensch, der sein Leben „mit links" anpackt, tut sich in vieler Hinsicht leichter, weil ihm das meiste lockerer und flüssiger von der Hand geht. Umtrainierte werden dagegen oft zum Tollpatsch mit zwei linken Händen und Füßen.

Die moderne Wissenschaft, die die Längen von Zeige- und Ringfingern vergleicht, findet, je kürzer der Zeige- und je länger der Ringfinger, desto männlicher die betreffende Person. So lässt sich am Verhältnis nur dieser beider Fingerlängen vieles über sportliche Begabungen voraussagen, aber auch über die Eignung zum Börsenmakler sowie sexuelle Orientierungen. Große Sportler neigen zu kurzen Zeigefingern, was auch für mathematische Begabung spricht. Wer dagegen mit langen Zeigefingern ins Leben geschickt wurde, steht eher unter weiblichem Einfluss und kann auf sprachliche Begabung hoffen. Tatsächlich ist die Sprachgewalt großartiger Sportler und besonders von Fußballern oft überschaubar. Unsere Hände spiegeln auch das im Zugriff aufs Leben vorrangige Element wider. Besonders interessant wird es, wenn man die eigene Hand mit derjenigen vergleicht, um die man angehalten hat und in die man sein Schicksal legte. Wie immer gibt es im Sinn der Polarität zwei Möglichkeiten, die hier an einem Beispiel angedeutet seien. Wenn eine Lufthand auf eine Erdhand trifft, könnte das zu den folgenden Problemen führen. Der Besitzer der Lufthand mag den Erdhand-Typen an seiner Seite materiefixiert, eifersüchtig und phantasielos finden, der Erdhand-Besitzer ihn umgekehrt als Traumtänzer und Luftschlösser-Betreiber, der auch so gar nichts in die Realität und auf den Boden bringt. Andererseits könnte aber der Lufttyp von der Erde gerade das gut lernen, um so auch einmal Nägel mit Köpfen zu machen und ein paar Phantasien zu realisieren. Der Erdtyp wiederum täte gut daran, etwas Leichtigkeit und Freiheit zu übernehmen und sich auch den Gedankenwelten zu öffnen. Spannend und noch differenzierter ist die Zuordnung der fünf Finger und zweier Fingerberge zu den klassischen sieben Urprinzipien, die unseren Wochentagen zugeordnet sind und ihre Namen geben. Mit ihrer Hilfe lassen sich die großen und ursprünglichen Lebensthemen viel besser verstehen. Der Daumen steht für das Marsprinzip, nach dem Motto „Den Daumen drauf haben", der Zeigefinger, den Gott Adam auf dem berühmten Gemälde in der Sixtinischen Kapelle entgegenstreckt, ist dem Jupiter zugeordnet, der Mittelfinger, oft auch als Stinkefinger missbraucht, entspricht Saturn, der Ringfinger ist dem Apoll und mit ihm dem Sonnenprinzip zugeordnet, der Kleinfinger gehört zu Merkur. So werden die Finger zu einer Möglichkeit, die Urprinzipien zu lernen, jene Grundmuster, die unser Leben entscheidend bestimmen.

Unsere Finger- und Fußspitzen sind meist gar nicht spitz und auch ihre Formen sind bedeutungsvoll, denn es gibt nicht wenige Menschen, die mit eckigen „Spitzen" andeuten, wie konfrontativ sie das Leben anpacken, während die mit rund abgeschmirgelten „Fingerspitzen" eher diplomatisch sind. Wirkliche Spitzen verraten spitzfindige Typen, die zum Explodieren neigen. Schließlich können die vier Grundmuster der Fingerabdrücke sogar die vorrangige Lebens-Lern-Aufgabe enthüllen. Sie werden schon mit ins Leben gebracht und sagen einiges über unsere Bestimmung. Ab acht Schlaufen hat man mit dem Thema Dienen zu tun, ab vier Kreisen mit dem Thema Liebe, ab zwei Bäumen mit Weisheit und ab zwei Hügeln mit Freiheit. Noch spannender sind die Füße als unsere Wurzeln, da sie auch weniger manipuliert (lat. Manus = Hand) werden. Sie zeigen, wie geerdet wir sind und wie wir im Leben stehen. Wie wir stehen und gehen, verrät tatsächlich, wie es um uns steht und wie wir vorwärtskommen. Gehen wir zielstrebig geradeaus oder weisen unsere Fußspitzen auswärts und deuten an, dass viel Energie vergeudet wird? Der Bogen unserer Zehen verrät, ob wir in Harmonie mit der Welt sind. Wessen Großzehen zurückgenommen sind, neigt auch dazu, sich zurückzunehmen. Ein vorstehender Großzeh spricht dagegen für Menschen, die nur die eigene Meinung gelten lassen und dazu neigen, diese auch ständig kundzutun. Und auch die Zehenspitzen verraten einiges darüber, wie wir uns dem Leben nähern. Schließlich künden die einzelnen Zehen von großen Themen des Menschseins. Da gibt es Kummer- und Freudenzehen, solche, die fürs Urvertrauen stehen und andere für Angst, Liebe und Zuneigung.

Wenn wir also sehen und deuten lernen, können wir aus jedem Detail auf das Ganze schließen. Jeder Anfang lässt die weitere Entwicklung erkennen. Und damit hätten wir zwei weitere dem Polaritäts- und Resonanzgesetz nachgeordnete Gesetze, die uns helfen, Brücken zu schlagen zur Welt des Bewusstseins. Ohne zu wissen, was Bewusstseins-Felder wirklich sind, erleben wir sie doch ständig um uns herum. Jeder Scheich und Häuptling dieser Welt weiß, dass er dem guten Stern folgen sollte, denn wer das tut, hat es irgendwie geschafft – und brav wählen sie Mercedes. An diesem Feld hat der Konzern lange und erfolgreich gebaut. Interessanterweise müssen die Autos nicht einmal mehr gut sein, solange das Feld stimmt. Mein Mercedes jedenfalls war indiskutabel, die Elektronik funktionierte eigentlich nur selten. Leidensgenossen in der Werkstatt stöhnten: „Ja, die E-Klasse". Da schien also eine ganze Generation misslungen, aber es tat dem Ruf kaum Abbruch. Ebenso wenig konnten deutliche Pannenstatistiken dem etablierten und über die Maßen stabilen Feld ernstlich schaden. Manche Marken haben ihr Feld so besetzt, dass ihr Eigenname dafür steht. Der Deutsche fragt auf der Suche nach Klebestreifen gleich nach Tesafilm, der Österreicher nach Tixo. Hier ist das Feld so stark besetzt, dass gar nichts anderes mehr in Frage kommt. So wäre es nahe liegend, sich um Bewusstseins-Felder zu bemühen. Seit Jahren arbeite ich an einem Feld ansteckender Gesundheit mit Büchern und Vorträgen, Newslettern und einem Portal wie www.mymedworld.cc. Es wäre so verlockend, gegen die Macht der Pharmakonzerne und Medizin-Lobbyisten ein starkes Feld einer Gegenkultur aufzubauen, das ansteckende Gesundheit verbreitet und von selbst wächst. Fast 20 000 Menschen beziehen inzwischen meinen kostenfreien Rundbrief (www.dahlke.at) via Internet und haben sich so zum Beispiel die Angst vor Vogel- und Schweinegrippe erspart. Viele, und doch nur ein Tropfen auf den heißen Stein und nur ein erster Schritt auf dem Weg zum umfassenden Feld. Würde jeder der 20 000 Rundbriefempfänger zehn Freunde dazugewinnen, wären es schon 200 000, und würden die wiederum … Nicht auszudenken, wie gewaltig unsere Möglichkeiten wären, wir müssten sie nur nutzen. Und stellen wir uns vor, es würde die nächste Pandemie ausgerufen – vielleicht wegen „gefährlicher Känguru-Grippe" – und keiner machte mit, weil zu viele zu gut informiert wären. Würden schon die Jungen an ihren Füßen und Händen ihre Begabungen und Anlagen ablesen, wir könnten uns Arbeitslosigkeit und Umschulungsorgien ersparen. Und stellen wir uns weiter vor, große Mehrheiten würden „Krankheit als Sprache der Seele" erkennen und deuten und ihren Lebensweg korrigieren. „Bewusstseins-Felder" sind überall, sie zu nutzen und zu wandeln, könnte alles ändern.

Literatur zum Thema von Ruediger Dahlke:

„Die Spuren der Seele – was Hand und Fuß über uns verraten", mit Rita Fasel, Gräfe und Unzer
Drei CDs zu „Die Schicksalsgesetze – Spielregeln fürs Leben: Polarität – Resonanz – Bewusstsein" :
1. „Bewusstseins-Felder",
2. „Das Gesetz der Polarität",
3. „Das Gesetz der Resonanz", alle bei Goldmann Arkana
„Krankheit als Sprache der Seele", Goldmann Arkana
„Lebenskrisen als Entwicklungschancen", Goldmann Arkana
„Krankheit als Symbol", Bertelsmann

Info: www.dahlke.at und www.mymedworld.cc
Siehe dazu *„Die Schicksalsgesetze – Spielregeln fürs Leben"*, in dem sich neben dem Polaritätsgesetz der Gegenvereinigung und dem Resonanzgesetz des Mitschwingens auch diese Gesetze finden, dass etwa im Anfang schon alles liegt und wir aus jedem Teil auf das Ganze schließen können (Pars-pro-toto-Gesetz).

AUF DEN SPUREN
DER SEELE

In welcher Welt wollen Sie leben?

KLAUS MÜCKE

„Nothing's gonna change my world."
John Lennon

AUTONOME INNERE SELBSTBESTIMMUNG

Sie bestimmen zu 100 Prozent, wie Sie die Welt um sich herum wahrnehmen. Obwohl es eine existenzielle Abhängigkeit von den Sie erhaltenden Umgebungsbedingungen, den sozialen und natürlichen Zugehörigkeitssystemen gibt, sind Sie innerlich vollkommen frei. Sie entscheiden damit, in welcher Welt Sie leben. Sie können das Leben als eine Hölle ansehen, in der „Undank der Welten Lohn" ist oder als ein Paradies, das jedem offensteht. Mit hoher Wahrscheinlichkeit machen Sie genau die Erfahrungen, die Ihre Sicht auf die Welt bestätigen (sich selbst erfüllende Prophezeiung). Vielleicht können Sie nicht unmittelbar die Welt zu einem besseren Ort machen, worauf Sie aber Einfluss haben, ist Ihre innere Welt, die Sie ganz autonom bestimmen und die in bedeutendem Ausmaß darüber entscheidet, wie andere Menschen auf Sie reagieren.

Vielleicht haben Sie es schon einmal erlebt: Sie waren frisch und glücklich verliebt und es stellte sich ganz unwillkürlich ein Lächeln ein, das Sie während der Phase des Verliebtseins begleitete. Sie hatten das Gefühl, zu schweben und auf Wolken zu gehen und das Bedürfnis, die ganze Welt zu umarmen und sich

321

für das Erleben zu bedanken, ganz angenommen und geliebt zu werden. Stellen Sie sich vor, Sie hätten gerade im Moment dieses überwältigende Gefühl innerer Erfüllung und Liebe. Wenn Sie sich schon einmal glücklich verliebten, tragen Sie dieses Gefühl als Erfahrungsschatz mit sich herum und Sie können es sich bewusst zurückholen, indem Sie sich an diese schöne Zeit erinnern. Erinnern daran, wo Sie sich befanden, mit wem Sie zusammen waren, was Sie gedacht und gefühlt haben in dieser besonderen Situation. Vielleicht gibt es sogar eine Reminiszenz, wie Sie Ihren Organismus erlebt haben, wie Sie geatmet haben, welche Körperhaltung Sie eingenommen haben, wie Sie gegangen, geschritten, geschwebt, getanzt sind, was Sie gerochen und geschmeckt haben. All das können Sie sich zurückholen und vielleicht jetzt schon spüren und wahrnehmen, wie es sich anfühlt, zu lieben und geliebt zu werden. Spüren Sie es? Spüren Sie, wie sich dieses angenehme euphorisierende Gefühl des Verliebtseins gerade jetzt wieder bei Ihnen einstellt, Sie es im Moment erleben, schmecken, riechen, auf Ihrer Haut empfinden können?

Wenn Sie dieses Gefühl, voll und ganz angenommen und geliebt zu sein, nicht erinnern können, dann haben Sie noch eine andere Möglichkeit, sich so zu erleben: Sie können es sich vorstellen, wie das wäre. So, wie wenn ein Wunder eingetreten ist und Sie sich umhüllt von einer Wolke der Geborgenheit und der Anteilnahme fühlen. Und wenn es keinen anderen Menschen gibt, der Ihnen so ein Gefühl vermittelt, dann könnten Sie sich – zumindest als zweitbeste Lösung – dieses Erleben selbst schenken. Ich weiß, dass das nicht immer leicht ist, aber gerade, wenn Sie diese Erfahrung schmerzlich vermissten, haben Sie sie ganz besonders verdient.

Stellen Sie sich nun vor, Sie bewegen sich unter fremden Menschen mit diesem Gefühl des Angenommenseins und mit einem leicht entrückten Lächeln in Ihrem Gesicht. Was glauben Sie, wie Sie die anderen Menschen mit diesen inneren Bildern, Gedanken und Gefühlen wahrnehmen und wie die anderen Menschen auf Sie reagieren werden? Viele Menschen werden sich auf eine unwillkürlich intuitive Art beschenkt fühlen, teilhaben vielleicht an der Schönheit Ihres Erlebens, das andere dazu einlädt, sich ebenso zu erleben. Wenn Sie also gut für Ihre innere Zufriedenheit sorgen, tun Sie nicht nur etwas für sich, sondern Sie beschenken damit auf eine ganz bestimmte Weise Ihre Mitmenschen, die Welt, in der Sie leben. Je nachdem, an was Sie denken, was Sie erinnern, welche inneren Bilder Sie sich einspielen, was Sie zu sich sagen, wie Sie atmen und welche Körperhaltung Sie einnehmen, all das beeinflusst Ihre innere Zufriedenheit. Sie sind der/die Meister/in Ihrer inneren Welt. Nutzen Sie negativ erlebte Erfahrungen

Wenn Sie von anderen Menschen schlecht behandelt, vielleicht kritisiert, beschimpft oder bloßgestellt wurden, haben Sie es in der Hand, wie sich das auf Ihr inneres Erleben auswirkt. Häufig haben Menschen die Tendenz, dann auch schlecht mit sich selbst umzugehen und sich zu schelten. Gerade nach solchen unangenehmen Erfahrungen bräuchten sie doch eher stärkende Erfahrungen und eine selbstbewusste Beziehung zu sich selbst. Jemanden, der sie aufbaut, ihnen gut zuredet, sie versteht oder tröstet und uneingeschränkt annimmt. Meinen Sie nicht, dass Sie zunächst einmal dieser Mensch für sich selbst sein könnten? Damit entscheiden nicht Ihre Erfahrungen darüber, wie Sie etwas erleben, sondern einzig und allein, was Sie aus diesen Erfahrungen machen. Ihr Erfahrungsschatz unterscheidet nicht zwischen schlechten und guten Erfahrungen, denn alle Erfahrungen lassen sich für Ihre persönliche Entfaltung nutzen. Angenommen, jemand würde zu Ihnen „Idiot" sagen, weil Sie ihm aus Versehen den Parkplatz vor der Nase weggeschnappt haben, dann könnten Sie ganz unterschiedlich darauf reagieren: Sie könnten es ihm zurückgeben und sagen: „Selber!" Sie könnten es aber auch als Hinweis nehmen, die Sie umgebende Welt bewusster wahrzunehmen; dann könnte Sie das Schimpfwort sogar mit Dankbarkeit erfüllen und vielleicht würden Sie dem anderen Auto-fahrer Ihren Parkplatz gerne überlassen. Hinterher könnten Sie sich für dieses Verhalten belohnen und ganz besonders liebevoll mit sich umgehen. Noch eine Möglichkeit besteht darin, die ärgerliche Reaktion des anderen als Bedürfnis zu hören. Dann kommt man sehr schnell auf die Idee, dass es ihm darum ging, wahrgenommen und respektiert zu werden. Sie hätten dadurch die Chance gewonnen, sich nicht beleidigt zu fühlen, sondern die Beschimpfung als Aus-druck eines anerkennenswerten und legitimen Bedürfnisses zu verstehen.

BEDÜRFNISSPRACHE HÖREN UND SPRECHEN

In der Begegnung mit anderen fühlen sich Menschen anerkannt und aufgenom-men, wenn die eigenen Bedürfnisse von den anderen wahrgenommen werden. Für ein Klima gegenseitiger Wertschätzung sollte deswegen Bedürfnisspra-che gehört und gesprochen werden. Bestimmte, auf den ersten Blick negativ wahrgenommene beziehungsweise destruktiv wirkende Verhaltensweisen oder Sprechakte erhalten eine tiefer liegende Bedeutung, wenn Sie in vermu-tete Bedürfnisse übersetzt werden – was aber nicht bedeutet, dass sie nicht auch sanktioniert oder sozial kontrolliert werden dürfen. In der Regel kommt es bei konflikthaften Auseinandersetzungen sofort zu einer Entspannung und Befriedung der Situation, wenn diese Bedürfnisse nicht nur gehört, sondern in Kommunikation gebracht werden und um Rückmeldung gebeten wird, ob auch die entsprechenden Bedürfnisse richtig gehört wurden.

So können Vorwürfe und Anklagen das Bedürfnis nach Verständnis, Anerken-nung und Bedeutsamkeit ausdrücken; Abwehr kann für Schutz, Ekel für das Bedürfnis nach Wahrung der Intimitätsgrenzen, Gewalt für Bedürfnisse nach Selbstbestimmung, Einflussnahme und Ernstgenommen-Werden stehen. Hin-ter Kränkungen können Bedürfnisse nach Schutz und Geborgenheit stehen,

Lügen kann als Bedürfnis verstanden werden, angenommen zu werden und sich loyal zu zeigen, Vorurteile können von der Angst, ausgeschlossen zu werden, und dem Bedürfnis nach Zugehörigkeit und Anerkennung motiviert sein. Diese Sichtweise entschuldigt nichts, sie kann aber einen nicht unerheblichen Beitrag zur Verbesserung des menschlichen Zusammenseins und des friedlichen Miteinanders leisten.

Störende Gedanken als Kraftquellen

Manchmal schießt Ihnen vielleicht ganz unwillkürlich ein Sie selbst abwertender Gedanke in den Kopf oder ein Impuls, der Sie schädigen würde, wenn Sie ihm nachgingen. Sie haben keine Chance, diese Gedanken oder Impulse, die ganz unwillkürlich über Sie kommen, an ihrem Entstehen zu hindern. Was Sie jedoch tun können, ist, mit ihnen auf eine konstruktive Art und Weise umzugehen. Selbst wenn der Gedanke über Sie kommen sollte, sich von einem Hochhaus zu stürzen, können Sie das als Hinweis begreifen, etwas an Ihrem Leben zu ändern. Der Impuls kommt, weil Sie offensichtlich etwas brauchen, was Ihnen verloren ging oder Sie bisher vermissten; auch das ist ein Hinweis auf wichtige anzuerkennende Bedürfnisse, die nur Sie kennen beziehungsweise nur Ihr Unbewusstes kennt.

Um herauszufinden, welches Bedürfnis sich hinter einem solchen Selbst-mord-im-puls verbirgt, könnten Sie spekulieren, was es sein könnte, das Ihre Sehnsucht befriedigt – auch wenn Sie dadurch nicht gleich den ersehnten Wunsch erfüllt bekommen, könnte sich unmittelbar Ihre innere Einstellung verändern: Sie könnten sich besser verstehen und selbst destruktiv erscheinende, unwillkürliche Prozesse konstruktiv als Hinweisgeber für die Bereicherung Ihres Lebens nutzen. Hilfskonstruktionen und archaische Bilder (Imaginationen) sind oft hilfreich, das in Ihrem Unbewussten schlummernde Wissen über zu berücksichtigende Bedürfnisse zu entschlüsseln. So kann es hilfreich sein, sich auf eine innere Reise zu begeben, an einen Ort, an dem Ihre Intuition entspringt. Ohne dass Sie irgendetwas dafür tun, sprudelt diese Quelle Ihres unbewussten intuitiven Wissens. Sie brauchen einfach nur zu beobachten, wie sich das Wasser des Wissens ganz wie von selbst ausbreitet und fließt. Und vielleicht überrascht Sie beim nächsten Schluck, den Sie trinken oder beim Baden ganz wie von selbst die hilfreiche Erkenntnis, nach der Sie schon so lange gesucht haben. Vielleicht nehmen Sie aber auch einen weisen alten Mann oder eine weise alte Frau an dieser Quelle wahr, mit dem/der Sie ganz direkt sprechen können.

Wenn Sie ihn/sie respektvoll begrüßen und ihm/ihr eine Frage stellen, können Sie sich überraschen lassen, welche Antwort Sie erhalten. Selbst wenn Ihre Frage nicht gleich beantwortet wird, kann es sein, dass diese Antwort sich Ihnen offenbart, wenn Sie etwas ganz anderes tun und an diese Frage gar nicht mehr denken. Denn das hilfreiche Wissen, das Sie brauchen, um Ihr Leben mit seinen Höhen und Tiefen immer wieder erfüllt und harmonisch zu gestalten, liegt in Ihnen. Und vielleicht geht es gar nicht darum, immer ganz harmonisch mit sich und der Welt zu sein, sondern manchmal auch in Disharmonie zu geraten und sich an die Harmonie zu erinnern, sodass eine lebendige Harmonie eher eine Balance zwischen Kommen und Gehen, Ebbe und Flut harmonischen Erlebens darstellt und Sie die ganze Vielgestaltigkeit des Lebens als Geschenk begreifen können.

Negative Gefühle bestimmen unser Leben

PIERRE FRANCKH

Die gute Nachricht zuerst. Negative Gefühle können losgelassen werden! Gleichgültig, wie lange all die negativen Gedanken schon unser Leben beeinflussen, wie wesentlich sie bisher für unser Leben waren oder wie sehr wir uns an sie gewöhnt haben: Wir können uns jede Minute entscheiden, unser Leben zu ändern – auch jetzt, in diesem Moment. Fangen Sie einfach an, sich seelisch zu entgiften. Dass unser Körper Giftstoffe über die Umwelt zu sich nimmt oder einseitige Ernährung uns zu schaffen macht – das ist uns schon lange bekannt. Aber auch unsere Seele nimmt „Giftstoffe" auf! All diese seelischen „Stoffe", die unser Leben noch heute vergiften, können wir aber auch wieder aus unserem System werfen.

UND GENAU DAS WOLLEN WIR JETZT TUN.

All die negativen Erinnerungen und Gefühle an Situationen und Menschen, die uns noch heute verstimmen oder ärgerlich machen, alles, was uns bis dato belastet oder uns unseren Schlaf raubt, werden wir nun hervorholen, um „seelischen Hausputz" zu machen.

Loslassen können wir am besten durch ein kleines „Loslassritual". Nehmen Sie sich ein bisschen Zeit für die folgende Übung. Suchen Sie sich dafür einen Raum aus, in dem Sie für eine Weile ungestört sind. Setzen Sie sich entspannt hin und schließen Sie die Augen.

UND NUN STELLEN SIE SICH EINFACH DIE PERSON ODER SITUATION, DIE SIE NOCH IMMER VERFOLGT ODER BELASTET, VOR IHREM GEISTIGEN AUGE VOR.

Und dann „sagen" Sie in Gedanken alles, was Ihnen durch den Kopf geht. Sagen Sie in Gedanken, welche Gefühle Sie beschäftigen oder wie sehr Sie sich verletzt fühlen. Sagen Sie all das, was Sie schon immer sagen wollten. Auch wenn Ihr Gegenüber nicht anwesend ist oder im realen Leben nicht zuhört oder gar schon tot ist oder mit anderen ein glückliches Leben führt, auch wenn Ihr Gegenüber nicht zuhört – Sie hören sich zu. Ihr gesamtes Zellsystem hört Ihnen zu. Und genau aus diesem Grund können Sie endlich all die aufgestauten Emotionen aus Ihrem System werfen. Wenn Sie möchten, können Sie auch schimpfen. Seien Sie wütend, nehmen Sie auf nichts und niemanden Rücksicht. Es geht allein um Sie und Ihr Empfinden. Alles, was Sie jetzt in Gedanken oder auch real sagen, bleibt nicht länger in Ihrem Körper haften. Sie halten es nicht länger fest.

Und es gibt meist sehr viel, das wir nicht losgelassen haben und noch heute mit uns herumtragen. Das Leben war nicht immer gerecht, war uns nicht immer wohlgesinnt, sehr oft hat man uns übel mitgespielt, uns übersehen, benachteiligt, alleingelassen oder tief verletzt. All diese Gefühle sind noch immer in uns. Noch heute spüren wir diese Verletzungen. Noch heute bestimmen sie unser Leben. Mögen sie auch noch so lange zurückliegen. Viele von uns haben lange geschwiegen. Und gerade dieses Schweigen ließ uns ohnmächtig werden und ungerecht, auch uns selbst gegenüber. Wir nahmen nicht mehr voller Freude am Leben teil. Wir waren vielleicht voreingenommen, reserviert, zurückhaltend, vorsichtig oder misstrauisch. Und genau so sind wir meist auch heute noch. Das macht wütend, weil unser Leben nicht mehr so frei verläuft, wie wir es uns einmal erhofft hatten. Ja, das macht wütend und es ist unser gutes Recht, wütend oder tieftraurig zu sein. Aber wenn wir diese Wut und diese Verletzungen behalten, bestimmen sie nicht nur heute, sondern auch noch morgen unser Leben. Vor allem aber sollten wir bedenken, dass auf diese Weise die Menschen von damals noch immer Macht über uns haben. Diese Menschen führen vielleicht längst ein glückliches Leben oder sind schon lange tot, sie haben vielleicht längst andere Partner oder eine neue Familie gegründet, nur wir halten noch immer an dieser Unversöhnlichkeit fest. Daran ist generell nichts auszusetzen. Es ist unser gutes Recht, so zu denken und zu fühlen. Allerdings sollten wir dabei bedenken, dass es nur eine einzige Person gibt, die dafür die Konsequenzen tragen muss. Und das sind wir ganz allein.

ES IST UNSER LEBEN, DAS AUF DIESE WEISE BELASTET WIRD.

Wir können uns aber davon befreien. Jetzt, gleichgültig, ob die realen Menschen uns zuhören oder nicht. Sie brauchen uns auch gar nicht zuzuhören. Es geht um unsere Befreiung. Wir brauchen auch keine Entschuldigungen von anderen, kein verständnisvolles Kopfnicken. Wenn wir darauf warten, machen wir uns nur erneut von anderen abhängig.

WIR WARTEN DANN, DASS ANDERE ETWAS TUN, DAMIT ES UNS BESSER GEHT.

Es geht doch aber um unser Leben. Und unser Leben gehört in unsere Hände. Kein anderer ist dafür verantwortlich, nur wir alleine. Aus diesem Grund können wir uns auch alleine davon befreien. Und dies geht einfacher als wir denken. Lassen Sie sich einfach ein bisschen Zeit bei dieser Übung. Spüren Sie tief in sich hinein. Hilfreiche Fragen auf dem Weg zum Loslassen: Welches Missverständnis wurde nie aufgeklärt? Wem können Sie nicht verzeihen?

Wer hat Sie ins Unrecht gesetzt? Wer hat etwas gegen Sie gesagt? Wer hat falsche Behauptungen aufgestellt? Haben Sie ein Geheimnis, das Sie belastet? Für welche Situation schämen Sie sich heute noch? Wem können Sie nicht in die Augen blicken? Welches Bild steigt in Ihnen hoch, wenn Sie an denjenigen denken? Welches Gefühl spüren Sie, wenn Sie an denjenigen denken?

Erspüren Sie, was da alles hochkommen will. Es wird vielleicht mehr nach oben schwappen als Sie zunächst erwarten. Wir schleppen oftmals mehr Ballast mit uns herum als wir bewusst wahrnehmen. So manches in unserem Leben haben wir schon lange vergessen oder gar verdrängt und dennoch bestimmt es unser heutiges Leben.

Wenn wir nun unseren Fokus auf den Quell unserer negativen Gedanken lenken, wenn wir unsere Wahrnehmung auf all die Verletzungen und Ungerechtigkeiten in unserem Leben richten und sie in aller Ruhe betrachten, öffnen wir auch Türen für tiefer Liegendes und uns wird immer mehr Verdrängtes ins Bewusstsein schwappen. Lassen Sie sich also Zeit und schenken Sie auch den lang zurückliegenden Ereignissen genügend Raum. Sehr oft finden wir den Ursprung für unseren heutigen Missmut sogar in unserer Teenagerzeit oder Kindheit. Erspüren Sie alles, was sich zeigen möchte. Bewerten Sie nicht. Bewerten Sie vor allem nicht sich selbst. „Ach, das liegt doch schon so lange zurück, das interessiert doch niemanden mehr." Doch, das tut es. Es interessiert Sie.

Wenn Sie in dieser Übung also einen Menschen ausmachen, der noch heute Ihr Leben bestimmt, dann stellen Sie ihn sich genau in Gedanken vor. Vielleicht bieten Sie ihm einen Stuhl an und er setzt sich Ihnen gegenüber. Und dann sagen Sie alles, was Sie schon immer sagen wollten, erklären Sie ruhig und bestimmt, wie Sie fühlen oder schreien Sie es heraus. Wenn wir die Wut nicht loswerden, behalten wir sie. Sie können auch ein Kissen nehmen und mit den Fäusten darauf eintrommeln. Werden Sie ruhig körperlich. Tun Sie alles, was Erleichterung bringt. Seien Sie nicht gerecht, bewerten Sie Ihr Verhalten auch nicht, lassen Sie einfach alles raus. Gerade wenn Sie sich immer ordentlich verhalten, bringt es enorme Erleichterung, körperlich sein zu dürfen. Sie erlauben sich auch, körperlich zu sein. Sie holen auf diese Weise die Verantwortung für Ihr Leben zurück. Nur Sie allein bestimmen darüber, wie Sie sich zu verhalten haben. Schlagen Sie auf das Kissen ein, trampeln Sie, toben Sie, tun Sie all das, was Sie nie durften. Werfen Sie alle Begrenzungen aus Ihrem Körper.

Und dann reden Sie wieder mir Ihrem Gegenüber. Sparen Sie nicht mit Worten. Lassen Sie es alles wissen. Nutzen Sie auch Worte, die Ihnen schwerfallen, weil sie sich nicht gehören. Was immer Sie tun und sagen befreit Ihr ganzes System. Es darf heraus, es darf losgelassen werden, Sie müssen es nicht länger halten. Spüren Sie die Befreiung bei jedem Satz, den Sie mitteilen. Und wenn Sie mögen, verlassen Sie den Raum, und wenn Sie sich trauen, knallen Sie mit der Tür, machen Sie Ihren Standpunkt deutlich. Sie können auch diesen Menschen, den Sie nicht länger mit sich herumtragen wollen, aus der Wohnung werfen. Ihre Wohnung ist Ihr Revier, nur Sie haben dort das Sagen. Nehmen Sie sich wieder den Raum, der Ihnen zusteht.

Bei manchen Personen, Erinnerungen oder Situationen funktioniert das Loslassen ganz leicht, bei manchen hat man das Gefühl, sie wären richtig hartnäckig. Wiederholen Sie dieses kleine Ritual so lange, bis jegliches negative Gefühl im Bauch und Herzen verschwunden ist. Wenn wir uns auf diese Weise mitteilen und unsere Gefühle deutlich machen, geschieht etwas Wundervolles. Wir werden spüren, dass wir Abstand zu damals gewinnen. Wir werden versöhnlicher. Wir betrachten die Dinge nicht mehr als belastend. Wir können endlich befreit im Leben vorangehen. Wenn wir nun noch gedanklich diese

Menschen ohne Groll aus unserem Leben gehen lassen können, haben wir alles gewonnen. Nur wenn negative Erinnerungen bewusst betrachtet werden – mit der Entscheidung, sie zu beenden – können sie losgelassen werden. Versöhnen Sie sich mit dieser Sache und gehen Sie innerlich weiter. Wachsen Sie über die Sache hinaus.

ALS ALTERNATIVE KÖNNEN SIE AUCH GERNE ALLES AUF EIN BLATT PAPIER SCHREIBEN UND ES ANSCHLIESSEND IM GARTEN VERBRENNEN.

Nachdem Sie sich nun mit dieser unliebsamen Erinnerung versöhnt haben, folgt der nächste Schritt: Verzeihen Sie sich selbst! Den eigenen Anteil an der Sache anzunehmen, braucht Mut! Es ist sehr wichtig, Ihren Anteil an der Sache zu erkennen, denn dann können Sie sich selbst verzeihen. Sich selbst zu verzeihen und sich innerlich zu versöhnen, bringt Sie näher zur Selbstliebe. Und das ist sehr wesentlich. Dem Gebot „Du sollst Deinen Nächsten lieben wie Dich selbst" folgend, sollte man lernen, sich selbst zu lieben, dann erst kann man auch andere lieben. Zum Lieben gehört das Verzeihen ebenso, wie sich und andere mit allen Fehlern und aller Unvollkommenheit anzunehmen.

Wenn Sie für sich selbst kein Verständnis aufbringen, wie sollten Sie es dann für andere? Verständnis bringt Toleranz. Wenn Sie sich und andere verstehen, dann ärgern Sie sich nicht mehr so sehr. Sie können innerlich großzügiger und entspannter sein, weil Sie nichts erwarten, sondern offen sind für das, was geschieht. Sie sind glücklicher und befreiter, weil nun wieder etwas Neues den bislang emotional und gedanklich besetzten Platz einnehmen kann. So entgiften Sie sich seelisch: Zuerst machen wir uns auf die Suche, welche Dinge im Leben wir nicht so gut loslassen können. Im zweiten Schritt machen wir uns bewusst, wie gewaltig das Gewicht der belastenden Gedanken und das Festhalten an negativen Emotionen unsere Lebensqualität einschränken. Genauso, wie Sie sich Zeit und Raum genommen haben, um die unliebsame Erinnerung loszulassen, genauso stellen Sie sich vor Ihrem inneren Auge sich selbst vor sich stehend vor. Sie stehen also vor sich selbst, blicken sich in die Augen und sagen sich: „Ich verzeihe mir". Ich nehme meinen Anteil an dieser Sache an und lerne daraus." Dann umarmen Sie sich. Sie werden die Erleichterung spüren, die den neuen inneren Raum der Harmonie einnimmt.

LASSEN SIE DAS, WAS IN DER VERGANGENHEIT GEWESEN IST LOS – ENTSCHEIDEN SIE SICH, GLÜCKLICH ZU SEIN!

Denken, sagen und tun Sie künftig nur Dinge, die Sie glücklich machen – auch wenn es im Moment nicht danach aussieht. Sie haben nur eine Energie zur Verfügung – wenn Sie es zulassen, dass mehr als drei Viertel Ihrer kostbaren Energie für destruktive Dinge verwendet werden, dann können Sie „Stopp" sagen und sich umentscheiden. Vermehren Sie das Gute in Ihrem Leben! Das können wir ganz einfach, indem wir uns einfach nur mir den Augenblicken in unserem Leben verbinden, in denen wir glücklich waren. Es gibt sehr viele Glücksmomente in Ihrem Leben, an die Sie sich immer wieder erinnern können. Das erste Verliebtsein, vielleicht die Geburt des Kindes, schwimmen im Meer, ein wunderschöner Sonnenuntergang, das Gefühl, etwas „geschafft" zu haben oder Anerkennung bekommen zu haben, etc.

Schreiben Sie sich diese Glücksmomente auf und tragen Sie diesen Zettel mit sich im Geldbeutel herum oder hängen Sie ihn sichtbar an die Wand. Das sind Ihre ganz persönlichen Glücksmomente! Dafür hat es sich gelohnt, zu leben! Das kann Ihnen niemand nehmen – auch Sie selbst nicht. Heilen Sie Ihre Gefühle, indem Sie sich bewusst machen, wie stark Ihre unbewusste Bereitschaft ist, in die alte Gewohnheit zurückzufallen und sagen Sie ganz klar:

„Stopp – ich lebe das Leben, das ich mir wünsche, ich denke die Gedanken, die mich fördern, ich handle nach meinem inneren Gefühl, ich bin eine Bereicherung für mich und andere. Ich verbinde mich auf liebevolle Weise mit mir und meinem Umfeld. Ich habe etwas zu geben! Ich bin wertvoll." Wenn Sie sich Ihres inneren „Fürsprechers" bewusst werden – anstatt Ihres inneren „Boykotteurs" – dann sind Sie Ihrem Glück in Meilenstiefeln nähergekommen! Sie werden sehen und spüren, wie das Leben Sie mit offenen Armen empfängt, wie immer mehr Ihrer emotionalen Verletzungen heilen und wie wundervoll das Leben ist.

Ein angenehmer „Nebeneffekt": Ihre Ausstrahlung wird charismatisch und Sie werden zum lebenden Vorbild, wie sich die Lebensqualität verbessern kann, alleine durch das Bewusstwerden der Gedanken und die Entscheidung, andere, positive, Gedanken zu denken. Liebevolle, unterstützende und fördernde Gedanken. Genau dies werden Sie in Zukunft ausstrahlen und Ihr Glück wird ansteckend wirken. Alle werden Ihre Nähe suchen, um sich mit Ihnen zu freuen – denn das Leben ist wundervoll!

Für Sie und für andere.

Lassen Sie Ihre Kinder - Seele wachsen!

MICHAELA MERTEN

Überlassen Sie Ihr Leben nicht anderen! Jeder hat nur so viel Macht über Sie, wie Sie ihm zugestehen, das gilt auch für Ihre Ängste. Lernen Sie Nein zu sagen, auch zu Ihren Selbstzweifeln. Praktische Sätze, mit denen Sie sich mental motivieren:

Ich liebe und akzeptiere mich so, wie ich bin. Ich bin frei, ich selbst zu sein und über mein Leben zu entscheiden. Ich bin offen für alles Neue und lasse alle alten Begrenzungen los. Ich bin flexibel und bejahe die Veränderungen in meinem Leben. Ich bin voller Lebensfreude. Ich vertraue darauf, dass das Beste für mich und mein Leben geschieht. Ich bin dankbar und glücklich, voller Liebe blicke ich auf mein Leben.

Spüren Sie tief in sich hinein: Was wollten Sie als Kind schon immer mal werden? Welche Träume und Sehnsüchte schlummern in Ihnen? Gehen Sie dahin zurück, wo Sie zu 100 Prozent glücklich waren … als Kind, als Sie Abenteuer zu bestehen hatten? Als Sie Ihrer Phantasie freien Lauf lassen durften? Seien Sie kreativ und bleiben Sie neugierig wie ein Kind. Ich selbst hatte als Kind das große Glück, in einer kreativen Familie aufzuwachsen. Meine Mutter ist Kunstmalerin, mein Vater Musiker und mein Onkel war Pantomime. So wurde ich schon von Anfang an in meiner Phantasie und Schöpferkraft gefördert. Stundenlang saß ich da und malte und bastelte. Ich durfte mich nach Herzenslust auf Leinwänden oder dem Boden austoben. Meine Welt war bunt, schillernd, wellig und herrlich matschig. Eines Tages sollte ich in der Schule ein Ei so malen, wie es sich für ein Ei „gehört". Diese Forderung stieß bei mir auf Unverständnis. Als aber die Lehrerin darauf bestand, dass ich das Ei so malen sollte, wie alle Kinder es malten, war ich völlig frustriert. Dieser Normgedanke bremste mich und erst viel später fand ich wieder zu meinem Selbstverständnis von Farben und Formen zurück.

Wenn wir nicht im Kindesalter ermutigt werden, dass das, was wir kreiert haben schön ist, vergraben wir diese Fähigkeiten tief in uns und holen sie vielleicht nie wieder hervor. Dabei liegen gerade in unserer kindlichen Kreativität Freude und Zuversicht versteckt! Der Glaube an uns und unsere Fähigkeiten. Es gibt keine beschränkenden Normen, außer den von uns selbst erschaffenen. Diese Faszination, dass unter unseren eigenen Händen etwas Neues entsteht, können Sie sich bewahren oder für sich wiederentdecken. Werden Sie wieder wie ein Kind! „Dazu bin ich zu alt" oder „Dazu ist es zu spät" gibt es nicht! Erinnern Sie sich an Ihre Sehnsüchte und Wünsche. Finden Sie etwas, das Sie ausfüllt und inspiriert! Sie wollten schon immer tanzen? Dann lernen Sie es! Sie wollten schon immer Klavier spielen? Dann fangen Sie damit an!

Nehmen Sie Gesangsstunden, fangen Sie an, zu studieren, tun Sie etwas, das Ihnen Freude bereitet. Sie können etwas auch heimlich beginnen und es dann Ihren Freunden voller Stolz als Überraschung vorführen. Kreativität ist nicht die Gabe einer guten Fee, sondern eine Fertigkeit, die geübt werden kann. Lesen Sie viel. Machen Sie Workshops. Sehen Sie sich Bilder, Gemälde, Ausstellungen an. Seien Sie interessiert an allem und offen gegenüber neuen Ideen. Fangen Sie Ihre Gedanken und Ideen ein, schreiben Sie alles in ein kleines Büchlein, das Sie ständig mit sich herumtragen, und lesen Sie darin, bis die Idee so vollständig wird, dass Sie sie in die Tat umsetzen können. Beim kreativen Arbeiten ist immer auch ein großer Teil gute Vorbereitung dabei, also informieren Sie sich, beschaffen Sie sich das richtige Material. Je öfter Sie kreativ sind, desto besser werden Sie. Wenn Sie etwas tun, wofür Sie innerlich „brennen", dann haben Sie Kraft und Energie im Überfluss. Dann stellt sich die Frage gar nicht, ob Sie zu alt dafür sind. Erhebungen haben gezeigt, dass Menschen, die besonders lange lebten, voller Freude bis zum Schluss gearbeitet haben. Sie ernährten sich gut, hatten einen lebendigen Familienverband, arbeiteten bis zum Ende ihrer Tage und fühlten sich gebraucht und geachtet. Boykottieren Sie sich nicht mit Ihrem Perfektionsanspruch. Sie brauchen nicht mit Picasso mithalten zu können. Fangen Sie einfach an. Sie werden überrascht sein, was in Ihnen steckt! Und vergessen Sie nicht zu lachen! Sich zu freuen! Jeden Tag wie ein Fest zu feiern! Denn Lachen macht gesund.

Wann haben Sie zuletzt herzhaft gelacht? So richtig, fast mit „Zwerchfellstillstand"? Wie früher, als man nur noch albern war und von einem Blödsinn zum anderen wieherte. Warum verlernt man das Lachen mit zunehmendem Alter? Dabei könnten wir durch das Lachen sogar länger leben und zwar etwa sechs Jahre länger, wenn wir viel lachen, wie Psychologen herausgefunden haben. Kinder lachen bis zu 400-mal am Tag, ein Erwachsener nur noch 15-mal. Wissenschaftliche Studien beweisen, dass Sie mit einer Minute schallendem Lachen 45 Minuten Entspannungstraining ersetzen. Wer lacht, kann Infektionen, Krebs und Herzerkrankungen vorbeugen und hat auch noch Spaß!

Intensives Lachen regt Botenstoffe im Gehirn an, die uns in einen rauschartigen Taumel versetzten können. Über 300 Muskeln werden aktiviert, alleine 17 davon im Gesicht. Die Anzahl der Lymphozyten, der Abwehrzellen des Immunsystems, steigt und Sauerstoff durchflutet den Körper. Ein schlecht gelaunter Mensch macht mehr Fehler als ein gut gelaunter! Lachen zaubert eine positive Ausstrahlung. Eine positive Ausstrahlung ist ein Magnet für andere Menschen, die damit Erfolg und Beliebtheit assoziieren. Mit Charme und Humor konnte ich schon manches erfolgreiche Geschäft abschließen. Mit verbitterter Mine vermehrt man nur die Mundfältchen. Lachfalten sind sexy! Jetzt können Sie sagen: „Im Alltag habe ich nichts zu lachen!" Darauf antworte ich: „Dann finden Sie etwas!" Es kommt immer auf den Blickwinkel an, Sie entscheiden selbst, ob Sie etwas ärgerlich, schön oder lustig finden. Auch wenn wir Situationen oft nicht sofort im größeren Zusammenhang überblicken können, so können wir doch unserem Alltag grundsätzlich mit positiver und humorvoller Einstellung begegnen. Wenn ich vergesse, den Humor hinter den Dingen zu sehen und gestresst bin, setze ich mich an ein ruhiges Fleckchen und atme tief durch. Ich schließe die Augen und lenke meine Aufmerksamkeit auf das „innere Lächeln".

Ich stelle mir vor, wie alle meine inneren Organe anfangen zu lächeln: Meine Nieren, meine Leber, mein Magen, meine Lunge, bis es mich fast schon kitzelt. Dann dauert es nicht lange, und meine Mundwinkel heben sich. Ich lächle! Ein Lächeln öffnet das eigene Herz und das des Gegenübers auch. Probieren Sie es aus! Lachen Sie auch über sich. Vergessen Sie das Selbstmitleid. Fehler und Niederlagen mit Humor einzustecken und wieder aufzustehen, das bringt Ihnen Respekt und Akzeptanz. Lachen Sie viel und oft, es steckt an und Sie fühlen sich beschwingt und glücklich. Wenn Sie einmal diese Lebensqualität für sich entdeckt haben, meistern Sie viele Situationen mit einer Leichtigkeit und Sie aktivieren Ihren inneren Arzt, denn: Lachen ist die beste Medizin!

„Die Lebensspanne ist dieselbe, ob man sie lachend oder weinend verbringt."

Chinesische Weisheit

Seele, Bewusstsein, Bewusstseinswandel

NATASCHA LANDURIS

Die Seele ist geprägt von unseren Ahnen, von unserer Entstehung, Schwangerschaft und Geburt. Von dem, wo wir hineinwachsen, Eltern, Familie, Freunden und dem gesamten Umfeld. Von dem, was wir in dieser Sekunde erleben und je erlebt haben. Unser Bewusstsein ist gesteuert von unserem Unterbewusstsein, genauso wie unser Körper. Das Unterbewusstsein ist sozusagen die Zentrale, die unsere Realität erschafft. Ob wir gesund sind oder krank, reich oder arm, glücklich, verliebt, verlassen, erfolgreich oder erfolglos, ob wir vertrauen können, ob wir uns einlassen, ob wir uns verschließen, ob wir lieben können, sogar, ob wir so banale Dinge wie Skifahren oder Schwimmen können, steuert unser Unterbewusstsein. Wenn wir eine negative Erfahrung mit etwas gemacht haben, bleibt dies im Unterbewusstsein so lange gespeichert, bis wir es aufdecken und es ins Bewusstsein holen, um es dann loszulassen. Vorher ist kein Bewusstseinswandel möglich.

WARUM NICHT?

Weil das Unterbewusstsein uns immer vor neuen Erlebnissen bezüglich dieser schlechten Erfahrung so stark warnt, dass wir alles dafür tun, diesen Schmerz zu verhindern. Nehmen wir einmal das Beispiel mit der heißen Herdplatte. Uns muss niemand mehr sagen, die Platte nicht zu berühren. Ohne bewusst darüber nachzudenken, unterlassen wir es, weil das Unterbewusstsein gespeichert hat, dass dies sehr schmerzhaft ist. Das ist eine sinnvolle Warnung und entspricht auch der Realität. Jedes noch so frühe Erlebnis prägt uns und warnt uns, um uns zu schützen. Fangen wir mit der Zeugung an. Die Zeugungsenergie ist eine ganz entscheidende Prägung für unser Bewusstsein, wie ich mich und das Leben bewerte.

Hier einige Beispiele:
Haben meine Eltern sich geliebt bei meiner Zeugung? Wurde meine Mutter vergewaltigt? Hat mein Vater an eine andere gedacht? Wollte einer der Eltern die Familie insgeheim verlassen? War es ein One-Night-Stand? Etc.

Manche meiner Klienten fühlen sich ein Leben lang wertlos, haben Angst vor Nähe, vertrauen nicht darauf, dass jemand sie lieben könnte, oft nur durch ihre Entstehungsgeschichte. Mit Kinesiologie-Coaching ist diese „falsche Warnung" bezüglich des Selbstwerts umprogrammierbar. So wie die Zeugung, spielt auch die Schwangerschaft eine große Rolle, zum Beispiel wie die Beziehung zwischen den Eltern gewesen ist. Musste meine Mutter hart arbeiten, war sie durch viele bereits geborene Kinder geschwächt und überfordert oder waren beispielsweise die anderen Geschwister durch die bestehende Schwangerschaft sehr eifersüchtig? Hat der Mann sie während der Schwangerschaft betrogen, weil sie vielleicht nicht mehr mit ihm schlafen wollte? War ich ein Unfall, nicht gewollt? Hat meine Mutter versucht, mich abzutreiben?

All diese Erfahrungen der Eltern und Familienmitglieder sind wie auf einer Festplatte gespeichert. Viele dieser Informationen beziehen wir auf uns, nehmen sie persönlich. Natürlich war es nicht gegen uns persönlich gerichtet, weil unsere Eltern uns damals noch gar nicht kannten. Wir waren ja noch ganz klein im Bauch versteckt und doch schon so wach, um alles über das Unterbewusstsein mitzukriegen. Jede dieser Schwingungen wurde wie auf einer Festplatte gespeichert. Über Geburtstraumata wurde schon so viel geschrieben, dass ich darauf nicht so detailliert eingehen möchte. Bei Sitzungen in meiner Praxis kommt sehr häufig die Geburt als Grund für Versagensängste heraus. Das war sozusagen Dein allererster Auftritt auf dieser Welt in dieser Konstellation. Es stellt sich natürlich die Frage: War ich gut? Wurde ich mit einem riesigen Freudentaumel empfangen?

Hatte ich das richtige Geschlecht? Oder war ich eine riesige Enttäuschung, weil ich etwa nach drei Töchtern wieder ein Mädchen war? War es schwer, hatte ich mit Überlebenskämpfen zu tun, weil ich beispielsweise im Geburtskanal feststeckte? War ich willkommen? Oder war meine Mutter sehr verzweifelt, weil sie verlassen wurde und alleinerziehend war? Hatte mein Vater auf eine andere Frau verzichten müssen, die er viel mehr geliebt hatte, als meine Mutter? Mussten sie wegen mir heiraten? Habe ich ihr Leben zerstört? Durch das Erlebte entstehen oft Gefühle von Minderwertigkeit und Versagensangst. Schließlich meint man, bei seinem „allerersten Auftritt" versagt zu haben. Manchen fällt es sehr schwer, sich in schwierigen Situationen durchzusetzen, sie fühlen sich schnell ohnmächtig und hilflos. Dies kann sogar die Ursache dafür sein, dass es einem schwerfällt, vor mehreren Menschen zu sprechen oder Vorträge zu halten. Für einige meiner Klienten war dies das Schlimmste überhaupt. Manche sind aber beruflich darauf angewiesen.

Wieso blockiert einen das so stark? Weil das Unterbewusstsein sich an Deinen allerersten Auftritt erinnert, Deine Geburt. Da dies mit Schmerz und falsch verstandener Ablehnung verbunden war, warnt Dich nun Dein Unterbewusstsein davor, zum Beispiel öffentlich aufzutreten, weil Du nur Schmerz und Ablehnung ernten würdest. Wenn wir uns dazu zwingen, weil es beispielsweise beruflich notwendig ist, fangen wir an, zu stottern, zu schwitzen, werden vielleicht sogar ohnmächtig, weil die Seele das Erlebnis mit der ersten großen

Aufregung verwechselt. Nachdem wir das Geburtserlebnis kinesiologisch entkoppelt haben, konnten die meisten meiner Klienten sehr frei und gut vor großen Menschenansammlungen reden.

Am schwersten wiegt jedoch, wenn die Mutter im Kindbett verstorben ist, was früher häufig vorkam. Das Kind fühlt sich schuldig und kann das Leben sehr schwer annehmen. Dieses schwerwiegende Schicksal und all die anderen, viel zu persönlich genommenen Schwingungen und Erfahrungen sind durch Kinesiologie und Familienaufstellungen sehr gut lösbar. Beim Testen stellt sich interessanterweise oft heraus, dass wir die Erfahrung nicht einmal selbst gemacht haben müssen. Als Du gezeugt wurdest, war Deine Seele genauso groß wie jetzt. Das Unterbewusstsein ist wie eine Festplatte. Alles was Du in Deinem früheren Leben erlebt hast, alles was Deine Ahnen und Eltern erlebt haben, ist auf dieser Festplatte gespeichert. Viele ihrer schlechten Erfahrungen wirst Du als Warnung in Deinem Leben spüren, sodass Du sogar Situationen, die in der heutigen Zeit ungefährlich sind, umgehen wirst, weil etwas in Dir Dich davor warnt. Das sind die Informationen Deiner Ahnen, die auf Deiner Festplatte gespeichert sind. Sie haben mit der heutigen Realität meistens nichts zu tun. Es sind sozusagen sinnlose Warnungen, im Gegensatz zu der „Herdplatte".

In der Arbeit mit dem Unterbewusstsein, zum Beispiel bei Aufstellungen und in der Kinesiologie, sind diese „Falschprogrammierungen" abrufbar, die einen daran hindern, an etwas „Höheres" zu glauben, glücklich zu sein, Urvertrauen zu haben, lieben zu können etc. In meiner Praxis erfahre ich dadurch alle wichtigen Ereignisse meiner Klienten, selbst über Verstorbene, die sie nie kennengelernt hatten. Auch bei Klienten, die adoptiert worden sind und nichts bewusst über ihre Eltern wissen, ist alles Wichtige an Prägung über diese Eltern abrufbar. Wie kann das sein? Die Seele ist mit dem ganzen Familiensystem verbunden. Das hat nichts mit Raum und Zeit zu tun. Auch nicht, ob wir jemanden kennen oder nicht. Die Familie ist wie ein riesiges Spinnennetz miteinander verwoben. So lässt sich jede Verstrickung, die man mit Familienmitgliedern haben kann, über das Unterbewusstsein abfragen, entkoppeln und auflösen. Dadurch ist ein Bewusstseinswandel möglich. Jeder von uns kann von den drei Traumata, die auf der Festplatte (Unterbewusstsein) gespeichert sind, gelenkt und oft auch blockiert sein.

Volkstrauma:
Beispiel Deutschland: Flucht, Vertreibung, Gefangenschaft, Krieg, Nazi sein, Schuld, Hunger, Tod, DDR, Stasi etc. Beispiel jüdisch sein: Ausrottung einer ganzen Sippe, Verfolgung, KZ, Heimatlosigkeit etc. Heutige Beispiele: Afghanistan, Irak, Palästina/Israel, Haiti etc.

Familientrauma:
Beispiele: Missbrauch, Erbstreit, Betrug, Inzest, dunkle Geheimnisse, Mord, Selbstmord, Frühverstorbene, Adoption, weggegebene Kinder, Abtreibung, Fehlgeburten, Kinderlosigkeit etc.

Persönliches Trauma:
Beispiele: Verlust, Tod einer geliebten Person, Tod eines ans Herz gewachsenen Haustieres, Umzug, Schulwechsel, Mobbing, schwere Erkrankung, Karriereknick, Geldmangel, Ausgegrenztsein, Gewalt, Missbrauch, Liebeskummer etc.

Diese zusammenhängenden Einflüsse prägen unser Bewusstsein oder unsere Fähigkeit zum Bewusstseinswandel. Das Volkstrauma erzeugt oft ein Familientrauma, das Familientrauma erzeugt wiederum für die Nachkommen ein persönliches Trauma. Alle drei hängen miteinander zusammen und lösen eine Kettenreaktion aus, bis dies aufgelöst wird. Natürlich ist unser Bewusstsein auch von allen Talenten, Stärken und Kraftquellen unserer Heimat, unserer Familie und von all unseren positiven Erlebnissen geprägt. Damit die positive Prägung überwiegt, ist es wichtig, sich damit zu verbinden und die falschen Glaubensmuster, die mit unserer heutigen Realität nichts zu tun haben, aufzulösen. Es geht darum, all das, was war, anzuerkennen, zu achten und dann von Dir abzukoppeln.

Bewusstseinswandel ist mit Kinesiologie, Coaching und Familienaufstellungen machbar. So können all die Kraftquellen, Talente und Besonderheiten in Deinem System endlich zur Wirkung kommen.

SEELE
BEWUSSTSEIN
BEWUSSTSEINSWANDEL

The Best of YOU!

CLEMENS KUBY

Was ist das Beste an Dir oder von Dir? Die Antwort richtet sich nach dem Bewusstsein dessen, der antwortet. Die Frage nach dem Besten kann auch heißen, was ist das Höchste für Dich oder was ist das Kraftvollste für Dich, das Wertvollste, das Schönste?

Kann das Beste auch das Ewige sein? Ist das Ewige automatisch besser als das Vergängliche? An und für sich schon, aber was ist ewig? Man kann, wenn man daran glaubt, ewig in der Hölle schmoren. Kann man auch ewig im Himmel Hosianna singen? Sind nicht alle Ewigkeitsvorstellungen nur Gedanken? Ist es da nicht besser, wenn man von sich das Beste sucht, sich dabei ausschließlich an das Vergängliche zu halten? Das Vergängliche ist wenigstens kein Gedanke, sondern die Eigenschaft alles Materiellen, also eine Tatsache. Damit stellt sich die grundsätzliche Frage, was erscheint Dir besser (kraftvoller, wertvoller etc.), die Materie, also das Körperliche, oder der Gedanke, das Geistige?

Es ist dieselbe Frage wie oben, nur anders formuliert: Was ist besser, das Ewige oder das Vergängliche? Denn die Materie und damit der Körper sind eindeutig das Vergängliche. Alles, was wird, muss auch wieder vergehen, das ist also keine Frage von Gedanken oder eine Frage des Willens oder des Mögens oder Nicht-Mögens, das ist ein universelles Gesetz, das nicht nur auf der Erde, sondern im gesamten Universum herrscht. Alles Materielle, das wir zu unserem Besten erklären, ist also vergänglich. Gibt es denn überhaupt etwas Unvergängliches? Aus materialistischer Sicht natürlich nicht. Da ist sogar der Geist vergänglich, denn ein Materialist denkt, dass seine Gedanken aus seinem

Kopf kommen und wenn es den Kopf nicht mehr gibt, sind auch die Gedanken vergangen. Wie kann ein Materialist unter diesem Gesichtspunkt also die Frage, was das Beste für ihn ist, beantworten? Ich würde sagen: Ein langes Leben. Ich wüsste nicht, was es Besseres für einen rationalen, vernunftorientierten Menschen geben kann. Selbst als der Dalai Lama 75 Jahre alt wurde, konnte man ihm weltweit auf speziellen Internetseiten ein langes Leben wünschen, so als wäre der Dalai Lama auch ein Materialist. Oft sind Materialisten auch Katholiken oder Muslime – für alle ist das Allerbeste ein langes Leben – oder nicht?

Sicherlich finde ich ein langes Leben auch sehr schön, aber auf keinen Fall „das Beste". Den meisten Materialisten ist das lange Leben sogar wertvoller als das gesunde Leben. Diesem Wunsch kann ich nicht folgen. Ich kann mir diese Gebete und Bitten für ein langes Leben nur so erklären, dass man das Leben alle Mal für höher, besser, wertvoller, schöner etc. einschätzt als den Tod. Der Tod scheint noch furchtbarer zu sein als nicht-gesund zu sein. Wenn der Tod eine so unangenehme Geschichte ist, dann kann das nur daran liegen, dass das, was er mit sich bringt, ein so grauenhaftes Gefühl ist, dass sogar ein Siechtum noch erstrebenswerter erscheint.

Hört man sich auf den Totenfeiern die Reden der professionellen Nicht-Materialisten an, müsste der Tod eigentlich etwas sehr Schönes sein, den man jedem Freund und Geliebten nur wünschen kann, denn mit dem Tod, so verkünden es die Geistlichen, ist man dann bei Gott oder bei Jesus oder im Paradies und besitzt endlich das ewige Leben. Im Islam sind dort den Männern sogar jede Menge Jungfrauen zu Diensten. Bei den Buddhisten ist das etwas anders, sie verkünden die Wiedergeburt im Jammertal (auf Buddhistisch: im Samsara). Da verstehe ich noch am ehesten, weshalb man sich bei jeder Gelegenheit gegenseitig ein langes Leben wünscht. Eine Wiedergeburt hier auf

Erden, ist wahrlich kein Leben im Paradies und schon gar keines neben oder bei Gott und das womöglich noch in Ewigkeit, sondern ganz profan, bei ganz normalen menschlichen Eltern – sofern man Glück hat. Nach buddhistischen Vorstellungen kann die Wiedergeburt auch bei tierischen Eltern erfolgen und bei besonders schlechtem Karma sogar im Pflanzenreich oder im Reich der Hungergeister, wo man nie genug zu Essen hat. Bei solchen Aussichten ist das lange Leben in jedem Fall vorzuziehen und wünschenswert. Spätestens jetzt wird klar, was immer man sich für die Ewigkeit Wunderbares vorstellt, es handelt sich immer „nur" um Glaubenskonzepte. Können solche Vorstellungen wie die vom Platz bei Gott oder dem Versprechen, Herrn Jesus von Nazareth zu treffen oder auch die Vorstellung, als Hund oder Schneeglöckchen wieder in die Form zu kommen, wirklich das Beste sein, was auf den Menschen wartet? Spekulationen über die Ewigkeit füllen ganze Bibliotheken. Fakt ist und bleibt, der Körper stirbt und alles danach hat keine materielle Basis. Letztlich können wir ohne Wenn und Aber behaupten, alles, was nach oder im Tod passiert, ist eine Frage von Gedanken, denn selbst diejenigen, die klinisch schon mal tot waren, sprechen von Bildern, Gefühlen und Zuständen, die sie ohne Körper erlebt haben, also alles Erfahrungen geistiger Art, und das sind die Gedanken auch. Gedanken sind also wie ein Nah-Tod-Erlebnis, eine geistige Erfahrung.

Gedanken können auch den Gedanken GOTT beinhalten oder den Gedanken ALLAH oder BUDDHA oder irgendeinen anderen Begriff, der für etwas steht, das mehr ist, als das körperliche Leben. Sogar der rein materialistische Gedanke, dass mit dem Tod des Körpers auch sämtliche Gedanken tot sind, beinhaltet, dass die Gedanken mehr umfassen als das rein körperliche Leben. Gedanken erlauben, Konzepte und Vorstellungen zu fantasieren, die weit, weit über die körperlichen Erfahrungen hinausgehen. (Auch Träume sind Gedanken.) Mehr als ein langes, körperliches Leben bietet also die Kraft der Gedanken. Die Kraft der Gedanken ist sogar in der Lage, mir dann noch Freude zu schenken, wenn ich körperlich ganz arm dran bin. Die Gedanken sind frei, sogar bei körperlichen Schmerzen. Das gelingt zwar nicht immer, aber immerhin ab und zu. Es gibt Momente, in denen man körperlich sehr leidet, aber gedanklich etwas Positives erfährt, das Freude bereitet. Sogar Schwerstbehinderte können glückliche Menschen sein, weil sie sich glückliche Gedanken machen.

Zu allen Zeiten werden aber auch Methoden angewendet, mit denen versucht wird, die Gedanken in Ketten zu legen. Das gebräuchlichste Mittel sind Psychopharmaka, aber auch tägliche Propaganda. Damit verlieren viele ihre Gedankenfreiheit, denn alles, was das Leben betrifft, wird einem in solchen Tages-Portionen vorgekaut, die sich mühelos schlucken lassen und die das Menschen- und Weltbild so formen, dass die gedankliche Versklavung einem gar nicht bewusst wird. Nichtsdestotrotz besitzen unsere Gedanken die größte Kraft. Mit ihnen kann man weit über jede körperliche Erfahrung hinausdenken. The best of ... ist also nicht das Leben, sondern es sind die Gedanken, die das gute und beste Leben erst ermöglichen.

Wenn ich zum Beispiel unheilbar krank bin und ständig mit Einschränkungen und Schmerzen zu tun habe, ist es schwer zu sagen: „Mein Körper ist das Beste, was es für mich gibt und ich wünsche mir nichts sehnlicher als dass er so lange wie möglich hält." In einer solchen körperlichen Lage können mir meine Gedanken dennoch Glück, Liebe und Frohsinn verschaffen. Selbst eine Querschnittslähmung vom Hals abwärts erlaubt es, großartige, wunderbare Gedanken zu haben. Wenn es nicht die Gedankenfreiheit wäre, die das Beste des Lebens ist, was könnte es sonst sein? Ein gesundes, langes Leben, sagten wir schon, ist weniger wert als diese Freiheit. Wie sieht es aber in der Praxis aus? Ist zum Beispiel der Sieg bei einer Fußballweltmeisterschaft nicht mehr wert, insbesondere für den, der die meisten Tore geschossen hat? Ist das nicht etwas,

was einem Millionen Fans als das Beste und Höchste im Leben wünschen? Ist das nicht für den, der das erreicht, vor allem, wenn er noch jung ist, mehr wert als jede Gedankenfreiheit oder jeder andere geistige Wert? Wie kann es überhaupt zu einer solchen Weltbestleistung kommen? Wer könnte diese Frage besser beantworten als ein erfahrener Fußballtrainer? Kein Trainer der Welt würde sagen: „Das ist eine rein körperliche Leistung." Es gibt für jede Superleistung immer mehrere, die körperlich dazu in der Lage sind und trotzdem siegen sie nicht. Was ihnen fehlt, sind die richtigen Gedanken. Ohne Mentaltraining wird niemand Weltmeister. Das geistige Training, sagt jeder Trainer, ist weitaus wichtiger und Erfolg versprechender als das körperliche Training.

„The Best of YOU!" besteht also niemals in einer rein physischen, körperlichen Qualität, sondern immer in einer geistigen Fähigkeit. Selbst wenn Materialisten nach wie vor der Auffassung sind, dass es ohne Körper keinen Geist gibt, so gibt es umgekehrt auf jeden Fall keinen Körper ohne Geist. Der Geist übersteigt den Körper um Dimensionen. Alle Vorstellungen, die irgendetwas Materielles oder Körperliches als das Allerbeste und Einzigartige proklamieren, müssen eingestehen, dass das Geistige allem, was möglich ist, immer noch eins draufsetzen kann. Diese allgemein philosophischen Gedanken zu akzeptieren, denke ich, haben die wenigsten Probleme. Sie sind eigentlich sehr banal und dennoch werden sie von der größten Branche der Menschheit nicht akzeptiert. Im Gesundheitswesen hat der Körper noch immer Vorrang vor dem Geist und diesen Irrsinn lassen wir uns Milliarden kosten. Jeder arbeitet für dieses absurde materialistische Menschenbild täglich mindestens eine Stunde (und mehr), um wenigstens seine Krankenkassenbeiträge zahlen zu können. Die meisten merken das nicht einmal, denn es werden ihnen diese Beträge zwangsweise abgezogen. Die Leistung, die man für diese Arbeit beziehen kann, besteht ausschließlich in einer materiellen, biochemischen Intervention. Keine Krankenkasse und kein Arzt setzen auf das Beste von uns, den Geist. Alle sind sie fixiert auf das Materielle, den Körper und behandeln ihn so, als hätte er ein Eigenleben. Dabei können die Gedanken viel, viel mehr als jede körperliche, materielle, biochemische Maßnahme. So banal unsere oben gemachten philosophischen Ausführungen sein mögen, sie sind für die Medizin zu hoch.

Da alles Geistige mit dem Denken beginnt, hatte Martin Luther, als er die Bibel aus dem Lateinischen ins Deutsche übersetzte, sich gut überlegt, warum er „Logos" nicht mit „Geist" übersetzte, sondern mit „Wort". Das Wort ist dem Denken im Deutschen weitaus näher, als der Begriff „Geist". Deshalb heißt es in der Bibel nicht „Am Anfang war Geist", sondern „Am Anfang war das Wort", also das Denken und das gilt nicht nur für einen ultimativen Anfang, sondern für alles, was sich materialisiert – gestern, heute und in Zukunft. Niemals entsteht Materie aus sich selbst, so nach dem Motto: „Ach guck a mal, was haben wir denn da!!??" „Einen Stuhl!" „Na wie kommt es denn zu einem Stuhl? Ist der vom Himmel gefallen oder wo kommt der her?" Wie beantwortet ein Materialist diese Frage? Was glaubt ein Materialist, woher Materie in dieses Universum gelangt oder gelangt war?

Bitte jetzt keine Urknall-Theorie. Theorien gelten so lange als falsch, wie man sie nicht beweisen kann und den Urknall konnte noch keiner beweisen. Im Gegenteil, man kann auf vielfältige Weise beweisen, dass es einen Urknall niemals hat geben können. Das ist für Materialisten ein ebenso heikles Thema, wie für den Papst. Der hat sich in dieser Frage auch schon mit dem Wissenschaftler Stephen Hawking verkracht. Hawking musste sogar als tief gläubiger Katholik feststellen, dass es in diesem Universum keinen Schöpfer gibt. Das ist für die abendländische Religion eine schlimme Feststellung, denn sie hebelt ihren Mythos von der Entstehung der Welt aus. Wie soll sich ein Materialist ein Universum ohne Anfang oder ohne Schöpfer vorstellen? Der Buddhismus kommt ohne die Schöpfervorstellung aus, er sagt, das Universum ist ohne Anfang folglich auch ohne Ende. Für Materialisten ist das eine schwierige Vorstellung. Materie hat immer einen Anfang (da wo sie wird) und folglich auch ein Ende (da wo sie vergeht). Prozesse ohne einen Anfang und ohne ein Ende kann es in der materialistischen Philosophie nicht geben. Das ist wie beim Arzt, für den beginnt eine Krankheit auch erst in dem Moment, in dem man sie diagnostizieren kann, also wenn bereits etwas materialistisch, beziehungsweise körperlich nachweisbar vorhanden ist.

Da sind wir wieder bei der Frage, wie kommt es zu einer materiellen Erscheinung? Bezieht man den Geist in sein Weltbild mit ein, ist diese Frage ganz einfach: Ohne die Idee (den Gedanken) für ein materielles Phänomen, wie zum Beispiel den Stuhl, kann es zu diesem nur kommen, wenn jemand die Idee „Stuhl" hat oder hatte. Ohne die Idee „Stuhl" wäre in diesem Universum niemals ein Stuhl entstanden und so ist es mit allen sich materialisierenden Phänomenen: Sie brauchen einen geistigen Impuls. Dieses Buch zum Beispiel, das Sie in den Händen halten, wäre ohne die Idee von Herrn Gukerle niemals entstanden. Keine Lampe, keine Sonne, kein Auto, kein Gott kein Irgendwas, gäbe es, wenn nicht jemand die Idee dazu gehabt hätte. Das muss sich die Medizin mal klarmachen, dann weiß sie auch, dass es keine einzige Krankheit gibt, für die nicht jemand den geistigen Impuls gesetzt hat und umgekehrt kann es keine Gesundheit geben, wenn dafür nicht jemand den geistigen Impuls setzt. Die materiellen Maßnahmen, auf die die Medizin so stolz ist, sind nur Vehikel für einen Heilungsprozess; wesentlicher als jedes Vehikel ist der geistige Impuls. Aber darüber redet der Arzt nicht, damit hat er nichts am Hut. Wollte er über den geistigen Impuls einer Krankheit nachdenken und darüber, welcher geistige Impuls die Krankheit wieder auflöst, schwinden ihm die Sinne. Da tut sich ihm ein Bereich auf, von dem er lieber die Finger lässt, denn da hat man es mit der Seele des Patienten zu tun und das ist in seinen materialistischen Augen ein Fass ohne Boden. Dafür hat er in seiner Arztpraxis keine Zeit, dafür ist er auch nicht ausgebildet und ein solches Seelengespräch könnte er auch gar nicht abrechnen. Er hält sich lieber an das rein Faktische, die Laborwerte, die Röntgen- und Ultraschall-Bilder, die Lehre und vor allem an das, was ihm sein Pharmavertreter bringt.

Ein Arzt muss erst selbst krank werden und feststellen, dass ihn seine Wissenschaft nicht mehr gesund macht, geschweige glücklich. Was soll er sagen, was das Beste von ihm ist? Materiell ist er vielleicht reich, aber philosophisch ist er ein armer Hund. Die Gedankenfreiheit nützt ihm gar nichts. Er weiß nicht, wie er sich gesund imaginieren soll. Mental Healing ist ihm ein Buch mit sieben Siegeln. Dabei ist Mental Healing sogar für Laien leicht zu verstehen und anzuwenden. Ein Laie hat allerdings auch nicht drei Semester Anatomie hinter sich, in denen er in Leichen herumwühlen muss bis ihm schlecht wird, um zu der Auffassung zu kommen, der Mensch ist ein materielles und kein geistiges Wesen. Es ist nie zu spät, sich das Bewusstsein vom Menschen als ein geistig-seelisches Wesen anzueignen.

Im Tod muss man es sowieso, da ist es in jedem Fall vorbei mit der Körperlichkeit. Auch ein Arzt, der sein Leben lang auf den Körper fixiert war, muss ihn irgendwann verlassen und mit welchem Gefühl er das macht, ist ausschließlich eine geistige, gedankliche Angelegenheit. Je früher wir lernen, dass der Geist das Beste von uns ist und somit Chef in unserem Sein, desto angenehmer, freundlicher, liebevoller, gesünder und glücklicher verläuft unser Leben. Mit meiner Gedankenkraft bin ich in der Lage, mir meine persönliche Wirklichkeit vorzustellen. Je nachdem, mit wie viel Energie ich das tue, verwirklicht sich diese Wirklichkeit. Manche denken, ihr Denken hätte keine Konsequenzen, nur ihr Tun, das stimmt aber nicht mit den Gesetzen dieses Universums überein, das ist ein riesiger Irrtum. Alles, wirklich alles – auch meine Krankheiten, aber auch meine Gesundheit –, alles, was sich in diesem Universum realisiert (manifestiert), ist bestimmt von einem geistigen Impuls. Jeder Gedanke ist ein geistiger Impuls. Mit dieser Energie muss man also sehr bewusst umgehen. Gedankenhygiene ist entscheidend dafür, ob man mit dem, was man als real erlebt, zufrieden ist. Wenn diese Zufriedenheit auf egoistischen Impulsen beruht, dann geht sie meistens auf Kosten anderer und ist nicht von langer Dauer. Ein egoistischer Charakter setzt genauso geistige Impulse, wie ein Seelchen von Mensch. Beide denken. Sie denken nur völlig unterschiedlich und so unterschiedlich sind auch ihre Realitäten. Man muss verdammt gut aufpassen, was man so den lieben Tag lang denkt und vor allem nachts, wenn man nicht schläft, weil die Gedanken einen nicht schlafen lassen. Auch diese Gedanken wirken sich aus. Wie schaffe ich es nur, solche Gedanken zu haben, deren Auswirkungen mir und anderen gut tun? Indem ich alles liebe, was mir passiert.

Das ist leichter gesagt, als getan. Wie soll ich das lieben, was mich ärgert? Indem ich die Umstände, die mich ärgern, nicht auf mich beziehe. Meistens ärgern mich aber gerade die Umstände, von denen ich liebevolle Zuwendung erwarte. Die Zuwendung soll die immer ersehnte Harmonie herstellen. So etwas Schönes erwarte ich nicht von eher fremden Personen, sondern am sehnlichsten von meinen Nächsten, denn mit ihnen Harmonie zu erleben, ist die höchste und häufigste Form der Harmonie. Deshalb beziehe ich alles, was von diesen Menschen kommt, auf mich. Und wenn genau da, wo ich die Harmonie am meisten erwarte und brauche, sie gestört wird oder nicht zustande kommt, beginnt der Ärger, der negative Gedanken auslöst, die wiederum zu einer unschönen Wirklichkeit führen. Also habe ich ein Dilemma, das ich nicht lösen kann.

Man hat mir mal gesagt, wenn Du Dich selbst liebst, ist es egal, wer Deine Nächsten sind. Du hast dann die Harmonie, nach der Du Dich immer so sehnst, mit Dir selbst. Ist das wahr? Wie funktioniert das in der Praxis? Sich selbst so sehr zu lieben, dass man von anderen keine Liebe braucht, ist zumindest zu Beginn unseres Lebens kaum möglich. Ein Baby, das nicht geliebt wird, überlebt nicht. Ein Baby ist allein vollkommen hilflos, es braucht die Zuwendung, es ist zur Selbstversorgung nicht in der Lage. Mangelt es an der liebevollen Zuwendung – aus welchen Gründen auch immer – wird die Selbstliebe wohl kaum entstehen.

Wenn Eltern ihr Baby nicht lieben (können), dann wächst das Baby mit einem Liebesdefizit heran, aus dem sich nur schwer Selbstliebe in ausreichendem Maße schöpfen lässt. Wieder ein circulus vitiosus, der sich in der Realität nicht aufbrechen lässt. Also müssen wir die Realität verändern. „Das geht nicht", sagen viele. Realität ist Realität. Am wenigsten lässt sie sich ändern, wenn sie bereits geschehen ist. Zukünftige Realität ist in einem gewissen Rahmen vielleicht noch veränderbar, was aber bereits passiert ist, ist Fakt und bleibt Fakt.

Alles richtig, aber nur für die Rationalität. Die Ratio ist an Raum und Zeit gebunden und ist das geistige Instrument unserer Zeit. Sie wird von klein auf geschult und beherrscht unser Denken von früh bis spät. Will man dieses Denken in unserem Gehirn lokalisieren, muss man es der linken Gehirnhälfte zuordnen. Was aber passiert in der anderen Hälfte? Wenig. Da befindet sich das intuitive Denken. Ich erinnere mich nicht, dass es jemals Unterricht im intuitiven Denken gegeben hätte. Wo immer Bildung vermittelt wird, wird Ratio vermittelt. Selbstverständlich lieben wir alle Musik, Literatur, Kunst und Tanz und das sind die intuitiven Bereiche in unserer Gesellschaft, aber was da zum Tragen kommt, wird als Naturtalent angesehen und ist insofern nicht wirklich lernbar. Intuition ist deshalb primär eine Privatsache, für die es keine allgemeinen Schulungspläne gibt und deshalb auch keine Entwicklung. Ohne die Intuition werden wir uns aber auch keine eigene Wirklichkeit erschaffen können, die stärker als die vergangene Realität ist, denn nur in der Intuition sind wir frei von den Grenzen von Raum und Zeit. In der Intuition ist alles jetzt. Das ist wie im Kino oder in der Quantenphysik, da heißt es „quantenphysikalisch betrachtet sind die Koordinaten der Handlung über das gesamte Universum verschmiert." Und im Kino geschieht alles im Präsens, unabhängig davon, ob das Geschehen in der Vergangenheit oder Zukunft spielt. Ein guter Film bewirkt körperliche Reaktionen im Moment seiner Betrachtung, im Jetzt. Im intuitiven Erleben geht es also nicht darum, was ist wahr oder nicht wahr, sondern, was wirkt und was wirkt nicht. Alles, was ich glaube, wirkt, selbst dann, wenn ich weiß, es handelt sich um eine Illusion, die ich glauben möchte. Im Kino sind wir bereit, für eine solche Illusion sogar zu bezahlen, ebenso wie für ein Placebo. Sex am Telefon ist auch eine Illusion, die wirkt, und zwar auch bei denen, die wissen, dass die Stimme, für die sie bezahlen, mit Sex nichts zu tun hat, sondern nur so tut. Das Als-ob wirkt also wie das Reale. Bestätigt wird das von der Neurobiologie, die einwandfrei feststellt, dass unser Gehirn zwischen Fakt und Fiktion nicht unterscheiden kann.

Ich habe aus diesem Grund große Heilerfolge in meinen Seminaren, denn ich arbeite dort unter anderem mit dem Satz: Für eine glückliche Kindheit ist es nie zu spät. Mit meinem Gehirn bin ich in der Lage, mir Erlebnisse zu verschaffen, die es nie gab, zum Beispiel mich liebende Eltern, auch wenn diese Eltern mich in Realität gar nicht liebten oder nicht mal vorhanden waren. Mein Gehirn erlaubt es rückwirkend, mir Eltern auszudenken, die mich genau so lieben, wie ich es mir gewünscht hätte. Eine solche Imagination wirkt auf die Synapsenbildung in gleicher Weise, wie eine reale Erfahrung. Die Medizin weiß, dass jede körperliche Reaktion von der Synapsenbildung im Gehirn gesteuert wird, denn die Synapsen senden Botenstoffe aus, die das gesamte Zellverhalten regulieren. Synapsen bilden sich aber sowohl durch materielle, biochemische Intervention als auch durch geistige Intervention, sprich durch Informationen. Es ist sogar so, dass Informationen 400- bis 4000-mal schneller Synapsen bilden, als jedes Medikament. Wenn wir uns also einen gesunden Körper wünschen, braucht das keine Frage von materiellem, biochemischem Input sein, sondern „lediglich" eine Frage der entsprechenden Informationen. Und dabei spielt es nicht einmal eine Rolle, ob die Informationen wahr oder unwahr sind, ich muss sie nur glauben, das heißt, ich muss sie nur wirken lassen.

Möchte ich eine glückliche Kindheit, weil die gesünder ist als eine schreckliche Kindheit, liegt es an mir selbst, wie ich mir diese Kindheit ausmale. Ich habe die Wahl, entweder erinnere ich mich an das Schlimme oder ich verändere gedanklich das Schlimme so, dass es wunderschön wird und ich entsprechend reagiere, zum Beispiel durch Freudentränen, statt wie vorher durch Schmerzenstränen. Die Ratio kann selbstverständlich einwenden, ob ich mich selbst belügen möchte. Warum nicht, wenn es mich gesund und glücklich macht! Eine solche „Lüge" schadet ja niemandem, im Gegenteil: Beispielsweise wird aus einem schlagenden Vater ein liebender Vater. Das tut sogar dem Vater noch gut, selbst wenn er nicht mehr in seiner Form ist, denn mit dieser „Lüge" (zugegeben, das ist ein hässliches Wort, das die Ratio da verwendet, „Illusion" ist aber auch nicht viel besser, sprechen wir also lieber von einer Imagination) wird sein Andenken harmonisiert. Wichtig bei der Verwendung unserer intuitiven Fähigkeiten ist letztlich nur die Wirkung. Wenn ich gesund und glücklich dadurch werde, habe ich etwas richtig gemacht.

Mit den rationalen Fähigkeiten geht eine solche Selbstheilung nicht. Die Ratio dient uns für andere Aufgaben, zum Beispiel dafür, dass eine Idee in die Materie gelangt. In der Materie brauche ich immer die Grenzen von Raum und Zeit, sonst entsteht nichts und das, was entsteht, soll Hand und Fuß haben. Diese Leistung ist nur mit Rationalität zu erbringen, sonst wird es Pfusch und hält nicht, nicht einmal für die Dauer, für die es gedacht war. Die Ratio ist also sehr wichtig und wir können mit ihr sehr wichtige Dinge erledigen.

Mit der Intuition außerhalb von Raum und Zeit können wir aber mindestens genauso wichtige Dinge erreichen, zum Beispiel unsere Gesundheit (wieder) herstellen. Dank der intuitiven Denkmöglichkeiten können wir alle Ereignisse in Vergangenheit, Gegenwart und für die Zukunft so interpretieren, dass sie uns angenehm erscheinen und wir uns nicht über sie ärgern müssen. Da Imaginationen also genauso wirken können wie sogenannte reale Erfahrungen, ist es meine Aufgabe, die Erfahrungen so zu imaginieren oder so zu interpretieren, dass sie mir gut tun. So etwas nenne ich Selbstverantwortung für das eigene Wohlergehen. Wenn ich damit einmal anfange – und ich unterstütze Sie gerne darin, Sie brauchen mich nur auf meiner Website clemenskuby.de besuchen –, dann erlange ich darin auch Kompetenz. Bisher liegt die Kompetenz für mein Wohlergehen immer in den Händen von Profis; entweder in den Händen der Ärzte oder, wenn ich die nicht mehr aufsuche, in denen eines Heilpraktikers oder Psychotherapeuten oder auch bei einem Heiler.

Dahinter steht die Vorstellung, ein anderer könne mehr für mein Wohlergehen wissen und tun als ich selbst. Wer soll denn besser wissen als ich selbst, an welchen krankmachenden Informationen (Ideen) ich ursächlich erkrankt bin? Auch wenn ich mich an diese Informationen zunächst einmal nicht mehr erinnern kann, der Profi, den ich aufsuche, kann sich keinesfalls daran erinnern, denn er hat mein Leben nicht erlebt. Selbst wenn er hellsehen kann und meint, die Informationen (Ereignisse) zu sehen, die zu meiner Krankheit geführt haben, stärkt es nicht meine Kompetenz für mein eigenes Wohlergehen, wenn er mir das sagen würde. Außerdem bliebe immer ein gewisses Unbehagen zurück, ob das auch stimmt. Besser ist es, sich selbst zu erinnern. Verständlicherweise funktioniert das mit der Ratio (meistens) nicht, aber dafür haben wir ja noch eine zweite Gehirnhälfte, für die es keine Rolle spielt, wie lange auf der rationalen Zeitschiene ein Ereignis her ist. In der rechten Gehirnhälfte ist alles, was ich denke (alles, was hoch kommt), immer im Jetzt, und hoch kommt das, was noch Stress macht, egal, ob ich mich daran erinnere oder nicht. Ungute Erlebnisse, die – aus welchen Gründen auch immer – nicht harmonisiert werden können, werden verdrängt. Das ist sozusagen die erste gesunde Reaktion darauf, weil man das ungute Erlebnis nicht ständig vor Augen haben möchte. Mit der Verdrängung ist es aber (noch) nicht harmonisiert. Der Stress bleibt also im Unterbewusstsein, wo die verdrängten Dinge gespeichert sind, aktiv und das macht uns auf die Dauer krank. Jahrzehntelang haben wir die Ratio geschult, damit wir sie erfolgreich einsetzen können. Die Intuition wurde (zumindest von Staats wegen) nicht geschult. Also müssen wir das nachholen und dafür ist es nie zu spät. Wenn wir unsere Intuition für unser Wohlergehen einzusetzen, werden wir kompetent, frei und auf diese Weise würdige, geistige, sich selbst heilende Wesen. Wir gehen intuitiv zurück zu den unguten Ereignissen, am besten zu dem frühesten, denn die nachfolgenden waren alle nur Wiederholungen desselben unguten Musters; wir holen quasi den unguten Stress aus dem Unterbewusstsein heraus und harmonisieren ihn.

Das heißt, wir schreiben das ungute Erlebnis in ein gutes Erlebnis um. Diese neuen, heilenden Informationen ersetzen dann die alten, krankmachenden Informationen und diese bilden wie immer Synapsen, die das gesamte Zellverhalten regulieren. Die Medizin nennt das dann oft eine Spontanheilung. Die Heilung ist aber nicht spontan eingetreten, sondern durch konzentrierte Arbeit. Eine Imagination verlangt viel Kraft, damit sie Wirkung entfaltet. Man macht deshalb diese Heilarbeit schriftlich. Das Aufschreiben ist die erste Manifestation des Gedachten. (Ein entscheidender Schritt.) In diesem Sinne wünsche ich Ihnen eine hoch spannende Zeit. Bewusstseinsentwicklung heißt leben. Viel Spaß und Erfolg dabei. Das Beste an Ihnen ist Ihre Imaginationsfähigkeit, die wirkt sogar nicht nur rückwirkend, sondern auch noch über Ihren Tod hinaus.

 Schlusswort

Ich hoffe, YOU! hat Ihnen viel Freude bereitet und sowohl Ihren Kopf als auch Ihr Herz beglückt, und vor allem eine neue Klarheit über sich und Ihr Leben eröffnet. Ich hoffe, dass Sie neue Perspektiven und Betrachtungsweisen Ihrer selbst kennengelernt haben und dass Sie wieder erinnert wurden an Ihr wahres Ich und an Ihre wirklichen Wünsche, Träume und Sehnsüchte, die vielleicht verloren gegangen waren. Und ich hoffe, dass Ihnen auch neue Wege aufgezeigt wurden, wie Sie Ihr Leben nach Ihren Vorstellungen und Visionen verändern und gestalten können.

Wenn ja, bitte ich Sie bei allem dennoch zu bedenken, dass auch kein noch so schönes und wertvolles Buch Sie allein glücklich machen oder Wunder bewirken kann. Denn der Einzige, der Wunder bewirken kann, sind Sie. Nutzen Sie deshalb YOU! als Inspiration, um jeden Tag neue positive Aspekte in Ihr Leben zu bringen und sehen Sie in dem Buch einen ständigen Begleiter. Lesen Sie es ruhig öfter oder schlagen Sie jeweils das Kapitel auf, das sich gerade mit Ihrem aktuellen Lebensthema beschäftigt. Besonders in einer schwierigen Situation kann das sehr hilfreich sein, weil Sie dadurch ihre Gedanken auf etwas anderes Positives richten und Ihr Problem aus einer anderen Perspektive betrachten können.

Doch seien Sie auch nicht enttäuscht, wenn manches nicht sofort in Erfüllung geht, denn das Geheimnis liegt in der täglichen Anwendung und in der Umsetzung der gewonnen Erkenntnisse. Rückschläge und Zweifel sind menschlich.

Lassen Sie sich davon nicht entmutigen, sondern gehen Sie spielerisch damit um, nehmen Sie nicht alles so ernst und verzeihen Sie sich. Freuen Sie sich auch über Ihre kleinen Erfolge und seien Sie dankbar und genießen Sie die langsamen Veränderungen. Ich habe für mich gelernt, dass es sehr nützlich ist, mich immer wieder zu erinnern, da viele von den wertvollen Weisheiten sehr schnell im Alltag verloren gehen können, selbst wenn sie mich überzeugt und fasziniert haben und ich sogar mit deren Anwendung bereits positive Erfahrungen gemacht hatte. Die kurzen, praktischen Übungen und Meditationen im Buch und auf der beigefügten CD sind dafür sehr hilfreich. Lassen Sie es zu einem täglichen Ritual werden, sich zumindest ein paar Minuten Zeit für sich zu nehmen und sich klar darüber zu werden, wo Sie in Ihrem Leben stehen, was Sie wirklich wollen und was Sie wahrhaft glücklich macht. Lassen Sie sich durch YOU! motivieren und trauen Sie sich, Neues auszuprobieren und zu experimentieren. In diesem Zusammenhang habe ich besonders positive Erfahrungen auch mit Seminaren, Workshops, Coachings und Familienaufstellungen gemacht. Sie können sich damit vieles erleichtern und für einige Lebensthemen und besonders für die sich ewig wiederholenden Themen eine Abkürzung finden.

Und vergessen Sie nicht, Sie können jederzeit eine neue Wahl treffen, wenn sich etwas nicht gut für Sie anfühlt – denn Sie tragen ja bereits alles für ein glückliches und erfülltes Leben in sich!

Alles Liebe, Ihr

Siegfried Gukerle

Kurzporträts der Autoren

Uwe Albrecht • Uwe Albrecht ist Arzt in Deutschland und Pionier der energetischen Medizin. Er hat in den letzten 13 Jahren das Heilsystem „Inner Wise©" aus einer Synthese vieler Heilweisen und Weisheiten dieser Welt entwickelt; ein lebendiges und liebendes System, das ein intuitives Arbeiten mit der Öffnung aller Sinne ermöglicht und mit dem der Zustand des Flow erreicht werden kann. Es wird bei Menschen, Tieren, Systemen und Projekten angewendet. Uwe Albrecht bietet mit seinem Trainerteam Ausbildungen in verschiedenen Ländern an. Im Jahr 2011 erscheint bei Allegria das erste Lehrbuch und energetische Behandlungsset.

Clemens Kuby • Clemens Kuby, preisgekrönter Dokumentarfilmer (Living Buddha etc.) und Bestsellerautor, war nach einem Unfall querschnittsgelähmt und hat sich selbst mental geheilt. Danach dokumentierte er mit dem erfolgreichen Kinofilm und gleichnamigen Bestseller „Unterwegs in die nächste Dimension" weltweit Phänomene geistigen Heilens. Mit „HEILUNG – das Wunder in uns" transformierte er diese Erkenntnisse für unsere Kultur. Mit „Mental Healing" mündet seine langjährige praktische Erfahrung in ein Lehrbuch mit hohem Unterhaltungswert. In „The Best of YOU" skizziert Clemens Kuby seine Methode und Erfahrungen, wie er sie auch in Vorträgen weitergibt. In seinen Seminaren findet die Anwendung statt. Wenn Sie den Gedanken der Selbstheilung unterstützen wollen, so, wie ihn Kuby vertritt, wenden Sie sich bitte an die gemeinnützige Europäische Stiftung für Selbstheilungsprozesse.

Natascha Landuris • Natascha Landuris gehört zu den gefragtesten Mentaltrainerinnen und Coachs Deutschlands. Geboren in den USA und aufgewachsen in Kanada, war sie zunächst Schauspielerin, Regisseurin und Autorin und machte dann Ausbildungen u. a. in Psycho- und Psycho-Neuro-Kinesiologie, Familien-, Einzel- und Organisationsaufstellungen, Innere-Kind-Arbeit, geistigem Heilen und Energiearbeit. Heute lebt und arbeitet sie in München mit Schwerpunkt Beziehungs-, Geld- und Gesundheitsblockaden, Berufs- und Familienprobleme, Lebenssinn, Berufung und Selbstsicherheit. Sie berät Menschen jeden Alters, aber auch große Firmen, z. B. bei Umsatzeinbrüchen oder internen Konflikten wie Mobbing. Zu ihrem Klientel gehören viele Bekannte aus Film und Fernsehen, Autoren/-innen, Moderatoren/-innen, Schauspieler/-innen, Sprecher/-innen und Spitzensportler/-innen.

Dr. med. Ruediger Dahlke • Ruediger Dahlke ist seit über 30 Jahren als Arzt, Psychotherapeut, Autor und Trainer international tätig. Mit seinen drei Bestsellern zur ganzheitlichen Psychosomatik unter Einbeziehung spiritueller Themen („Krankheit als Weg", „Krankheit als Sprache der Seele" und „Krankheit als Symbol") erreichte er eine Auflage von über einer Million. Sie liegen in 24 Sprachen vor. Mit seinen Büchern, Meditations-CDs, Vorträgen und Seminaren vertieft er das Verständnis für die Zusammenhänge zwischen den Botschaften des Körpers und der Seele und fordert den Leser auf, die Eigenverantwortung für eine gesunde und glückliche Lebensführung anzunehmen.

Andrew Blake • Geboren 1967 als Deutsch-Kanadier in München. Er sammelte Erfahrungen bei Geistheilern der Philippinen, in Klöstern Tibets, Nepals und Indiens, auf Stargate-Seminaren, Ba Workshops und Ki-Trainings, begleitet von intensiven persönlichen Studien Blake wendet die Zwei-Punkt-Methode an, die er in QCT – Quantum-Consciousness-Transformations – Seminaren weitergibt. Sie ist für ihn die bisher effektivste Methode zur Selbstfindung. Er lebt mit seiner Familie in Neuseeland und arbeitet u. a. an der Entwicklung von Village Towns, ganzheitlichen Dörfern als globale Lebensform der Zukunft.

Pierre Franckh • Der Bestsellerautor Pierre Franckh gehört mit einer Gesamtauflage von über zwei Millionen Büchern zu den erfolgreichsten deutschen Autoren. Seine Bücher sind in mehrere Sprachen übersetzt, er hält weltweit Vorträge und leitet Seminare. Als Coach und Mental-Trainer ist er in der Wirtschaft und für Ärzte, Kinesiologen und Heilpraktiker tätig. Nach seinen Regeln und Anweisungen haben unzählige Menschen ihr Leben positiv verändert. Bestseller u. a.: „Das Gesetz der Resonanz", „Glücksregeln für die Liebe", „Erfolgreich wünschen", „Wünsch es dir einfach – aber richtig", „Wünsch es dir einfach – aber mit Leichtigkeit", „Einfach glücklich sein", „Wünsch dich schlank". „Der tiefere Sinn beim Schreiben besteht für mich darin, anderen Menschen den Weg zu ihrem inneren Reichtum zu zeigen und bei der Sehnsucht nach dem Sinn des Lebens Lösungsmöglichkeiten anzubieten."

Dr. Anonymus • Dr. Anonymus ist einer der führenden Wissenschaftler auf den Gebieten der biologischen Psychologie, Biophysik, Biomedizin und Umweltmedizin und war mehrere Jahrzehnte in diesen Fachbereichen als Universitätsdozent tätig.

Michaela Merten • Michaela Merten ist als Bestsellerautorin und Künstlerin seit 20 Jahren eine feste Größe in Film und Fernsehen. Nach ihrer Schauspielausbildung am berühmten Max-Reinhardt-Seminar in Wien trat sie in vielen namhaften Schauspielhäusern auf. Ihre Autorentätigkeit umfasst ganzheitliche Themenkreise, z.B. der Bestseller „Wasser – die Glücksformel", „Seelencoaching", die Kartensammlung „Engel lieben dich" und der humoristische Ratgeber „Der ganz alltägliche Beziehungswahnsinn". Im Mai 2010 erschien ihr Solo-Album mit wunderschönen „Angel Songs". Merten arbeitet als Referentin, Seminarleiterin und Coach. Seit 18 Jahren ist sie glücklich mit Pierre Franckh verheiratet und lebt mit der gemeinsamen Tochter Julia in München.

Klaus Mücke • Klaus Mücke ist Diplompsychologe und Psychotherapeut in freier Praxis in Potsdam. Sein bekanntes Buch „Probleme sind Lösungen" ist bereits in der 4. Auflage erschienen. Es ist ein Lehr- und Lernbuch zum Systemischen Selbstmanagement mit vielen Übungen und Anregungen zu unterschiedlichsten Themen, Problemstellungen und Krankheitsbildern. „Hilf Dir selbst und werde was Du bist" ist ein weiteres bekanntes Selbsthilfebuch. Mit vielen Übungen unterstützt es, Probleme anzupacken und durch neue Denkansätze zu lösen. Es ist ein wichtiges Nachschlagewerk für Lösungsansätze, um zu einem erfüllten Leben zu finden.

Safi Nidiaye • Safi Nidiaye, ursprünglich Journalistin, heute Schriftstellerin, Dichterin und Meditationslehrerin, ist eine der meistgelesenen deutschsprachigen Autorinnen im Bereich Lebenshilfe und Spiritualität. (Bestseller „Liebe ist mehr als ein Gefühl").
Seit dem Jahr 1988 leitet sie Seminare und Trainingsgruppen. Ursprünglich vor allem bekannt als Medium für höhere Ebenen des Bewusstseins, konzentriert sie sich seit einigen Jahren vor allem auf die von ihr entwickelte Methode der „Körperzentrierten Herzensarbeit", die sie in Seminaren und Ausbildungskursen lehrt. Körperzentrierte Herzensarbeit ermöglicht es, die hinter aktuellen Lebensproblemen verborgenen, verdrängten Emotionen im Körper aufzuspüren, bewusst zu machen und sein Herz für sie zu öffnen. Trotz ihres exotischen Namens, der aus ihrer privaten Geschichte hervorgeht, ist Safi Nidiaye Deutsche.

Dr. Walter Hannes Medinger • Studium der Chemie und Vortragstätigkeit an verschiedenen Universitäten vor akademischen Foren und Fachtagungen. Im Jahr 2004 gründete er das „Internationale Institut für elektromagnetische Verträglichkeitsforschung", IIREC. Er forscht, berät und lehrt auf dem Gebiet der elektromagnetischen Verträglichkeit, wobei er u. a. die krankmachenden Ursachen der Mikrowellenstrahlung und des Elektrosmogs untersucht. Dr. Medinger ist Mitglied in zahlreichen nationalen und internationalen Gremien. Besondere Anliegen sind ihm die Vermittlung von Quantenphänomenen und ihrer alltäglichen Bedeutung eines wissenschaftlichen Verständnisses des menschlichen Bewusstseins sowie die Annäherung von Wissenschaft und Spiritualität.

Kurt Tepperwein • Kurt Tepperwein ist ein international bekannter Autor, Seminarleiter und Lehrer. Er war erfolgreicher Unternehmer, ehe er sich im Jahr 1973 zurückzog und Heilpraktiker und Forscher auf dem Gebiet der wahren Ursachen von Krankheit und Leid wurde. Er lehrte als Dozent an verschiedenen internationalen Institutionen, unter anderen an der Friedensuniversität in Berlin. Seit dem Jahr 1997 ist er Dozent an der „Internationalen Akademie der Wissenschaften". Im selben Jahr wurde er für sein Lebenswerk mit dem „Ersten deutschen Esoterikpreis" ausgezeichnet. Die von ihm entwickelte Technik des Mental- und Intuitionstrainings ist heute für viele Menschen unverzichtbarer Bestandteil ihres Lebens. Kurt Tepperwein ist Autor von mehr als 100 Büchern, zahlreichen Videos, Audiotapes und CDs. Wenn er sich nicht auf Vortragsreise befindet, lebt der Autor auf Teneriffa.

Eva-Maria und Wolfram Zurhorst • Eva-Maria und Wolfram Zurhorst sind vor allem als Autoren der „Liebe Dich selbst"-Reihe bekannt. „Liebe Dich selbst und es ist egal, wen Du heiratest" ist einer der erfolgreichsten deutschen Beziehungsratgeber. Das Buch stand vier Jahre ununterbrochen auf der Bestsellerliste und wurde in 17 Sprachen übersetzt. Gemeinsam halten sie Vorträge, Seminare und Lesungen und arbeiten als Beziehungs- und Karrierecoaches. Die beiden verstehen sich als Impulsgeber, die aus eigenen Erfahrungen neue, befreiende Perspektiven auf Eingefahrenes und Erstarrtes vermitteln. Eva-Maria Zurhorst hat unter dem Motto „Was macht Frauen satt und glücklich?" eine neue sanfte Frauenbewegung initiiert und schreibt als Kolumnistin wöchentlich in einem Frauenmagazin. Wolfram Zurhorst widmet sich der Entwicklung von Noah, einem ganzheitlichen Hotel- und Seminarzentrum.

Initiator und Herausgeber

—⚬—

 **Siegfried Gukerle** • Siegfried Gukerle, Diplom-Betriebs-wirt, ist seit 1986 als Unternehmer in den verschiedensten Geschäftsbereichen tätig. Bei allen Unternehmungen standen stets die Menschen im Mittelpunkt. Neben seiner Tätigkeit in Deutschland sammelte er langjährige Erfahrungen in Südamerika und in den USA.

Im Jahr 1986 gründete er als Student im vorletzten Studiensemester unter denkbar schlechten Voraussetzungen sein erstes Unternehmen. Als erster Reiseveranstalter in Europa etablierte er die Karibikinseln Margarita und San Andres auf dem Touristik-markt. Nach einer Traumkarriere vom mittellosen Provinzjungen zum Millionär, der sowohl im persönlichen als auch im materiellen Bereich über viele Jahre alles hatte, was man sich erträumt, folgten ein Konkurs und der langjährige Kampf um das ma-terielle Überleben. Durch den Totalverlust im Außen und die Tatsache, dass er über lange Zeit weder Erfolg noch Anerkennung erlangte, lernte er jedoch eine andere Art von Reichtum kennen. Auf seinem Weg durch diese schwierige Zeit wurden ihm das Wissen, die Ideen und spirituellen Erkenntnisse, deren Essenz YOU! enthält, und vor allem deren praktische Anwendung zu einer großen Hilfe, die Krise zu meistern. Er schaffte es, das Leben wieder genießen zu können und glücklich zu sein; dies sogar bevor sich seine äußeren Lebensumstände verbesserten. Daraus entstand bei ihm der tiefste innere Wunsch und es wurde zu seiner Herzensangelegenheit, dieses Erlebte und die beglückenden und wertvollen Erfahrungen, die er machen durfte, vielen Men-schen zugänglich zu machen, mit ihnen zu teilen und neue oder andere Wege zum per-sönlichen Glück aufzuzeigen. Dieses Projekt war sein Traum, der nun Realität wurde. Die Entstehung würden viele als ein Wunder bezeichnen.

Mein Dankeschön

In großem Dank an meine geliebte Mutter, die immer mit ihrer Liebe für mich da war, und in Gedenken an meinen Vater.

Ich habe für das Projekt „YOU!" großartige Unterstützung von vielen wundervollen Menschen erfahren. Es war für mich eine Freude zu sehen, mit wie viel Engagement und Enthusiasmus alle Beteiligten an „YOU!" mitgearbeitet haben.

Mein besonderer Dank gilt unseren Autoren. Ich weiß es sehr zu schätzen, dass sie mitgewirkt haben. Vor allem, da mir bewusst ist, dass sie sehr beschäftigt sind und wir zudem ein Newcomer in der Branche sind. Ich danke ihnen für ihr Vertrauen in mich und in „YOU!".

Besonders dankbar bin ich auch meiner lieben Freundin Heike Meining, die mich als Projektmanagerin von Anfang an so wunderbar unterstützt hat und sich mit ihrer wundervollen Persönlichkeit, ihren außergewöhnlichen Fähigkeiten und ihrer unermüdlichen Energie für das Projekt eingesetzt hat.

Meinem Bruder Jürgen danke ich für seine wichtige Unterstützung und dafür, dass er mir immer als ein guter und geschätzter Berater zur Verfügung stand und von Anfang an, an mich und an „YOU!" geglaubt hat.

Des Weiteren danke ich meinen Partnern Doris, Stephan, Susanne, Annette, Annegret, Georg, Susanne und Axel für ihre Unterstützung und ihr Vertrauen in mich und ihren Glauben an das Projekt.

Mein Freund Tom Fritze war von der Entstehung der Idee zu „YOU!" bis zur Fertigstellung immer ein wertvoller, kompetenter und guter Wegbegleiter, der mir mit seinem kreativen Input und mit Rat und Tat zur Seite stand.

Ein großer Dank geht an den lieben Frankee Mauél. Er hat als Designer und Berater Unglaubliches geleistet und hat mit seinem kreativen Talent „YOU!" ein einzigartiges Gesicht und Erscheinungsbild gegeben. Er war seit der Geburtsstunde von „YOU!" immer mit ganzem Herzen und vollem Engagement dabei und war mit seiner Agentur FU COMMUNICATIONS und seinem Partner Stephan Tag und Nacht für uns da.

Ich danke Christian Angerer mit seiner Agentur HUCKLEBERRY FRIENDS und seinem Team, insbesondere Elke, Stefan, Daniel und Dragan, für ihre ausgesprochen kreative und professionelle Unterstützung. Des Öfteren mussten sie mit uns sehr geduldig sein, da alles für uns geschäftliches Neuland war und wir nicht immer den gemeinsamen Terminplan einhalten konnten.

Reno danke ich für seine wunderschöne Musik, die unserem Hörbuch und der Meditations-CD einen stimmungsvollen Rahmen verleiht. Vielen Dank an Steffi für das Lektorat und dafür, dass sie auch zu ungewöhnlichen Zeiten für uns zur Verfügung stand. Unseren Trailerproduzenten Frank Sauer und Sebastian Linda danke ich für ihre Begeisterung und ihre Kreativität bei der Gestaltung unseres Videos. Frank Schenker danke ich für sein wundervolles Engagement bei der Vermarktung und Valentin dafür, dass er mir in vielen Belangen den Rücken freigehalten hat.

Zuletzt noch ein Dankeschön an meine Freunde Doris Riedl, Joachim Eckhardt, Udo Lehmeier, Stephan Metz und Jo Kern, die mich liebevoll begleitet und stets ermutigt haben.

Siegfried Gukerle

Erfahren Sie mehr über YOU! auf unserer Website.
www.you-the-best-of.de
Hier können Sie sich auch gerne für unseren Newsletter eintragen. Sie erhalten dann aktuelle Informationen über YOU! und werden über unsere Neuerscheinungen frühzeitig informiert.

Musik CD   Meditations CD   Hörbuch CD Box